TUDO AQUILO QUE NOS UNE

JUSTIN TRUDEAU
TUDO AQUILO QUE NOS UNE

Tradução
Patricia Azeredo

1ª edição

Rio de Janeiro | 2017

CIP-BRASIL. CATALOGAÇÃO NA PUBLICAÇÃO
SINDICATO NACIONAL DOS EDITORES DE LIVROS, RJ

Trudeau, Justin, 1971-

T783t Tudo aquilo que nos une: a autobiografia do jovem líder político do Canadá / Justin Trudeau; tradução Patricia Azeredo. – 1ª. ed. – Rio de Janeiro: Best*Seller*, 2017.

Tradução de: Common Ground
ISBN: 978-85-465-0056-7

1. Trudeau, Justin, 1971-. 2. Política – Canadá – Biografia. I. Azeredo, Patricia. II. Título.

17-43650

CDD: 923.2
CDU: 929:32

Texto revisado segundo o novo Acordo Ortográfico da Língua Portuguesa.

Título original
COMMON GROUND

Copyright © 2014 by Justin Trudeau. Todos os direitos reservados.
Copyright da tradução © 2017 by Editora Best Seller LTDA.

Publicado mediante acordo com a HarperCollins Publishers Ltd, Toronto, Canadá.

Capa: Guilherme Peres
Editoração eletrônica: Abreu's System
Imagem de capa: Getty Images

Todos os direitos reservados. Proibida a reprodução,
no todo ou em parte, sem autorização prévia por escrito da editora,
sejam quais forem os meios empregados.

Direitos exclusivos de publicação em língua portuguesa para o Brasil
adquiridos pela
EDITORA BEST SELLER LTDA.
Rua Argentina, 171, parte, São Cristóvão
Rio de Janeiro, RJ – 20921-380
que se reserva a propriedade literária desta tradução

Impresso no Brasil

ISBN 978-85-465-0056-7

Seja um leitor preferencial Record.
Cadastre-se e receba informações sobre nossos lançamentos e nossas promoções.

Atendimento e venda direta ao leitor
mdireto@record.com.br ou (21) 2585-2002

Dedicado à minha melhor amiga, parceira e alma gêmea.
Obrigado por tudo o que você faz e pelo que você é.
Je t'aime, Sophie.

Sumário

Prólogo 9

1. Infância em Sussex, 24 13
2. Crescer em Montreal 47
3. Viajar para o Leste, ir para o Oeste 77
4. A floresta é adorável, escura e profunda 97
5. Duas decisões que mudaram a minha vida 109
6. Papineau: política feita a partir da base 127
7. A vida como parlamentar novato 151
8. O caminho para a liderança 165
9. Esperança e trabalho árduo 189

Apêndice 205

Agradecimentos 234

Créditos das fotos 235

Prólogo

N A COZINHA E na sala de estar de nossa casa em Ottawa, há fotos por toda parte. Coladas na geladeira, emolduradas em porta-retratos nas prateleiras e balcões, penduradas nas paredes. Há registros de momentos oficiais misturados a imagens familiares de que gostamos: Sophie com todos os padrinhos em nosso casamento, a foto escolar de Xavier, nós quatro em Haida Gwaii, na viagem que fizemos à Colúmbia Britânica antes de Hadrien nascer, eu posando com eleitores em Papineau, eu com meus irmãos, Sacha e Michel, andando de bicicleta na entrada de nossa casa em Sussex, 24, minha mãe, Margaret, sorrindo com os netos. Cada uma delas traz lembranças especiais e tem significado para nós, mas o grupo de fotos que sempre atrai meu olhar é um trio reunido por um grande amigo nosso. Essas fotos fazem mais do que trazer boas lembranças, elas contam uma história.

A primeira fotografia mostra um homem de meia-idade na popa de uma canoa, com o remo a postos e um grande sorriso no rosto. A canoa percorre um trecho de correnteza e o homem observa um menino sentado na proa, que maneja o remo com uma habilidade apenas promissora. O homem é meu pai e o garoto, claro, sou eu. Estamos na água em um dia de primavera. O sorriso no rosto do meu pai sugere que ele não poderia estar mais contente. Suspeito que isso seja verdade, pois ele está me levando em uma jornada especial, um rito de passagem que ele faria com todos os filhos.

Sacha, Michel e eu fizemos a mesma jornada por essas correntezas com meu pai. Mal tínhamos começado a andar quando ele colocou um remo em nossas mãos e nos iniciou nas técnicas de canoagem. Sob o olhar atento dele, nós percorríamos o pequeno conjunto de corredeiras de Harrington Lake, em Gatineau Hills. Meu pai não queria um passeio tranquilo para nós. A ideia era que enfrentássemos um desafio e nos envolvêssemos na jornada, além de ajudar a controlar a situação de alguma forma, ainda que pequena. Ele queria que nos divertíssemos.

Na foto a seguir, dois homens navegam uma embarcação inflável por águas muito mais desafiadoras que as da primeira fotografia. Na verdade, eles estão em rios de correnteza fortíssima. O homem mais velho, com uma barba um tanto desalinhada, está na frente da embarcação com o remo de caiaque entre as pernas. Ele aparenta algo entre empolgado e assustado com o ângulo perigoso do bote e as águas traiçoeiras ao redor. Atrás dele, na popa, o homem bem mais jovem procura se afastar das grandes rochas que os cercam.

São as mesmas duas pessoas nas fotos, tiradas com vinte anos de diferença. Na segunda fotografia meu pai curte a viagem enquanto eu guio o barco, ambos totalmente envolvidos no momento. As imagens são uma medida tocante da passagem do tempo e dos efeitos que ele tem sobre todos nós.

A terceira imagem mostra — surpresa! — outra canoa. Essa é vermelha e brilhante, deslizando pelas águas calmas e lisas. Mais uma vez estou sentado na popa. Sophie, na proa, acena para a câmera. Atrás dela, Ella-Grace imita o aceno enquanto Xavier observa tudo, calmamente, no assento do meio. A foto captura uma de várias excursões de canoa com nossos filhos. Esta, tirada acima do Miles Canyon, no rio Yukon, é importante porque marcou nosso último verão como família de quatro pessoas: nosso filho Hadrien nasceria no inverno seguinte.

A presença do meu pai domina as duas primeiras imagens, e gosto de pensar que ele também está na terceira foto, dessa vez em espírito. É notório que ele amava canoagem. Isso o levava ao ar livre, desafiava sua noção de independência e sobrevivência e o conectava com suas raízes de homem jovem, de atleta talentoso e de canadense. Ele amava qualquer oportunidade de passar ao menos parte do dia remando em correntezas, descendo montanhas de esqui ou explorando trilhas. Ele era habilidoso ao ar livre como sempre esperei ser.

Além de ser um testemunho do passar dos anos, essas fotos me comovem profundamente e fazem com que eu sinta saudade do meu pai. Quando remávamos ou fazíamos trilha, nós nos sentíamos mais próximos como família. A cidade era o lugar onde o estresse do trabalho e da política, às vezes, derrotava a família. Nós relaxávamos mesmo era ao ar livre, onde podíamos ser quem realmente éramos e não quem os outros gostariam que fôssemos. Juntos, aprendemos a enfrentar obstáculos e superar medos, e desenvolvemos uma apreciação infinita pelo nosso país e suas grandes belezas naturais.

Hoje, não posso mais pegar uma prancha de snowboard ou um remo e um colete salva-vidas e me perder em uma montanha ou rio por várias horas ou dias. Minha esposa e eu precisamos nos esforçar para conseguir esses momentos em família, seja nas férias ou em domingos muito esperados. Contudo, as lições da juventude continuam vivas em mim, e Sophie e eu queremos transmiti-las a nossos filhos. Xavier, Ella-Grace e Hadrien são o centro do nosso mundo e o motivo pelo qual embarcamos juntos nessa viagem.

TIVE A EXTRAORDINÁRIA oportunidade de explorar esta nação em vários momentos da minha vida: como menino, viajando com meu pai, como jovem, indo para o oeste em busca das montanhas e da faculdade de pedagogia, como líder da organização Katimavik, e agora como pai e político. Cada jornada me ensinou sobre o país em que vivemos, as distâncias físicas que precisamos superar e as dádivas abundantes que esta terra nos oferece. Os mapas não dão a menor noção do verdadeiro escopo do Canadá e a viagem aérea minimiza tudo o que nosso país tem a oferecer. Não é possível apreciar a extensão da riqueza agrícola dos prados ou as conquistas de engenharia da estrada Rogers Pass a 10.000 metros de altura. Você precisa estar no nível do mar, onde pode não só explorar a terra, como também conhecer o povo que a ama tanto quanto eu.

Muitos canadenses realçam as diferenças regionais e se esquecem do que nos une. Somos um povo que fala duas línguas oficiais e compartilha várias outras. Com todas as nossas diferenças de cultura, história e geografia, estamos unidos por valores que definem a identidade canadense. Tenho um amor e respeito profundos pelo Canadá e reconheço que temos um potencial extraordinário. Tudo em minha vida enfatizou e reforçou este fato. Tudo o que me proponho a fazer na carreira política se baseia nesta premissa.

Contudo, esse é um potencial fácil de desperdiçar e, uma vez perdido, difícil de recuperar. Nos últimos anos, a grandeza potencial do país desapareceu à sombra de políticas desagregadoras e do foco em obter o poder apenas pelo poder. Não é disso que o Canadá precisa nem o que os canadenses desejam. Nosso país foi construído com objetivos mais nobres, guiado por uma visão única e estimulante para diversos povos do mundo inteiro.

Este risco ao nosso potencial está entre os motivos que me levaram a entrar para a política e a defender uma abordagem diferente a fim de guiar o Canadá rumo ao futuro. Essa abordagem reflete de várias formas as circunstâncias da minha criação e a consciência de que precisamos compartilhar não só os frutos de nossa terra, mas também a responsabilidade de proteger e aumentar esses frutos. Precisamos valorizar e aprimorar nosso famoso senso de aceitação e inclusão e o respeito pelos valores democráticos. Precisamos honrar a herança inestimável desta vasta e linda terra que promete um futuro rico para nossos filhos e netos.

Perdoe-me se pareço muito entusiasmado. Tendo a ficar assim ao falar do que amo e valorizo. Escrevi este livro para explicar o motivo desse entusiasmo em relação ao Canadá e também para explicar como aprendi a liderar.

Minha visão para o país é moldada pelas experiências e as influências que tive: Trudeau e Sinclair, pai e mãe, francês e inglês, leste e oeste. Assim como todo rio é a soma de cem afluentes, eu também sou produto de muitos povos e regiões.

Sou sempre um filho, mas hoje também sou marido, pai e um homem apaixonado pelo meu país. E se eu desejo um dia ter a oportunidade de levar o Canadá rumo a um futuro de justiça, igualdade e objetivos compartilhados, sinto que preciso contar minha história para que você possa conhecer melhor o homem que sou longe do brilho da política. Gostaria de dividir com você a ideia de dever que me motiva: servir ao nosso país buscando o denominador comum, no qual todo canadense poderá encontrar seu lugar em uma nação forte e justa.

Capítulo Um

Infância em Sussex, 24

O COMEÇO ADEQUADO PARA minha história pode ser encontrado há mais de um século na cidade de Banff, situada em uma área pouco povoada da costa nordeste escocesa conhecida como Aberdeenshire. Um dia, em 1911, James George Sinclair, um professor e pescador dedicado da região, foi até um rio próximo com uns amigos e jogou a linha na água. Quase imediatamente o grupo foi abordado por um guarda alegando que eles estavam pescando ilegalmente, pois o rio "pertencia", de uma ponta à outra, ao nobre local.

As leis de uso feudal da terra sobreviveram até o século XX na Escócia e em outras regiões da Europa, e a pena para transgressores podia ser severa. Segundo o guarda, se James fosse pego tentando furtar os peixes do senhor feudal novamente, iria para a cadeia.

Enquanto James e os amigos pegavam seus objetos pessoais e voltavam para casa pela campina, ele resmungou: "Se não posso pescar, não posso viver."

Um dos companheiros de James começou a descrever uma terra ampla, um lugar belo onde as florestas estavam repletas de animais de caça e "nenhum nobre é dono dos peixes". Ele tinha lido isso em um livro. Esse lugar maravilhoso ficava a mais de 6.000 quilômetros de distância atravessando o oceano Atlântico até o distante Canadá. Um lugar chamado "Colúmbia Britânica".

Alguns meses depois, James George Sinclair, a esposa, Betsy, e o filho, Jimmy, de 3 anos de idade, embarcaram em um navio rumo ao Canadá e encontraram muito mais do que peixe na Colúmbia Britânica. O novo lar se mostrou uma terra de oportunidades onde o trabalho árduo era recompensado, independentemente do sotaque ou da origem. Nos cinquenta anos seguintes, Jimmy cresceu, formou-se em engenharia, ganhou bolsa para estudar em Oxford, serviu na Força Aérea Canadense na Segunda Guerra Mundial, foi eleito para o Parlamento, foi ministro, teve uma carreira empresarial de sucesso e continuou sendo um pescador dedicado durante toda a vida, como o pai.

Ele e a esposa, Kathleen, batizaram a quarta de suas cinco filhas como Margaret. Hoje ela mora em Montreal e é minha mãe.

EM SETEMBRO DE 1941, enquanto Jimmy Sinclair teve a distinção muito peculiar de cumprir o primeiro mandato como parlamentar pelo distrito Vancouver North e, ao mesmo tempo, comandar um esquadrão da Força Aérea Canadense na África do Norte, um intelectual franco-canadense embarcou em uma extraordinária expedição de 1.600 quilômetros, indo de Montreal a James Bay de canoa e refazendo a jornada realizada no século XVII pelos *coureurs de bois* que fundaram a Hudson's Bay Company. A viagem chamou a atenção dos meios de comunicação: com a manchete "Alunos saem em agradável viagem", um jornal local listou os seis canoístas, incluindo um chamado Pierre E. Trudeau.

Foi uma viagem árdua. Para meu pai, a questão era exatamente essa: "Eu percorri aqueles rios em alta velocidade enquanto os outros passeavam", escreveu ele em uma carta para um amigo. "A comida começou a acabar, a jornada ficou impossível e as corredeiras, perigosas... Em uma palavra, a vida estava ficando maravilhosa." Esta era a lente através da qual meu pai via sua Quebec natal: um lugar altivo e magnífico, cheio de belezas naturais. Ele sempre acreditou que o espírito capaz de definir a província surgiu tanto da terra quanto do idioma e da cultura.

Nossa família sempre teve forte ligação com a água. Na verdade, a água tem papel crucial em minhas primeiras lembranças. Eu ainda não tinha 2 anos de idade e, bem agasalhado em um traje de neve, já deslizava com meu pai por Harrington Lake, a residência oficial do primeiro-ministro em

Gatineau Park e um dos lugares favoritos dos meus pais. Era dezembro de 1973 e o lago ainda não estava totalmente congelado. Minha mãe estava em pé no alto de um morro, prestes a parir meu irmão Sacha, e comemorava enquanto meu pai subia e descia a ladeira comigo em um trenó. Cada descida terminava perto do rio vindo do lago, que mais tarde eu cruzaria remando.

Após algumas voltas, meu pai teve certeza da segurança do trajeto e decidiu que eu deveria tentar sozinho. Ele empurrou o trenó do alto do morro e lá fui eu descendo a ladeira sob o olhar dos meus pais. Quase imediatamente, meu pai viu um imenso problema. Quando estávamos juntos no trenó, nosso peso combinado era o suficiente para que a parte inferior do trenó cortasse a crosta gélida e diminuísse a velocidade. Mas apenas comigo a bordo, ele deslizava como um skate rapidamente pela ladeira e começou a ganhar velocidade, indo direto para o rio. Enquanto meu pai descia o morro correndo atrás de mim, minha mãe gritava assustada lá do alto: "Meu bebê, meu bebê!"

Embora fosse muito jovem, lembro-me claramente da viagem acabando com o trenó parcialmente enterrado na margem arenosa e minhas mãos estendidas mergulhadas até o pulso na água gelada. Eu calçava luvas de lã azul e minha principal preocupação era que elas estavam ensopadas.

"Caí no rio, luvas molhadas!", gritei para meu pai, igualmente empolgado e surpreso ao vê-lo me resgatar. Ele me pegou com uma das mãos, agarrou o trenó com a outra e me carregou morro acima. Foi um dia importante: eu tinha sido devidamente batizado como praticante de esportes ao ar livre.

Antes dessa aventura, contudo, houve a agitação no dia do meu nascimento. Sir John A. Macdonald foi o último primeiro-ministro a ter um filho no exercício do mandato. Embora meus pais tenham incorporado os objetivos do então novo movimento feminista que estava revolucionando a forma pela qual homens e mulheres abordavam seus papéis como pai e mãe, eles nasceram com três décadas de diferença, e isso nem sempre era fácil de superar. Para colocar essa disparidade em perspectiva, meu pai nasceu em 1919, o ano em que as mulheres ganharam o direito a concorrer a cargos federais no Canadá.

Em 1971, o Ottawa Civic Hospital ainda proibia os maridos de acompanhar as esposas na sala de parto. Minha mãe ficou furiosa ao saber disso.

Se o marido não podia estar ao seu lado no hospital quando ela desse à luz, ela teria o bebê — que era eu — em casa. Quando o protesto dela chegou ao conselho diretor do hospital, eles rapidamente aboliram a restrição antiquada, seguidos por outros hospitais em Ottawa e posteriormente em todo o país. No Natal, meu pai estava ao lado da minha mãe quando vim ao mundo. Foi um parto fácil e tranquilo, segundo fontes confiáveis. E gosto de pensar que, junto com meu pai, ajudei minha mãe a dar um golpe no ultrapassado pensamento patriarcal.

Meu irmão Sacha chegou dois anos depois, e Michel veio após menos de dois anos, então nós éramos próximos de várias formas. Fomos companheiros constantes de brincadeiras, perseguições, implicâncias e confusões. Na verdade, éramos uns leõezinhos bons de briga. Ensinei Sacha a lutar quando ele ainda usava fraldas e ele rolava no chão com Michel antes mesmo de aprender a andar. Para lidar com tanta energia, meus pais colocaram tatames no porão da casa em Sussex, 24, ansiosos para que gastássemos aquela hiperatividade infantil de um jeito sadio.

Harrington Lake naquela época parecia o cenário de um romance dos Hardy Boys, um lugar que implorava por aventuras. E, para nossa felicidade, meu pai sempre parecia estimular nossas ideias. Uma antiga fazenda com celeiro abandonado nas proximidades podia ser explorada. Descendo o lago, pouco depois de uma velha mina de mica, ficava o ancoradouro desativado onde meus irmãos e eu gostávamos de nos bronzear no verão. A cerca de 100 metros, em alto-mar, ficava a pequena ilha onde aconteceu nosso rito de passagem. Quando cada um de nós completou 7 anos, decidimos que nadaríamos até a ilha e voltaríamos.

O fato de papai ter concordado com isso era um exemplo do estímulo dado para que sempre testássemos nossos limites físicos. Claro que ele nos orientou e protegeu: quando tentamos o ritual ele estava presente, nadando ao nosso lado até a ilha e na volta.

Ele também gostava de nos surpreender. Às vezes, pegava mapas topográficos de Gatineau Park, colocava o dedo em um local e dizia: "*On va là.*"

Meia hora depois, nós três estávamos nos esforçando para acompanhá-lo ao lado de nossa mãe enquanto papai marchava confiante pela floresta. O senso de direção dele era excelente e nunca ficamos perdidos, mas os outros visitantes da área não tinham o mesmo dom. De vez em quando algum

andarilho confuso esbarrava em nós e recebia informações do primeiro-
-ministro do Canadá. Quando penso nesses episódios hoje, eles parecem
surreais, mas quando eu era criança o fato de o primeiro-ministro ajudar
turistas perdidos em Gatineau Hills parecia algo perfeitamente normal.

As mudanças de estação não impediam as aventuras ao ar livre e excursões familiares. Neve no chão tinha vários significados. Todos nós começamos a esquiar bem novos, mas em Harrington Lake em geral colocávamos
sapatos de neve e simplesmente saíamos porta afora. E não eram os modelos modernos e leves disponíveis hoje: nós calçávamos os modelos antigos
de madeira e em formato de lágrima, que lembravam raquetes de tênis e
tinham cordas feitas de tripas de animais (que papai deixava claro que não
vinham de gatos, como o nome em inglês *catgut* dava a entender). Enquanto fazíamos trilha pela floresta, meu pai contava — sempre em francês —
histórias sobre Albert Johnson, o Caçador Louco do rio Rat, um infame
criminoso da era da Grande Depressão que enganou a Real Polícia Montada do Canadá em uma perseguição de quase 250 quilômetros pelos Territórios do Noroeste até as florestas geladas do Yukon. Isso naturalmente
nos inspirou a um revezamento no papel de Caçador Louco, seguindo pela
região rural de Gatineau para ver se conseguíamos fugir da captura pelos
outros integrantes da família.

Rastrear alguém calçando sapatos de neve é fácil se a pessoa andar em
linha reta. A ideia era confundir os perseguidores andando em círculos,
desviando e voltando pelo mesmo caminho, andando em formato de oito
ou até pulando de um galho de árvore para outro. Nós adorávamos esse
jogo e nos distraíamos com ele por várias horas.

Após mais de um mês sendo perseguido pela equipe da Real Polícia
Montada, o Caçador Louco foi morto a tiros em uma curva congelada do
rio Eagle. Nossas perseguições, por outro lado, geralmente acabavam com
meu pai dividindo uma barra de chocolate amargo conosco.

Eu devia ter 8 ou 9 anos quando compreendi exatamente a carreira do
meu pai e o que ele fazia quando não estava em casa. Minha mãe adora
contar a história de como eu me referi a meu pai uma vez como "o chefe
do Canadá". Mas o que isso significava exatamente? Os pais dos meus amigos tinham empregos fáceis de entender: eles trabalhavam em lojas, eram

médicos e cuidavam de pessoas ou falavam no rádio. Eu compreendia esse tipo de trabalho, mas o conceito de serviço público era bem mais abstrato.

O assunto surgiu um dia quando perguntei a papai algo sobre nossa casa e ele respondeu que não éramos donos dela do mesmo modo que éramos donos de nossas roupas ou livros. Não? Que estranho. Nós *morávamos* em Sussex, 24, então por que a casa não era nossa? A explicação era que ela pertencia ao governo, o que me deixou ainda mais confuso. Se meu pai *comandava* o governo, isso não fazia dele o dono de tudo? Até que o Partido Liberal perdeu a eleição federal em 1979. Praticamente da noite para o dia, Sussex, 24, não era mais a nossa casa, então fizemos as malas e nos mudamos para Stornoway, a residência oficial do líder da oposição que ficava a alguns quarteirões de distância. Aí eu entendi que o verdadeiro chefe do Canadá era o povo canadense.

Com o tempo, passei a compreender algumas questões mais complexas com as quais meu pai lidava, e ele fazia questão de chamar minha atenção para os principais eventos e sua importância. Por razões compreensíveis, ele falava com os filhos pequenos sobre a promulgação da Carta Canadense dos Direitos e das Liberdades em 1982. Eu tinha 10 anos de idade na época, e já estava familiarizado com os princípios básicos da democracia, incluindo a ideia de que governos entram e saem de acordo com a vontade dos eleitores. Ao explicar a importância da Carta, meu pai, que tinha idealizado esse documento desde quando foi ministro da Justiça no governo Pearson em 1960, destacou que algumas regras eram importantes demais para serem revogadas pelo governo.

A ideia de que uma maioria de pessoas (ou, considerando nosso sistema eleitoral, às vezes bem menos que a maioria) possa usar o imenso poder do governo para restringir direitos das minorias chocava meu pai, que chamava isso de "tirania da maioria". Quando éramos crianças ele explicava isso usando o exemplo das pessoas destras, que compõem uma vasta maioria da população, mas não deveriam ter a permissão de fazer leis prejudicando os canhotos apenas porque eles são minoria.

Meu pai integrava uma minoria linguística e era de uma geração que tinha visto o poder do Estado ser mobilizado para que pessoas cometessem atos repulsivos umas com as outras em todo o mundo. Ele lutou a vida inteira a fim de construir e dar forma ao Canadá como um país de diversidade de religião, origem étnica e crença sem precedentes. Para que a diversidade funcione, as pessoas precisam ser livres. A Carta era a forma de impedir qualquer grupo de canadenses de usar o governo para restringir indevidamente as liberdades básicas de qualquer outro grupo de canadenses. Os principais valores dele eram liberais no sentido clássico. São valores dos quais partilho e nos quais acredito com igual profundidade.

Nos anos seguintes, a Carta Canadense dos Direitos e das Liberdades se transformou no veículo para uma expansão inédita de liberdades individuais no Canadá e foi usada para revogar leis arbitrárias que restringiam as escolhas dos canadenses nos aspectos mais particulares e íntimos da vida. Graças à Carta, os canadenses não são mais discriminados no local de trabalho devido à orientação sexual nem são impedidos de casar com quem amam apenas porque ambos são do mesmo sexo. Graças à Carta, as mulheres ganharam o direito de controlar a própria saúde reprodutiva. Outros aspectos da Constituição tinham o mesmo objetivo. As Primeiras Nações, por exemplo, usaram o artigo 35 para garantir em lei alguns direitos que foram desrespeitados pelos governos desde o primeiro contato com os europeus.

Desde que fui eleito para o Parlamento, em 2008, pensei várias vezes em como seria o governo Harper sem a Carta Canadense dos Direitos e das Liberdades. O Sr. Harper e seu partido não são fãs da Carta: eles se recusaram a comemorar o trigésimo aniversário dela, raramente a mencionam, e a Suprema Corte a utilizou para conter algumas de suas tendências mais autocráticas. Pessoalmente, acredito que se trata de uma diferença crucial entre a ideia de liberdade defendida por liberais e conservadores. A ideia liberal é que todos os indivíduos têm os mesmos direitos e liberdades básicas, independentemente de origem ou crença, e que a Constituição precisa protegê-los das forças poderosas que restringiriam (e, em casos extremos, revogariam) esses direitos. A ideia conservadora parece muito mais centrada em dar a pessoas e grupos que têm poder a liberdade para usar esse poder como bem entenderem.

Acredito profundamente na ideia de liberdade defendida pelos liberais. Na primavera de 2014 anunciei uma posição firme no Parlamento a favor do direito de escolha da mulher. Era uma grande mudança para alguns dos meus colegas parlamentares. Anteriormente, o Partido Liberal considerava esse direito subserviente à liberdade individual do parlamentar de votar de acordo com suas crenças religiosas. Como fui criado no catolicismo romano e frequentei uma escola jesuíta, entendo que é difícil para as pessoas de fé profunda deixar as crenças de lado a fim de servir aos canadenses que não partilham dessas crenças, mas para mim o liberalismo é exatamente isso. É a ideia de que a religião particular, embora deva ser valorizada e respeitada, é algo fundamentalmente diferente do dever público. Minha ideia de liberdade consiste em proteger os direitos das pessoas de acreditar no que a consciência lhes dita e de lutar com igual avidez para impedir a imposição de doutrinas alheias a elas. Essa é a diferença entre a visão expressa por um cidadão e os votos dele no Parlamento. Quando parlamentares votam, não estão expressando apenas uma opinião, mas o desejo de que todos os outros canadenses estejam sujeitos à mesma opinião que eles de acordo com a lei. É aí que precisamos marcar posição firme. Tenho certeza de que meu pai concordaria com isso, se estivesse aqui hoje.

O EMPREGO DELE pode ter sido singular, mas meu pai (que chamávamos de Papa, porque sempre falávamos com ele em francês) era como a maioria dos pais em vários aspectos: fazia piadas, brincava conosco e, como presente especial, às vezes nos levava para o trabalho. Isso geralmente significava várias horas de Sacha, Michel e eu brincando de pega-pega ou esconde-esconde no terceiro andar do Centre Block do prédio do Parlamento. Até hoje, não consigo passar por determinados cômodos ou escadas do prédio sem ser inundado por lembranças dessa época.

Não acompanhei de perto o dia a dia do trabalho realizado por meu pai como primeiro-ministro em Ottawa, onde ele mantinha uma barreira firme entre os papéis de primeiro-ministro e pai, mas pude fazer isso quando viajávamos pelo país ou ao exterior. Em Ottawa, além da presença em ocasiões cerimoniais, como o Dia da Lembrança e o Dia do Canadá, não éramos muito expostos aos deveres públicos dele, mas quando o acompanhávamos além da cidade tudo mudava.

Quando era minha vez de viajar ao exterior com papai, eu geralmente ficava sentado e comendo muffin no café da manhã em algum hotel enquanto ele recebia instruções detalhadas sobre as reuniões do dia de pessoas como o conselheiro de política externa Bob Fowler e o assistente executivo

Ted Johnson. Às vezes eu também ia a eventos noturnos, nos quais tive a oportunidade de conhecer líderes internacionais como a primeira-ministra britânica Margaret Thatcher, o chanceler alemão Helmut Schmidt e o primeiro-ministro sueco Olof Palme, que me deu uma faca de caça com empunhadura em formato de rena que guardo até hoje.

Eu ficava na primeira fila em alguns eventos de grande importância, como na vez em que o acompanhei em uma turnê pelas bases militares canadenses na Europa Ocidental, em 1982, e um boletim anunciou que o líder soviético Leonid Brejnev tinha morrido. No dia seguinte fomos a Moscou para o funeral.

Fomos recebidos no aeroporto pelo então embaixador do Canadá na União Soviética, Geoffrey Pearson, que passou as informações a meu pai durante a ida de carro para o hotel. Eu lembro que boa parte da discussão era sobre quem sucederia Brejnev. Passando por Moscou, vi a noite cair sobre a cidade escura e triste enquanto meu pai conduzia uma longa e detalhada discussão sobre a política interna soviética na qual falava de igual para igual com o diplomata que servia em Moscou. Foi outra confirmação de que meu pai sabia basicamente tudo.

Há um limite para a quantidade de informações que uma criança pode processar quando se trata de controle de armas ou acordos comerciais, mas aprendi a valorizar o conceito de que os relacionamentos têm importância vital no processo de relações exteriores. Fiquei impressionado com o fato de os relatórios do meu pai falarem tanto da personalidade de seus colegas quanto dos assuntos discutidos nas reuniões.

Esse conceito ficou particularmente interessante quando pude observar líderes de outros países se encontrando com meu pai. Às vezes eles pareciam tão diferentes que eu ficava maravilhado com o fato de conseguirem interagir de modo produtivo. Como Ronald Reagan, por exemplo.

Eu tinha 9 anos quando o presidente norte-americano chegou para almoçar com meu pai na casa em Sussex, 24. Naquele dia era possível notar que algo grandioso estava acontecendo, pois oficiais da Real Polícia Montada estavam posicionados a intervalos de 3 metros por toda a propriedade, uma segurança que eu jamais tinha visto ou voltei a ver naquele jardim.

Quando o carismático presidente chegou, meu pai me apresentou e sugeriu que relaxássemos no solário antes do almoço entre os dois líderes.

Reagan sorriu calorosamente para mim quando nos sentamos e perguntou se eu gostaria de ouvir um poema, o que fez meu pai virar a cabeça em sinal de interesse. Ele amava poesia e geralmente nos fazia memorizar versos de obras como *Fedra*, de Racine, e *A tempestade*, de Shakespeare. Mas Reagan tinha um gosto bem diferente. Em vez de versos clássicos, ele recitou "O fuzilamento de Dan McGrew", de Robert Service ("A bunch of boys were whooping it up in the Malamute saloon...") ["Um bando de rapazes estava se esbaldando na taberna Malamute...", em tradução livre].

Fiquei encantado com o verso. Meu pai ficou um pouco perplexo, tanto pelo assunto levemente inadequado para um menino de 9 anos quanto pela escolha previsivelmente apropriada de poema feita pelo presidente caubói/ ator. Mesmo assim, aquilo causou um impacto. Fiquei impressionado o bastante para decorar este e outros poemas narrativos que meu pai jamais teria me ensinado, de "A cremação de Sam McGee" até "The Highwayman", de Alfred Noyes.

Igualmente memoráveis foram as ocasiões a bordo da aeronave do governo, o Boeing 707, usado em viagens ao exterior. A parte frontal da aeronave tinha oito assentos largos que ficavam um de frente para o outro em grupos de quatro. Atrás deles havia dois bancos compridos, onde meu pai e eu dormíamos em voos longos. Uma parede separava essa parte do restante do avião, que era reservada aos outros funcionários, à segurança e à imprensa. Às vezes eu ia bater papo com as pessoas que conhecia, pois meu pai costumava trabalhar no avião e não havia irmãos para brincar comigo. Minhas visitas eram breves, por mais interessantes que fossem as conversas, pois ainda era permitido fumar em aviões nessa época, e a névoa opaca de fumaça que envolvia aquela área do avião me fazia tossir.

A parte mais valiosa dessas viagens com meu pai era a oportunidade de observar como ele tomava decisões: sempre fazendo perguntas e desafiando as pessoas ao redor em relação à opinião delas. Ele raramente discutia a própria visão em detalhes até que todos expressassem suas ideias, desmentindo a imagem pública de administrador quase autocrático. Qualquer decisão tomada por meu pai era resultado de um processo que envolvia várias vozes e podia levar semanas ou meses. O modelo de tomada de decisão que aprendi durante esses voos de 707 ajudou a moldar meu estilo de liderança.

Tudo isso foi o contexto no qual eu cresci. O que se destacou em minha mente, contudo, era como nós cinco vivíamos como família enquanto estávamos em Ottawa e o quanto meus pais se dedicavam a nós.

APESAR DAS DEMANDAS em relação ao tempo dele, meu pai era presente, colocava a mão na massa e se alegrava muito com os filhos. Ele encontrava satisfação nas funções paternas, cuidando de nós à noite quando éramos crianças ou consertando bicicletas e montando brinquedos de Natal quando ficamos mais velhos. Ele também contava histórias na hora de dormir, *en français, bien sûr*, sobre Jasão e o Velo de Ouro, Páris e Helena de Troia, ou nos assustava com a história de Polifemo e sua caverna. Durante o dia, ele nos apresentava a quase todas as atividades físicas disponíveis, embora não demonstrasse interesse em esportes coletivos como futebol, futebol americano e hóquei. Ele nos ensinou a velejar, escalar, usar arma de fogo e arco e flecha, a não se perder ao ar livre, nadar, mergulhar, fazer rapel e, claro, esquiar. Em Harrington Lake nós passávamos pelo menos quatro horas por dia em algum tipo de atividade ao ar livre, independentemente de estar quente, frio, seco ou caindo um temporal. Meu pai tinha um grande ditado: "Não existe tempo ruim, apenas roupas ruins."

Meus pais eram excelentes esquiadores. Mamãe sempre foi exímia, enquanto papai ultrapassava outros esquiadores com seu estilo elegante e sua atitude agressiva mesmo nas descidas mais difíceis, e continuou no ritmo de meus irmãos e no meu até passar dos 70 anos.

Quando deixava os esquis e a canoa, ele praticava dança de salão e se perdia na música clássica e na alta literatura, compartilhando essas paixões com os filhos. Nós éramos estimulados a conhecer história, teologia católica e o básico de filosofia, além de saber fazer uma curva paralela com esquis e transportar uma canoa em mata fechada.

Nós três fizemos aulas de judô, o que nos ensinou a cair e a saltar, e aos 4 ou 5 anos de idade papai me ensinou boxe, esporte ao qual acabei me dedicando ativamente.

Mamãe insistia em ampliar nossos horizontes em outras direções. No meu caso, ela conseguiu sucesso apenas moderado em seus objetivos. Quando eu tinha 6 anos de idade, ela me matriculou em aulas de balé. Acredito muito em interesses ecléticos quando se trata de cultura, mas ser um de dois meninos entre 16 meninas era mais do que o meu jovem ego podia suportar. Mamãe e a professora de balé fizeram uma concessão a minha timidez permitindo que eu usasse calças em vez de leggings, mas não foi o bastante. Eu odiava tudo aquilo e me rebelava para ir às aulas de balé, até minha mãe ser obrigada a literalmente me arrastar pela porta de Sussex, 24, gritando e esperneando. Eu me agarrava à moldura da porta desesperadamente, recusando-me a ceder aos apelos de mamãe, até que um operário que estava pintando um gradil perto da porta nos viu por um instante e disse: "Poxa, senhora. Dê uma folga ao menino."

Isso funcionou. Fui ao balé naquele dia, mas foi a minha última aula.

Embora mamãe e papai trabalhassem muito bem juntos como pais, sabe-se que eles enfrentaram muitos desafios como casal. A teoria da minha mãe é que ela e meu pai não eram capazes de ter uma discussão "normal" ou produtiva. Como não havia meio-termo, em vez de algum tipo de acordo, a barragem estourava e os dois transbordavam. Ao longo do tempo esses episódios desagradáveis entre eles se multiplicaram até o casamento acabar de vez.

Mamãe reconhece prontamente que papai foi um pai exemplar, sempre arranjando tempo para nós. Na verdade, a atitude dele em relação à criação de filhos estava décadas à frente de seu tempo. Ele quase sempre achava algo novo que provocava nosso interesse, alguma descoberta fascinante para explorar ou apenas alguma forma de nos fazer rir e ser felizes.

Às vezes a participação ativa dele na criação dos filhos chocava os colegas mais convencionais. Quando eu ainda era bebê, meu pai geralmente voltava para casa durante o dia para ajudar a cuidar de mim e subia correndo para o meu quarto antes mesmo de tirar o casaco. Para fazer isso funcionar, ele convidava o gabinete de ministros a Sussex, 24 para um almoço de trabalho. Em uma ocasião memorável, ele me colocou na cadeirinha de bebê no meio da mesa da sala de jantar, para espanto dos colegas reunidos. O recém-empossado ministro da Economia, John Turner, me observou por um instante e depois disse: "Não se preocupe, Pierre. As crianças ficam muito mais divertidas e interessantes quando ficam um pouco mais velhas."

Anos depois, quando meu pai contava essa história, ele ainda achava o comentário de John desconcertante: para ele, nada era mais interessante do que observar um bebê descobrindo o mundo. Papai se alegrou com nossas primeiras palavras e nossos primeiros passos tanto quanto com nossos primeiros saltos-mortais no trampolim ou na cama elástica. Das primeiras às últimas lembranças que tenho do meu pai, o amor dele por nós estava claro. Esse fato, mais do que qualquer outro, é a âncora da minha infância.

E deixe-me ser honesto: ser filho do primeiro-ministro era incrivelmente divertido em vários aspectos. Como os codinomes especiais que a Real Polícia Montada deu a nossa família: papai e mamãe eram Bordos 1 e 2, meus irmãos, 4 e 5. Eu era o Bordo 3. Todos os principais locais de nossa vida também tinham codinomes. Minha escola, Rockcliffe Park Public School, era conhecida como Seção 81, e a Seção 76 era a casa do meu amigo Jeff. Às vezes, os homens da Real Polícia Montada permitiam que meus irmãos e eu pegássemos o microfone para trocar mensagens codificadas com policiais em outros carros. Eu me lembro do orgulho que senti quando decifrei um código supostamente secreto. "Alfa Bravo Charlie! É só pegar a primeira letra de cada palavra!"

Festas de aniversário em Sussex, 24 eram particularmente divertidas, por serem momentos em que transformávamos a velha mansão em um grande parque de diversões por um dia. Como Sach e eu fazíamos aniversário no Natal, em meados de dezembro nós convidávamos a turma inteira da escola para nossa casa. Cerca de quarenta crianças apareciam, meu pai se recolhia ao escritório e nós ficávamos livres para brincar de pique-avalanche, uma forma de esconde-esconde em que cada jogador recém-encontrado se juntava à equipe de buscas, até que, no fim da brincadeira, todo o grupo de garotos procurava o único menino escondido remanescente.

Esse era o lado da minha vida que meus colegas de escola viam e, às vezes, invejavam. De vez em quando algo inesperado acontecia e deixava todos de queixo caído. Eu me lembro do dia em junho quando estava com 11 anos e brincava na entrada da garagem de Sussex, 24 com meu amigo Jeff Gillin. Um carro parou, a porta se abriu e uma jovem elegante desceu carregando uma bolsa de ginástica. Era Diana, princesa de Gales, que estava visitando o Canadá com o príncipe Charles na época. Como soube que ela viria discretamente para nadar um pouco na piscina dos fundos da casa, decidi que deveria cumprimentá-la adequadamente.

Jeff e eu sentimos vagamente que algum tipo de protocolo deveria ser seguido, mas ali, em pé e vestindo camisetas encardidas e jeans, não fazíamos a menor ideia do que fazer. Uma reverência? Prestar continência? Acabamos largando as bicicletas e meio que ficamos em posição de sentido, compondo a versão infantil de uma guarda de honra quando a princesa passou. Para mim foi um momento estranho, que ficou ainda pior pelo fato de ela obviamente ter ficado desconcertada por nós termos invadido o que deveria ser um momento completamente secreto e particular. E assim que ela passou por nós (com apenas um leve revirar de olhos), eu virei para me desculpar com Jeff pelo ocorrido. Jeff, com os olhos bem arregalados, exclamou: "Ah, meu Deus! Isso foi *incrível*!"

Outro incidente envolvendo Jeff ocorreu mais ou menos nessa época. Nós e alguns amigos estávamos andando de bicicleta pelo bairro e, como sempre, um agente em um carro da Real Polícia Montada ia atrás de nós a uma distância segura. Eu não me importava com aquilo, mas um de meus amigos decidiu que seria divertido fugir da escolta, então demos uma guinada súbita, entramos em um parque, seguimos por umas ruas secundárias e demos a volta por um caminho sinuoso até a casa do Jeff, onde, é claro, o agente da Real Polícia Montada nos esperava, tendo adivinhado o que tínhamos feito. Quando eu e meus amigos terminamos de brincar, o policial me escoltou até em casa e enviou um relatório do "incidente", como deveria fazer.

Eu e meus amigos achamos aquele esforço para fugir do agente muito divertido. Meu pai discordou. Em uma palavra, ele ficou furioso. "Você acha que esses homens *gostam* de ter que seguir um garoto de 11 anos por aí? O trabalho deles é manter você em segurança para que eu possa fazer o meu trabalho. E aí vem você deliberadamente tentando dificultar o trabalho deles... Por *diversão*?", reclamou ele, acrescentando naquele tom severo que eu conhecia muito bem: "Isso foi uma total falta de respeito por eles. Eu criei você melhor do que isso."

Decepcionar meu pai era o pior que poderia me acontecer na infância. Como a maioria das crianças, eu desejava a atenção e aprovação dele. Embora tivesse essa atenção e aprovação, desapontá-lo era uma experiência terrível para mim.

Houve momentos, contudo, em que exagerávamos nas travessuras. Eu não sei se Sacha, Michel e eu éramos mais ou menos "levados" que outros garotos da mesma idade. Só sei que nossos pais (especialmente papai) tinham tolerância zero para qualquer comportamento que não fosse respeitoso. Podemos ter vivido em um ambiente privilegiado, mas quando se tratava de expectativas e disciplina não éramos mimados. Muito pelo contrário.

Mamãe sempre enfatizou a importância da boa educação. Qualquer violação de protocolo ou etiqueta resultava em repreensão séria por parte dela. "Boas maneiras abrirão portas para você. E depois que a porta estiver aberta, você poderá demonstrar seu bom caráter", ensinava ela, insistindo também para que nossa atitude e nosso interesse em relação a outras pessoas fosse sincero. "Não seja falso. As pessoas sempre percebem. E quando isso acontece, elas nunca mais voltam a acreditar em você."

A importância de ser sincero e respeitoso com os outros formava a base dos ensinamentos que eu e meus irmãos recebemos em casa. Quando eu tinha 8 anos, papai me levou a Parliament Hill e almoçamos no restaurante de lá. Ao tirar os olhos da refeição, avistei o líder da oposição Progressista Conservadora, Joe Clark. Pensando em agradar a meu pai, repeti uma piada boba sobre Joe que tinha ouvido na escola. Em vez de impressionado ele ficou chocado e me deu uma bronca, dizendo que era válido atacar a posição de um oponente, mas eu nunca deveria fazer um ataque pessoal ao indivíduo. Para deixar isso bem claro, ele me levou até a mesa na qual o Sr. Clark estava sentado com a filha Catherine e nos apresentou.

Frequentemente me pergunto como meu pai reagiria ao uso mais amplo de ataques pessoais por parte de alguns integrantes do cenário político atual em vez de uma discussão séria das questões. Não tenho dúvida de que ele ficaria chocado e certamente decepcionado com tudo isso e acharia uma forma de expressar sua opinião com o peso de uma tonelada de tijolos, mas sem precisar recorrer aos mesmos ataques pessoais que estivesse condenando.

Essa ênfase em respeitar os outros, independentemente da posição ou cargo, estava entre as lições mais importantes ensinadas a mim e meus irmãos quando crianças. Às vezes nossos pais tomavam a iniciativa e faziam questão de destacar outras qualidades e o grande reconhecimento que as pessoas mereciam. Nossa governanta, Hildegarde West, conhecida como Hilda, era uma dessas pessoas. É difícil descrever precisamente o que havia em Hilda para gerar tanto afeto da família em relação a ela, exceto que irradiava ternura em todas as direções.

Um dia, talvez movida por um comentário meu ou um gesto generoso de Hilda, mamãe me chamou de lado e disse: "Justin, ao longo da vida você vai conhecer reis, rainhas, presidentes, todo tipo de gente com poder e prestígio. Mas seja qual for o título, muitos deles nunca terão o mesmo valor como seres humanos que Hilda tem."

Papai era ainda mais rígido em relação à necessidade de respeito ao lidar com o próximo. Uma vez, quando me referi a um agente da Real Polícia Montada designado para cuidar de nós como Carecão, o agente encarou com bom humor. Meu pai, contudo, ao entreouvir o comentário, insistiu para que eu me desculpasse formalmente com o homem na mesma hora. O agente deve ter se divertido ao ver um menino usar aquele termo de modo casual. Meu pai não achou graça e garantiu que eu soubesse disso e me lembrasse da lição aprendida.

ALÉM DO MUNDO de Sussex, 24 estava o lado empolgado e ocidental da família. Visitar os Sinclair na Colúmbia Britânica era sempre uma ótima fuga de Ottawa e suas restrições. Essa é a metade da minha árvore genealógica que muita gente deixa de lado. Todos me conhecem como filho do ex--primeiro-ministro, mas muitos esquecem que também sou neto de outro político extraordinário: Jimmy Sinclair, que, como mencionei, nasceu na Escócia e chegou à Colúmbia Britânica quando bebê. Além de uma série de lembranças maravilhosas, ele me deu um dos meus nomes do meio.

Após servir como líder de esquadrão da Força Aérea Canadense na Sicília, em Malta e na África do Norte durante a guerra, Jimmy virou presença constante no Parlamento, primeiro representando as regiões de North Vancouver e Coast-Capilano, e depois atuando como ministro da Pesca no governo do primeiro-ministro Louis St. Laurent. Ao sair da vida política, ele virou presidente e líder do conselho administrativo da Lafarge Cement North America, construindo uma carreira de sucesso.

Jimmy tinha aquela masculinidade tradicional, com todo o carisma e a personalidade descomunais de um verdadeiro político de varejo à moda antiga. Como sabemos, papai conseguia lidar com multidões e pessoas muito bem, mas não era algo natural para ele, que precisou se esforçar para superar a timidez inata. Para o vovô, pessoas eram tudo. As campanhas eleitorais de James Sinclair eram uma operação familiar caseira, em que todos (inclusive as crianças) trabalhavam para garantir o sucesso nas pesquisas. Heather, a irmã mais velha da minha mãe, tem a lembrança de atender ao telefone de casa com 6 anos de idade cantando: "2468, quem tem o nosso apoio? Jimmy Sinclair!" Muitos anos depois, quando fui o candidato do Partido Liberal no distrito de Montreal chamado Papineau, eu usei o estilo de campanha porta a porta de Jimmy como modelo por ser adequado a minha personalidade, entre outros motivos.

Ele sentia uma afeição especial por mim. Tive muita oportunidade de conviver com ele porque meus pais confiavam nos Sinclair para cuidar de mim e meus irmãos sempre que eles viajavam ao exterior por longos períodos. Jimmy nos levava pelo incrível jardim que começava atrás da casa em Rockridge Road, West Vancouver, e descia o dique florestado até Cypress Creek. Ele transformou o dique em extensão do jardim, criando pontos batizados em homenagem a mim e meus irmãos. Ali estava o Caminho de Justin, mais adiante ficava a Pedra de Sacha, e mais à frente estava o Mirante de Michel. Nós passávamos dias inteiros nessas florestas mágicas com ele, ajudando a cuidar do jardim, brincando de esconde-esconde e explorando o riacho.

Como a propriedade era cercada por uma ferrovia, os trens passavam regularmente, incluindo a histórica locomotiva a vapor Royal Hudson que levava turistas por West Vancouver, subindo por Squamish e fazendo o caminho de volta. Sempre que ela passava nós acenávamos e, às vezes, erguíamos uma grande placa onde se lia "Oh, Canadá". E quando o engenheiro via, ele acionava o apito especial do trem que tocava as primeiras quatro notas do hino nacional canadense. Jimmy tinha o amor ardente ao seu país que só um imigrante poderia ter, e instilava isso diariamente em todos ao redor.

Ao relembrar essas cenas em Rockridge Road, vejo que éramos como garotos-propaganda do patriotismo canadense dos anos 1970. Justamente por isso aquela parte do país teve importância especial para mim e foi para onde escolhi voltar quando estava com 20 e poucos anos, prestes a iniciar a carreira de educador.

Jimmy jogava cartas conosco e geralmente brincávamos de um jogo que ele chamava de Banco. Durante o carteado ele nos dizia se essa ou aquela mão ia determinar o "Campeão do Deserto Ocidental", que sempre considerei apenas uma frase vazia e sonora. Só quando já era adulto e descobri o passado militar de Jimmy é que percebi que o "deserto" era o Saara Ocidental, onde ele tinha servido a seu país durante algumas das batalhas mais violentas da Segunda Guerra Mundial. Sinto um calafrio ao pensar que a frase descontraída usada durante um jogo de cartas entre familiares vinha de um verdadeiro teatro de guerra. Eu costumo pensar nele quando me encontro com veteranos de todo o país em meu trabalho atual e fico tocado pela dedicação ao serviço, ao dever e por todas as histórias que eles guardam.

Vovô Jimmy faleceu em 1984, marcando a primeira morte que eu e meus irmãos vivenciamos como perda real e pessoal. Ao ouvir a notícia em Sussex, 24, nós choramos tão alto que um dos integrantes da equipe, uma mulher francesa, achando aquilo inconveniente, pediu que recuperássemos a compostura. Desnecessário dizer que preferimos não obedecê-la.

Em uma viagem para o Oeste, meus irmãos e eu fomos pela Sunshine Coast, onde visitamos a casa da avó de nossa mãe, a quem chamávamos de Gee. Ela tinha emigrado da Grã-Bretanha há muitos anos e teve uma vida calma e longa em Gibsons. É um lugar pitoresco, e Gee passou os seus anos por lá, com livros da biblioteca local. Quando mamãe contava histórias dos vários momentos felizes vividos na infância naquela mesma praia, eu tive noção da passagem do tempo pela primeira vez. Os pais envelhecem.

Também conheci minha avó paterna, Grace Elliott, embora fosse jovem demais para me lembrar disso. Ela já estava muito afetada pela demência quando nasci, mas quando minha mãe me colocou no colo dela, pareceu ter um momento de lucidez. "É o filho do Pierre? Pierre nos deu um filho?", perguntou Grace, com lágrimas descendo pelo rosto. Ela morreu cerca de um ano depois.

Eu desenvolvi uma forte ligação com toda a família Sinclair. A mãe da minha mãe, Kathleen, era uma mulher incrível, e fico feliz que Xavier e Ella tenham tido a sorte de conhecê-la um pouco antes de seu falecimento, há alguns anos. Tia Janet era uma dedicada ativista pela causa do trabalhador da indústria aérea, e mesmo tendo se aposentado recentemente, o aeroporto de Vancouver ainda é o único lugar onde recebo tratamento especial quando viajo, porque lá sou reconhecido como sobrinho da Jan (isso mesmo, ser primeiro-ministro não garante privilégio algum em Montreal). A tia Lin se mudou para os Estados Unidos quando era pequena e sempre que vem nos visitar com o maravilhoso marido, Fred, temos conversas políticas hilárias, porque Fred é muito, mas muito republicano. Betsy, a mais nova, é uma enfermeira parcialmente aposentada que também gerencia a chácara Brentwood Bay Nurseries em Vancouver Island com meu tio Robin, que veio do Reino Unido. Já o tio Tom jogou pelo BC Lions quando jovem, é meu padrinho e casado com Heather, a mais velha das filhas Sinclair, que foi professora e minha mentora quando viajei para o Oeste com a finalidade de estudar pedagogia. Desde os tempos em que foi a mais jovem voluntária da campanha para Jimmy, na década de 1940, Heather jamais perdeu o gosto pela política, e ainda trabalha ativamente em prol do Partido Liberal em Toronto e ajudou quando concorri à liderança do partido. Em 2013, durante a minha primeira sabatina oral como líder do Partido Liberal na Câmara dos Comuns, ela acenou para mim da galeria pública. Eu a cumprimentei e apontei para o meu peito. Quando ela se esforçou para ver melhor, notei um sorrisinho de reconhecimento: a fim de homenagear o dia, usei minha gravata com a estampa da família Sinclair.

Pareceu ser a atitude certa para a ocasião. Embora minha relação com mamãe tenha sofrido altos e baixos e depois altos de novo ao longo dos anos, a ligação maior entre os Trudeau e os Sinclair continuou sólida de um modo muito gratificante.

NEM TODAS AS lembranças dessa época como filho de primeiro-ministro são felizes. Também houve momentos tristes, a maioria relacionada diretamente às dificuldades enfrentadas por meus pais no casamento.

Muito já foi escrito sobre o casamento deles e a forma como terminou. Boa parte dessas palavras é chocante e cheia de imprecisões. Como você pode imaginar, trata-se de um assunto intensamente pessoal para mim e hesitei antes de abordá-lo aqui. No fim das contas, decidi que se eu desejava escrever um livro explicando como me transformei na pessoa que sou hoje, não havia escolha. Meus pais exerceram influências maravilhosas sobre mim, e muito do que sou pode ser diretamente atribuído à orientação e ao exemplo fornecido por eles. Como todo filho de pais divorciados, contudo, também fui moldado pela separação deles.

Nos últimos anos eu obtive uma compreensão mais clara das pressões que rondavam o casamento dos meus pais. Uma delas era a diferença de idade já mencionada anteriormente, algo fácil de identificar e culpar pelos problemas ocorridos. É importante lembrar, porém, que eles estavam muito apaixonados no início do casamento e, de certa forma, pelo resto da vida.

A questão raramente discutida, mesmo após minha mãe ter se aberto sobre o assunto, é a batalha constante com a bipolaridade. Viver sob os olhares do público é um fardo ainda maior do que as pessoas podem imaginar. O efeito disso não é insuperável ou necessariamente traumático, mas exige a manutenção de um estado mental que permita lidar com a pressão constante e o assédio periódico. Meu pai geralmente se divertia com as adversidades, que considerava um teste pessoal ou um desafio a ser superado por meio de foco e disciplina. Para minha mãe, a experiência era bem diferente e dificultada por sua condição a ponto de ser intolerável.

O transtorno bipolar não é excepcionalmente raro. Segundo estudos científicos, cerca de 3% da população mundial sofrem com a doença, que atinge igualmente homens e mulheres, transcendendo ainda identidades étnicas, raciais e sociais. Você tem cem amigos no Facebook? Provavelmente três apresentam sintomas de bipolaridade. Muitos transtornos mentais não recebem o tratamento e reconhecimento que precisam e merecem. Isso é lastimável. Se você quebrar um braço, tiver urticária ou tosse crônica, provavelmente vai lidar diretamente com a doença procurando ajuda profissional e obtendo muita solidariedade por parte dos outros. O mesmo não acontece com questões de saúde mental. Infelizmente, até nesta época relativamente esclarecida, doenças associadas a um estado mental não são abordadas tão abertamente quanto deveriam. Os doentes imaginam que vão "superar" (conselho geralmente dado por amigos e parentes) ou temem que algum estigma inexplicável seja associado à doença.

Mamãe sempre teve uma mente afiada, pronta para brilhar. Quando ela finalmente se conformou com a doença, virou ativista em prol de se lidar abertamente com doenças mentais. Ela falou sobre isso e contou experiências pessoais enfrentando a doença em várias ocasiões, algumas vezes comigo ao lado dela no palco. Em 2010, minha mãe escreveu uma biografia extraordinária, *Changing My Mind*, que refletia sua consciência sobre a própria doença, conquistada a duras penas.

Uma das mensagens que o livro passa é a necessidade de as pessoas discutirem as questões de saúde mental de forma honesta e construtiva. Esta é uma atitude esclarecida e infelizmente inédita na década de 1970, quando minha mãe começou a lutar contra o transtorno bipolar. Se essa ideia fosse predominante na época, seus anos como jovem mãe e esposa certamente não teriam sido tão angustiantes.

Contudo, ainda havia a diferença de idade de trinta anos para ser enfrentada. Mesmo se não existissem as questões médicas subjacentes de mamãe, esta teria sido uma barreira difícil de superar. Minha mãe pode ter se impressionado ao ver meu pai pela primeira vez nas praias do Taiti em 1967 e ele pode ter ficado igualmente encantado pelo charme e pela beleza dela quando eles se reencontraram alguns anos depois, mas a realidade sempre dá um jeito de abrir caminho a cotoveladas em nossa vida. A verdade era que ela considerava Pierre meio bobo e um tanto antiquado. Ele tinha virado quase um ícone do social-liberalismo quando eles se casaram, mas ao longo da união papai não conseguiu fugir da mentalidade tradicionalista incutida nele quando criança.

Mamãe, por outro lado, estava à frente da curva social. A descrição mais comum dela era "hippie", por se libertar das restrições que o marido considerava normais. A sensação de confinamento, de ser um pássaro bem cuidado na gaiola dourada de Sussex, 24 era algo insuportável para ela. "Pierre era considerado pelo resto do mundo como um homem que fazia piruetas", escreveu Margaret em *Changing My Mind*, "mas o que ele fazia mesmo era trabalhar — horas a fio. A menos que fosse um evento oficial, nós nunca íamos ao balé ou teatro. Para ele, esta vida era perfeita... Para mim, não era o bastante. Eu queria, eu precisava me divertir."

Havia outras complicações, incluindo diferenças religiosas. Meu pai era católico devoto, enquanto minha mãe tem pouca identidade religiosa além de um flerte com o budismo nos anos 1960, embora tenha sido criada como anglicana. Ela jamais entendeu a atitude predominante de culpa que pairava sobre meu pai sempre que ele acreditava ter errado de alguma forma, além de se sentir ofendida pelo grau de intromissão praticado pela Igreja.

"Até seus *pensamentos* podem ser pecado e virar tema de confissão", comentou ela a certa altura. Essa invasão da esfera privada da mente em busca de "crimes de pensamento", segundo ela definiu pegando emprestado um termo de Orwell, era particularmente perturbadora para mamãe.

Da minha perspectiva hoje, a história mais contada sobre o fim do casamento dos meus pais não passa de uma caricatura, pois meu pai não era apenas o tradicionalista ferrenho que parecia ser e minha mãe não era o espírito totalmente livre que as ações dela dão a entender. Pessoas e situações nunca são tão simples, especialmente em um casal tão complexo quanto meus pais. Fico impressionado e irritado com quem vê o relacionamento deles em preto e branco e o consideram apenas uma união fracassada entre um homem frio e distante e uma jovem exuberante e desinibida, apesar de toda a paixão, os triunfos, as conquistas e tragédias envolvidos. Era isso, mas era muito mais.

Mamãe frequentemente se referia a papai como Sr. Spock. Sempre que os dois tinham uma discussão, a abordagem completamente racional do meu pai, segundo ela, era excessivamente vulcana. Quando ela ficava emotiva e agitada, meu pai reagia com lógica e retórica de um jeito que parecia condescendente e apático. Ele, é claro, considerava o comportamento dela exasperante, quando na verdade era um pedido de ajuda.

Minha mãe via Pierre como *workaholic*, um homem cuja identidade parecia definida pela devoção a seu país. Em certa medida era isso mesmo, claro. Mas a devoção dele aos filhos era igualmente forte. Mamãe, por sua vez, sentia falta do ambiente incrivelmente movimentado no qual ela prosperou como uma de cinco filhas de uma família vibrante e sociável da costa oeste canadense. Ao longo da infância de minha mãe, a casa dos Sinclair em West Vancouver foi um centro social, onde amigos e parentes apareciam de surpresa para bebidas e jantares, seguidos de horas de risadas, histórias e trocas de receitas. Ela cresceu entre indivíduos cujo objetivo parecia ser tirar o máximo possível de alegria da vida, aproveitando o dia da forma que tanto marca a vida no oeste canadense.

Esse estilo de vida era impossível em Sussex, 24, uma casa imensa e fria que minha mãe chamava de "a joia da coroa do sistema penitenciário federal". Em outras ocasiões mamãe comparou a residência a um convento, do qual ela seria a madre superiora, coordenando outras sete funcionárias geralmente solitárias que cuidavam da limpeza e da cozinha, além de uma sucessão de babás maravilhosas, contratadas para ajudar a criar meus irmãos e a mim. (Entre elas Diane Lavergne, Leslie Kimberley, Monica Mallon e a irmã de Leslie, Viki, mulheres agradáveis que cuidaram de nós na infância com um afeto e sabedoria que eu sempre vou reconhecer.)

Como eu descobriria ao crescer em Ottawa, os líderes políticos e suas famílias são cercados de pessoas cujo trabalho é facilitar a vida deles. É um dos motivos pelos quais os políticos, às vezes, desenvolvem uma ideia de direito adquirido. (Nem eu sou imune a isso. Uma vez, distraído, entreguei meu casaco a um amigo quando chegamos a uma reunião social. A peça de roupa foi jogada na minha cabeça segundos depois. Esse era amigo de verdade.) Meus pais faziam o melhor para isolar a mim e meus irmãos de qualquer suposição de merecimento especial ao garantir que reconhecêssemos todos ao redor pelos verdadeiros seres humanos que eram.

Apesar do ressentimento com algumas tradições rígidas que a vida em Sussex, 24 parecia ditar, mamãe valorizava muitos aspectos convencionais e até estereotipados de ser esposa e mãe. Ela era um talento na cozinha, costumava assar o próprio pão e, às vezes, adorava fazer as tarefas domésticas de lavar a roupa e limpar a casa. Se ela estivesse a fim, orientava a equipe doméstica de Sussex, 24 a tirar o dia de folga e tomava conta da casa sozinha. "Gosto de cuidar do ninho", explicava ela, deixando claro o desgosto por existirem poucos lugares em que a construção de ninhos era mais desafiadora e menos adequada do que a residência do primeiro-ministro.

A vida do meu pai era rigidamente organizada e quase monástica: ele trabalhava das 8h30 até as 18h, quando chegava em casa para jantar e conviver com os filhos. À noite, ele se escondia no escritório para revisar documentos do governo. As idas ao teatro ou ao balé, eventos culturais que minha mãe tanto amava, ficaram raras a ponto de serem praticamente inexistentes. Quando aconteciam, tendiam a ser cobertas de um protocolo tão pesado e tantas obrigações formais que isso acabava com boa parte do prazer e da alegria.

Uma vez, pouco depois de eu ter nascido, mamãe ficou tão desesperada que saiu correndo de casa e me levou em um carrinho de bebê, deixando a segurança para trás, só para passar um tempo livre das restrições de ser a esposa do primeiro-ministro. Quando Pierre descobriu, ficou furioso e preocupado. O comportamento dela mostrava exatamente o tipo de atitude espontânea e animada de aproveitar o dia que ele tinha achado atraente em Margaret quando a conheceu. Mas a vida que eles levavam em Sussex, 24 não permitia esse tipo de espontaneidade. A esposa e o filho pequeno de um primeiro-ministro andando desprotegidos eram um alvo perfeito para sequestradores ou até terroristas. Eu nasci apenas um ano depois da Crise de Outubro, quando o FLQ sequestrou o representante comercial James Cross e assassinou o ministro do Trabalho de Quebec, Pierre Laporte. A possibilidade de alguém nos atacar estava longe de ser impensável.

Meus pais lidavam com o colapso do casamento de forma diferente. O efeito em mamãe era centrífugo: o impacto emocional a levou para longe, rumo a outros países e pessoas. Meu pai escolheu se voltar para dentro, aceitando em seu jeito jesuíta que uma unidade familiar normal não era para ele e concentrando seu perfeccionismo monástico no trabalho e nos filhos.

Eu me lembro dos momentos ruins como uma sucessão de retratos emocionais dolorosos: entrar na biblioteca de Sussex, 24, ver mamãe às lágrimas e ouvi-la falar em ir embora enquanto meu pai a encarava em pé, sério e pálido. Descobrir que ela não chamava mais Sussex, 24 de lar. Ver manchetes em jornais sobre a separação dos meus pais. Tentar lidar com a realidade e geralmente não conseguir.

Muitos filhos de pais divorciados dizem que se sentiram mal pela separação por acreditar que os pais não conseguiam viver juntos sob o mesmo teto por culpa deles. Não acredito que tenha sentido essa culpa. Mesmo na época, eu sabia que as exigências impostas pela vida que meus pais levavam afetavam muito mais a relação do que o estresse normal de criar filhos.

O que eu senti foi uma diminuição de autoestima. Uma parte de mim acreditava que eu deveria ser motivo suficiente para que ela ficasse. Às vezes, quando ouvia meus pais gritando um com o outro, eu fugia para uma revista em quadrinhos do *Archie*. E sonhava em crescer na mítica Riverdale, onde nenhum casal se divorciava e meu maior problema seria escolher entre Betty e Veronica.

Nesse período, eu realmente peguei o bichinho da leitura e esse hábito me acompanhou pela vida adulta. Fugir para a página escrita era uma das poucas formas possíveis de ignorar o drama sombrio do casamento dos meus pais. Em pouco tempo eu fui bem além do *Archie*. Antes de completar 10 anos de idade já tinha viajado para Nárnia, rido com o *Le petit Nicolas*, explorado as ilhas mágicas de Le Guin e caçado camponeses com Danny, the Champion of the World. Eu devorava livros rapidamente.

Aos 13 anos, disse a minha mãe que gostaria de ler algo *adulto* e ela reagiu me dando uma cópia de *E o vento levou*, de Margaret Mitchell. Para desgosto do meu pai, eu devorei o romance enquanto viajávamos pela península de Gaspé com meus irmãos no verão em que ele saiu da política. Daquele ponto em diante, meu gosto para a leitura ao longo da juventude pode ser descrito como eclético, percorrendo todo o escopo literário. Eu era uma esponja. Lia de tudo, de Tolkien a Tom Clancy, da Condessa de Ségur até Jilly Cooper, do *Ladrão de casaca*, de Maurice Leblanc, até os romances baratos e bregas sobre ninjas de Eric Van Lustbader. Quando vovó me deu *Ayla, a filha das cavernas* e *O vale dos cavalos*, de Jean Auel, eu mergulhei em um mundo pré-histórico de descobertas e aventuras. De lá, fui para os clássicos da ficção científica e de capa e espada que meus amigos me pressionavam a ler: Asimov, Bradbury, Heinlein e, é claro, *O guia do mochileiro das galáxias*, cujos parágrafos de abertura eu decorei. Cada um desses livros está comigo até hoje, enchendo as prateleiras da minha biblioteca até meus filhos serem velhos o bastante para aprender sobre hipercubos, as Três Leis da Robótica e as qualidades singulares da poesia vogon.

Como acontece com vários leitores compulsivos, passei a ver o mundo através de uma lente narrativa. Ler ficção leva você a perceber que todos ao redor são os heróis das próprias histórias. É o tipo de revelação que pode mudar inesperadamente a visão de mundo de um jovem, abrindo os olhos dele para uma nova percepção da humanidade. Os livros me afetaram exatamente dessa forma.

Ao viajar para a Cúpula dos Líderes de Governo da Comunidade Britânica em Nova Délhi, eu e papai fizemos uma parada em Bangladesh para inspecionar um projeto de barragem feito com ajuda canadense. No caminho do aeroporto para lá passamos pela capital de Bangladesh, Daca, onde ficamos presos em um engarrafamento imenso. Eu estava no banco traseiro de um carro governamental parado, como o resto do comboio, na estrada principal de uma das maiores e mais agitadas cidades da Ásia. Tudo e todos ao redor precisavam esperar o trânsito andar de novo. Olhei pela janela lateral do carro e vi um idoso em pé com uma bicicleta, esperando o comboio se mover para atravessar a rua. Com o rosto marcado pela idade, ele tinha a expressão cansada de alguém resignado a esse tipo de interrupção. Eu me lembro de observá-lo pelos segundos em que nossos caminhos se cruzaram e sentir uma dor estranha ao perceber que nunca saberia a história dele, de onde tinha vindo, para onde ia, como era a vida dele, com todos os acontecimentos, sonhos e ansiedades que o faziam tão real e importante quanto eu era para mim mesmo. E subitamente me dei conta que éramos apenas dois entre bilhões e bilhões de pessoas no planeta. Cada um de nós merecia ser visto como um indivíduo que tem uma história para contar.

Imagino que esse tipo de epifania não seja incomum em pessoas de 12 anos. Alguns podem se esquecer delas rapidamente, enquanto outros reconhecem que a visão deles sobre a vida mudou naqueles instantes. Eu tive a segunda reação. De todas as lembranças duradouras que tenho daquela viagem (e de muitas outras viagens incríveis com meu pai), olhar o abismo estreito e profundo entre mim, o produto de uma infância privilegiada, e o homem idoso, cuja posse mais valiosa talvez fosse a bicicleta enferrujada de que ele tinha sido obrigado a desmontar, foi a que ficou. Nunca mais olhei minha vida e suas circunstâncias da mesma forma desde então.

DURANTE ESSE PERÍODO eu passei a apreciar as diferenças cada vez maiores entre minha personalidade e a de Sacha. Meu irmão era (e ainda é) um fiel discípulo intelectual do meu pai, um homem que raramente lia romances, a menos que o autor fosse um filósofo francês de renome. Papai desprezava até clássicos modernos como *O Senhor dos Anéis*, de Tolkien. Tais livros eram, na opinião dele, "algo menor que a verdadeira literatura". As obras de Alexandre Dumas e as histórias de detetive de Arthur Conan Doyle eram o mais próximo de ficção popular que ele me sugeriu. Uma vez, após me dar uma bronca por ler as histórias de Tarzan escritas por Edgar Rice Burrough, eu protestei dizendo que a obra era um clássico. Ele retrucou dizendo que era um *lixo* clássico.

Talvez tenha sido um ato de rebeldia, mas eu me recusei a aceitar a visão da literatura que ele tinha. Estava além da compreensão de minha cabeça adolescente que alguém não se encantasse com romances de Stephen King. Sacha e papai discordavam de mim. Para eles, livros como *A dança da morte* e a novela *Rita Hayworth and the Shawshank Redemption* eram catálogos de objetos que alguém inventou e nada mais. Quando Sach pedia livros de presente aos meus pais no aniversário, sempre escolhia enciclopédias e atlas. Naquela época nós deveríamos ter suspeitado que ele seria documentarista.

Eu e Sacha costumávamos discutir com frequência sobre o valor dos diferentes tipos de literatura, obrigando-me a articular o que eu tanto amava na ficção. Eu concordava que enciclopédias ensinavam os fatos, mas só uma grande história podia me transportar para a mente de outra pessoa. Com essas histórias aprendi sobre empatia, o bem e o mal, o amor e a tristeza. Meu gosto cobria vários gêneros diferentes, mas os livros que eu mais amava propunham a ideia que gente comum (além de hobbits) nasce com a capacidade de fazer ações extraordinárias, até heroicas. Essa percepção veio como uma espécie de desfecho para todas as lições que meus pais me ensinaram sobre olhar além da riqueza e das aparências a fim de apreciar o valor de todos.

É uma lição que guardei até hoje. Nenhum líder real pode ver as pessoas ao redor como criaturas estáticas. Se você não consegue ver o *potencial* nas pessoas a sua volta, é impossível despertá-las para fazer ações grandiosas. Esse pode ser um dos motivos pelos quais eu sempre arrumo tempo para ler um romance ou dois todo mês, entre a montanha de obras sérias e atas de reuniões. Fatos podem alimentar o intelecto de um líder, mas a literatura alimenta a alma.

A SAÚDE MENTAL da minha mãe foi se deteriorando enquanto eu crescia. E houve momentos nos quais senti que precisava tomar conta dela, em vez do contrário.

Um dia, alguns anos depois de mamãe ter saído de casa e estar namorando um cara legal chamado Jimmy, ela apareceu na escola em que eu estudava enquanto eu estava na aula de educação física dizendo que precisava me ver, que precisava falar comigo, que eu *precisava* ouvi-la. No salão da escola, mamãe segurou meus ombros e disse, às lágrimas: "O Jimmy me abandonou! Ele foi embora! Levou até a televisão!"

Fiz o melhor que pude para consolá-la, dando abraços, tapinhas nas costas e dizendo que estava tudo bem e tudo iria melhorar. Eu tinha 11 anos de idade.

Foram episódios dolorosos. Eu amava minha mãe como qualquer criança, e vê-la sofrendo era perturbador, como você pode imaginar. Mas foi igualmente esclarecedor, pois me levou a perceber que ela e os pais, em geral, são falíveis e os adultos não são perfeitos. Internamente nós continuamos sendo crianças em vários aspectos. Os medos que sentimos no começo da vida podem ser superados com a idade e a maturidade, mas ainda estão lá, como se fossem esqueletos em armários. Durante as piores fases da doença da mamãe, os medos e pesadelos dela eram, de certa forma, os mesmos das crianças. Não acredito que ela fosse tão diferente assim de outros adultos da mesma idade, só que os sintomas destrancaram todas essas portas de armário, permitindo que os esqueletos saíssem e andassem à solta pela mente dela.

E ali estava outro contraste surpreendente entre meus pais. O desafio de mamãe era lidar com as emoções, e eu me envolvi nesse processo. A abordagem do meu pai, que ele me estimulava a seguir, tinha pouco ou nada a ver com emoções. Era exclusivamente intelectual. Essa era a moldura que ele criou para seus problemas: pensar neles em termos intelectuais. A certa altura, papai me deu uma cópia do clássico de Alice Miller, *O drama da criança bem-dotada: Como os pais podem formar (e deformar) a vida emocional dos filhos.*

Se você não conhece, esse livro analisa crianças que agem de modo extraordinário para se adaptar aos sofrimentos emocionais que vivenciam. Ele me fez perceber que eu lidava com a separação dos meus pais buscando a aprovação deles o tempo todo. Eu procurava formas de agradá-los sendo o bom filho e esperando que isso pudesse melhorar a situação. Não funcionou, é claro.

NA VERSÃO DOS acontecimentos contada pelos tabloides, mamãe abandonou Sacha, Michel e a mim para transformar a vida em uma festa sem fim. A realidade, contudo, era muito mais complicada. Mamãe não saiu totalmente de nossa vida, ela entrou e saiu de nossa vida por um grande período de tempo. Ela passava a noite em Sussex, 24 com frequência, dormindo no antigo quarto de costura.

Eu e mamãe tínhamos uma relação muito próxima na qual eu gostava do jeito especial com que ela me tratava, não por ser o primogênito, e sim por sentir que eu tinha herdado boa parte de sua personalidade, incluindo o gosto pela aventura, a espontaneidade e a necessidade de se conectar emocionalmente com as pessoas ao redor.

Sempre que recebia a notícia da visita de mamãe a Sussex, 24, eu mal conseguia conter a empolgação e começava a planejar minhas boas-vindas. Em uma ocasião, decidi marcar sua chegada com um tema musical.

Eu tinha ganhado um pequeno toca-discos e gostava de ouvir os sucessos da época (sendo que "a época" era o início dos anos 1980), como "Bette Davis Eyes", da Kim Carnes, "Private Eyes", de Hall & Oates, "Queen of Hearts", de Juice Newton, e especialmente a balada romântica "Open Arms", da banda Journey. (Não riam: *Rock '82* era basicamente o único álbum não infantil que eu tinha. Mas preciso admitir que as músicas do Raffi envelheceram muito melhor.) Tinha ouvido minha mãe dizer o quanto ela gostava da canção do Journey e decidi que essa seria a trilha sonora de sua entrada em Sussex, 24 após uma ausência particularmente longa.

Esperei ouvir o barulho do VW Rabbit chegando antes de preparar o pequenino toca-discos no quarto, no segundo andar. Quando ela abriu a porta e entrou no saguão, coloquei o volume no máximo e corri para o alto das escadas. "Ouça, mãe. É a nossa música!", gritei para ela.

A reação dela foi olhar para mim lá de baixo, feliz por me ver, mas um tanto confusa porque não conseguia ouvir música alguma. O volume do meu toca-discos era a metade do de um celular moderno. Eu me lembro de ter ficado arrasado com aquilo, pois estava desesperado para injetar um pouco de magia em cada momento que tínhamos juntos.

Mamãe tentou manter essa magia de tempos em tempos, com graus variados de sucesso. Sempre que estava na cidade de Nova York, ela visitava a FAO Schwarz na Quinta Avenida e comprava uma série de brinquedos ótimos para nós três. E em julho de 1981 ela me levou a Londres para as celebrações do casamento do príncipe Charles e Lady Diana. Ficamos no apartamento da irmã dela, minha tia Betsy, que morava lá com o marido. Foi tudo muito especial, até certo ponto.

Enquanto Betsy e Robin me levaram ao Hyde Park para ver os fogos de artifício com outras centenas de milhares de pessoas, mamãe foi a uma festa de celebridades. No dia seguinte ela descreveu todas as pessoas da festa naquela noite: o ator Christopher Reeve, que estrelava a série de filmes do Super-Homem; integrantes do grupo Monty Python; e o mais impressionante para mim: Robin Williams.

"Ah, você teria adorado", contou ela tranquilamente, antes de acrescentar: "Acho que deveria ter ido comigo."

Foi um arrependimento casual para ela, mas eu passei boa parte da juventude pensando que poderia ter encontrado o Mork de Ork se minha mãe tivesse se lembrado de me levar à festa.

Ela acabou encontrando seu ninho com o tempo: uma casa modesta de tijolos vermelhos na Victoria Street, em Ottawa, lugar que podia literalmente chamar de seu, porque tinha dado a entrada com o dinheiro recebido pelo primeiro livro, *Beyond Reason*. Sacha, Michel e eu passávamos fins de semana e às vezes semanas inteiras com ela. Longe do glamour e das restrições de Sussex, 24, mamãe começou a florescer e revelar todas as suas melhores qualidades, como a inteligência e a criatividade. Papai reconheceu que ela tinha encontrado seu ambiente natural quando o convidou para inspecionar a casa. Ao entrar e olhar ao redor, a primeira reação dele foi disparar: "Margaret, você tem... *um lar*." Foi um dos raros momentos em que meus pais tiveram um vislumbre de entendimento verdadeiro um do outro.

Todo divórcio tem suas baixas quando há crianças envolvidas. Nossos pais reconheciam isso e merecem o crédito, pois fizeram todos os esforços a fim de minimizar a dor e a sensação de perda. Eles mantiveram uma forma muito livre de guarda compartilhada, nunca brigaram pela quantidade de tempo que cada um podia apreciar comigo e meus irmãos. Tudo que envolvia Sacha, Michel e eu era feito pensando em nossos interesses. Mamãe descreveu a relação com papai, dizendo: "Não funcionamos como casal, mas funcionamos maravilhosamente como pais."

Graças aos esforços deles no que diz respeito a nós, meus irmãos e eu nunca sentimos saudade de casa, não importa em qual casa estivéssemos. E olha que nossa definição de "lar" começava pelo lugar onde estávamos no momento. Nós andávamos em bando, fazendo companhia uns aos outros. Junto com o esforço de nossos pais de facilitar tudo para nós, considerando a situação, até que conseguimos crescer sem boa parte do trauma emocional que o divórcio pode infligir em crianças. E sempre serei grato por isso.

Mamãe começou a namorar um incorporador imobiliário chamado Fried Kemper e eles se casaram em 1984, mesmo ano em que meu pai abandonou a política e nos mudamos para Montreal. A caminho do cartório no dia do casamento, mamãe e Fried foram interceptados pelo motorista do meu pai a fim de receber um grande buquê de flores, um gesto que minha mãe apreciou imensamente.

(O cartório tinha sido o único pedido do meu pai; ele não queria que ela se casasse de novo em uma igreja. A ironia era que apesar de ter modernizado a lei de divórcio do Canadá na década de 1960, sua fé pessoal dizia: "O que Deus uniu, ninguém separa." Anos depois, ele até se desculpou comigo por não ter conseguido dar aos filhos adolescentes uma presença materna em Montreal. Ele simplesmente sentia que jamais conseguiria se casar de novo. Obviamente, deixei claro que isso não importava para nós, mas a lição que ele me ensinou sobre a diferença entre fé privada e responsabilidade pública acabaria guiando meu pensamento em relação à liderança.)

Mamãe e Fried tiveram dois filhos, Kyle e Alicia. Os três garotos Trudeau fizeram o papel de irmãos mais velhos para eles durante a infância, o que rendeu muita diversão na pequena casa de tijolos vermelhos de mamãe na Victoria Street e especialmente na cabana da família Kemper em Newboro Lake, onde a vida parecia ser uma grande festa à beira do lago. Descer o lago e depois fazer uma reunião em volta da fogueira para cantar e brincar de esconde-esconde na floresta com lanternas eram apenas parte da diversão. Como o mais velho, assumi o papel de líder, organizando atividades e ficando de olho em todos, especialmente na água.

Embora tenha sido informal, essa experiência foi o primeiro gostinho que senti por assumir a liderança, além da grande satisfação ao transmitir conhecimentos e habilidades para outros. Eu relaciono meu interesse em ensinar e, de certa forma, em política àqueles dias felizes, ensolarados e memoráveis.

Ajudava muito o fato de Fried ter o mesmo amor do papai pelas atividades ao ar livre e ser bem mais jovem e muito mais sintonizado com a personalidade da mamãe, que amava diversão. Meu pai era o cara que nos levava em longas viagens de canoa, ensinava a remada em forma de J e nos estimulava a praticar até acertar. Fried, por outro lado, tinha um Chevrolet El Camino, uma mistura de cupê esportivo e caminhonete que uma vez foi descrito como o carro que você usava para um encontro amoroso no drive-in no fim de semana e para carregar tábuas no trabalho na segunda-feira. Papai jamais conseguiria se identificar com um veículo desse tipo, mas foi o primeiro carro que dirigi, aos 15 anos, nas estradas da fazenda perto da cabana. Além disso, Fried tinha uma lancha em vez de canoa e uma espingarda que usava para controlar os porcos-espinhos e outras criaturas indesejadas que apareciam no jardim.

O contraste entre os dois não era problema para nós. Na verdade, provavelmente era uma bênção. Com personalidades e estilos de vida tão opostos, não havia competição entre eles. Quando estávamos na casa da mamãe e do Fried, meus irmãos e eu podíamos relaxar vendo TV, jogando videogame e fazendo uma série de outras atividades que nosso pai não aprovava. A vida na cabana e na casinha da Victoria Street era bem diferente de morar em Sussex, 24, mas igualmente maravilhosa. Nós brincávamos na rua ao lado da casa com as crianças da vizinhança e dormíamos em beliches amontoados em um quarto. Sentíamos saudade do papai, mas não sentíamos falta dos grandes quartos e outros confortos da residência do primeiro-ministro. Durante a semana, o ônibus da escola chegava para nos buscar e nós íamos com os outros garotos. Eu apreciava cada minuto das visitas à mamãe, especialmente o fato de andar no barulhento ônibus escolar. Tudo era completamente normal, desde que você não olhasse pela janela traseira e visse a escolta da Real Polícia Montada seguindo a gente.

Eu me lembro daqueles anos com muito carinho. Olhando para trás, contudo, percebo que sentia raiva. Afinal, a maioria dos filhos de pais divorciados sente raiva. Mas na época não fazíamos ideia do que minha mãe estava passando. As palavras *bipolar* e *depressão* não significavam nada para mim na época e muitos adultos da família ficaram confusos com a situação dela. Minha avó Sinclair desestimulou a filha a procurar ajuda psicológica, porque, segundo ela, "eles sempre culpam a mãe do paciente". Minha raiva aumentava, pois a impressão era que todo o meu esforço não bastava para deixar mamãe feliz e perto de mim.

Nos últimos anos, à medida que mamãe se conscientizou dos desafios da própria saúde mental, nós nos aproximamos através de sua presença amorosa como avó para meus filhos e ficamos mais íntimos. Conversamos, rimos juntos, comemos juntos. Levo minha família para passar fins de semana no apartamento dela em Montreal e ela vem nos visitar em Ottawa. É a relação que eu sempre quis. Nunca vou conseguir resolver o que deu errado na minha infância, mas quando se trata de conviver com a única mãe que terei, antes tarde do que nunca.

A verdade é que mamãe estava muito doente. Se a enfermidade tivesse sido física, todos (incluindo a família e os amigos) teriam demonstrado mais empatia e entendido melhor o distúrbio. Ela sofreu de uma grave doença mental quando essas enfermidades eram muito mal compreendidas, na melhor das hipóteses. Na pior delas, a doença mental era estigmatizada e vista por muitos como motivo de vergonha.

A situação mudou, mas não o bastante e não foi rápido o suficiente. Sei muito bem o que meus oponentes políticos tentam fazer quando dizem que sou "filho da minha mãe", mais do que do meu pai. Eles estão apelando às antigas ideias e preconceitos sobre doenças mentais. Como todo mundo, eu herdei características diferentes dos meus pais e tenho um orgulho imenso de ambos. Estou acostumado com pessoas gentis dividindo suas histórias comigo sobre como meu pai as tocou ou inspirou de alguma forma, mas ultimamente cada vez mais pessoas me abordam para dizer palavras semelhantes sobre minha mãe. Sei que o trabalho dela ajudou muita gente a entender a própria doença ou a do marido, da esposa, de um amigo, de uma amiga ou colega de trabalho. Ainda temos muito a avançar, mas mamãe fez muito para garantir que as pessoas que sofrem de doença mental sejam mais bem compreendidas do que ela foi.

Capítulo Dois

Crescer em Montreal

PASSEI A INFÂNCIA em Ottawa, mas cresci em Montreal. Meu pai, meus irmãos e eu saímos da capital em 1984. Foi um ano de mudanças. Após uma longa caminhada na neve, papai decidiu se aposentar da política assim que um novo líder do Partido Liberal fosse escolhido. Eu deixei a segurança dos meus amigos e um ambiente familiar e fui para uma nova cidade. Mamãe, que continuou em Ottawa, esperava outro filho — meu irmão Kyle nasceria em novembro daquele ano.

Foi também um período de intensa atividade para *les souverainistes* em Quebec, com idas e vindas constantes entre a determinação e o desespero. Alguns anos antes, o referendo feito pelo Parti Québécois em relação à proposta de soberania-associação foi totalmente derrotado. Em seu discurso de derrota, o líder do PQ, René Lévesque, pediu aos soberanistas que perseverassem *à la prochaine fois!* [até a próxima vez], revelando que a questão permanece. Um ano depois, o PQ conquistou um mandato para governar Quebec com uma grande fatia do voto popular, confirmando mais uma vez que o debate sobre a soberania estava bem vivo. E em 1982, quando meu pai conseguiu repatriar a Constituição canadense, o Sr. Lévesque definiu a conquista como "a noite das facas longas", recusando-se a endossá-las e declarando que Quebec tinha sido traída pelas outras províncias e, é claro, por meu pai. Na verdade, o Sr. Lévesque foi superado em vez de traído, mas essa história fica para outro livro. Enquanto isso, os anglófonos continuam a sair de Quebec aos montes e os direitos linguísticos ainda são um tema difícil para defensores de ambos os lados.

Em Ottawa nós mergulhamos nessas questões, influenciados pelos valores e pelas convicções profundas do meu pai. Na época, estávamos chegando a Montreal, lar de papai, e nos empolgamos com o lugar. Ao longo da vida, alternei entre os dois idiomas e falei quase exclusivamente francês com meu pai. Eu estava confortável com a fluidez da minha identidade inglesa e francesa em Ottawa. Com essa base, comecei meus estudos no Collège Jean-de-Brébeuf. Era a escola onde meu pai havia estudado, famosa pelas grandes conquistas acadêmicas, e fui parar lá no meio desse turbilhão político. Em conjunto, as novas e abruptas exigências sobre minhas habilidades acadêmicas e as fortes influências linguísticas e culturais entre os alunos e professores me deram uma nova e súbita perspectiva sobre tudo.

Papai adorava contar a história de como organizou a reunião de trinta anos de formatura em Ottawa logo após ter sido eleito primeiro-ministro do Canadá. Era o auge da trudeaumania, e quando os ex-alunos e professores chegaram, ele estava naturalmente orgulhoso de recebê-los à porta de Sussex, 24, certamente se considerando o ápice da história de sucesso. Exultante a cada velho amigo e professor que entrava pela porta, ele viu o antigo professor de ciências, que àquela altura era um encarquilhado jesuíta no crepúsculo da carreira. O professor abordou meu pai, olhou para ele de cima a baixo e disparou, sem rodeios: "Sabe, Trudeau, ainda acho que você teria sido mais bem-sucedido como físico."

Assim era a vida em Brébeuf: acadêmicos em primeiro lugar, políticos e tudo o mais vinham depois. Na década de 1930, a única avaliação que realmente importava no *cours classique* era a posição em que você estava na turma. Era o primeiro? Décimo? Décimo terceiro? Era preciso estar no topo se você quisesse alguma oportunidade de sucesso na vida. Quando me matriculei na escola, aos 13 anos, a cultura pode ter ficado menos rígida, mas Brébeuf ainda era o lugar para onde pais enviavam os filhos (meninas só eram aceitas nas séries mais avançadas) a fim de obter uma educação clássica e rigorosa. Mesmo antes de entrar no prédio principal, já dava para saber que era um lugar de trabalho sério. Com suas imponentes colunas jônicas e a austera arquitetura clássica feita em pedra, Brébeuf parecia mais um tribunal do que uma escola. Um imenso crucifixo de pedra acima da entrada principal indicava as raízes jesuítas, embora a escola tenha se tornado não denominacional dois anos depois de minha chegada.

Eu me saí bem nos exames de admissão. Tão bem, na verdade, que alguns funcionários da escola previram que eu poderia alcançar o lendário recorde do meu pai como eterno primeiro da classe. Essa previsão, infelizmente, mostrou-se inexata. A única pergunta era se eu entraria em Brébeuf no *1re secondaire* ou no *2e secondaire*, que eram os equivalentes às 7ª e 8ª séries. Considerando minha data de nascimento e as incongruências entre os sistemas escolares de Ontário e Quebec, não estava claro qual seria a escolha mais adequada.

Apesar da preocupação paterna de que eu ficaria entediado com o currículo do *1re secondaire*, insisti em começar nele por dois motivos. Primeiro, entrar nessa turma permitia que eu fizesse as aulas de latim, algo impossível se começasse em um nível mais avançado. Latim pode não parecer muito atraente para a maioria das pessoas, mas para mim era o idioma da história e da aventura. Devido à própria educação de Brébeuf, papai falava latim fluentemente desde a adolescência, e usou essa fluência para navegar pelos cantos mais longínquos do mundo durante a épica expedição mochileira na década de 1940. No Oriente Médio e no Sudeste da Ásia, a melhor estratégia do meu pai para obter informações sobre locais para comer ou se hospedar era procurar a igreja católica local e falar, em latim, com o padre.

O segundo e mais importante motivo para começar em Brébeuf na série mais jovem era fazer parte de um ambiente social totalmente novo. As panelinhas e amizades já estariam formadas no segundo ano e eu não queria começar minha experiência em um ambiente escolar tão intimidador como aluno novo na série avançada, especialmente considerando meu sobrenome. Então comecei no *1re secondaire*, o que explica o fato de meu irmão Sacha e eu estarmos separados por apenas uma série, apesar de termos nascido com exatamente dois anos de diferença.

Os colegas que encontrei nas primeiras semanas em Brébeuf fizeram uma série de perguntas que me deixaram perplexo. Muitas delas revelaram quanto eu desconhecia a gíria de Quebec tendo crescido e feito minha imersão em francês em Ontário e com o idioma bem formal falado em casa. Uma das primeiras perguntas que me fizeram foi: "Você é um *bollé*?" A palavra pode ser traduzida livremente por "cérebro". E alguns, ao ouvir meu inglês sem sotaque, rapidamente me acusaram de ser um *bloke*, ao que eu simplesmente dei de ombros sem perceber que era um insulto. Após alguns dias de provocações, eles devem ter concluído que eu era imune às ofensas ou simplesmente estava debochando de volta ao não reagir. A verdade é que esses insultos eram, em sua maioria, totalmente incompreensíveis para mim, e eu não fazia a menor ideia de como responder a eles.

Finalmente entendi que, embora Ottawa ficasse a menos de duas horas de carro de Montreal, a diferença cultural entre as duas cidades parecia ser de um ano-luz.

As questões que inflamavam muitos alunos eram as mesmas que eu acompanhava com minha família em Ottawa, mas aquela foi a primeira vez que eu estive cercado por pessoas que viviam com o peso dessas questões todos os dias, e levei um tempo para entender totalmente as atitudes que isso gerava.

Às vezes as brigas na escola iam para o lado pessoal. Alguns alunos tentavam me irritar fazendo fofocas sobre a separação dos meus pais, que há muito tempo tinha espaço fixo nos tabloides. Cresci isolado disso em Ottawa porque estava cercado de um grupo enorme de amigos que me conhecia desde o jardim de infância, e também porque geralmente as crianças do ensino fundamental não se mostram tão cruéis e vulgares quanto os alunos mais velhos. No mundo hobbesiano do ensino médio, alguns garotos consideram tudo e todos objetos de zombaria válidos. Certo dia um aluno mais velho jogou em minhas mãos uma imagem famosa da minha mãe que tinha aparecido em uma revista para adultos.

Por mais difícil que seja acreditar nisso, eu nunca tinha visto aquela imagem nem sabia da existência dela. E obviamente aquilo me abalou, mas eu sabia que era um momento crucial. Se parecesse chocado ou magoado, a temporada de caça a mim estaria aberta pelo resto do ensino médio. Todos saberiam que poderiam me enfurecer apenas esfregando a fofoca mais recente na minha cara. Então eu simplesmente deixei para lá, fazendo o autor do *bullying* ficar insatisfeito e, consequentemente, procurar um alvo mais fácil.

Aprendi em Brébeuf a não dar a resposta emocional que as pessoas buscam quando me atacam pessoalmente. Desnecessário dizer, essa habilidade me serviu bem ao longo dos anos.

* * *

Quando a maioria dos canadenses pensa em escolas particulares, tendem a imaginar aulas em turmas pequenas e ministradas por instrutores incrivelmente atenciosos e versados nas últimas técnicas pedagógicas. Brébeuf, porém, não era assim. Nós estudávamos em turmas de 36 alunos, com mesas dispostas em 6 x 6, e o método de ensino prevalente pode ser descrito como "sábio no palco", em que o professor fazia sua palestra e nós escrevíamos o que ele dizia.

Meus anos de ensino médio antecederam o movimento de "autoestima" que tomou conta da profissão educacional nos últimos anos, no qual são feitos grandes esforços para ajudar os alunos a se sentirem bem em relação a si mesmos. Novamente, em Brébeuf não era assim. Na verdade, muitos professores pareciam decididos a solapar nossa autoestima. No *4e secondaire*, ou 10ª série, nosso professor de francês, Sr. Daigneault, reclamou que os alunos da época não tinham cultura e disse que cultura era como marmelada: quanto menos você tem, mais cuidadosamente precisa espalhar.

A disciplina do Sr. Daigneault ia além do currículo básico e envolvia o estudo minucioso de 13 obras que atendiam ao exigente padrão de excelência na literatura clássica do professor, incluindo *David Copperfield, Ilíada, Odisseia, Os miseráveis* e *Dom Quixote*. Na primeira semana de aula, ele disparou: "Quem eram as Termópilas? Vamos lá, quem pode me dizer? Vocês não sabem nada! Quem pode me dizer quem eram as Termópilas? Eu os desafio!"

Olhei discretamente pela sala. Todos encaravam desconfortavelmente as mesas, o chão, todos os lugares, menos o professor. Suspirei. Eu ia ser esse tipo de cara. Levantei a mão bem devagar. "As Termópilas não eram uma pessoa, e sim um lugar. Era a passagem entre montanhas onde o rei Leônidas e seus trezentos espartanos contiveram todo o exército persa."

O Sr. Daigneault aquiesceu, fez biquinho e retomou a arenga. Eu consegui uns elogios relutantes dele nesse dia, mas na verdade eu tinha uma vantagem injusta em relação àquele tipo de conhecimento, pois meu pai nos envolveu nos clássicos desde a nossa mais tenra infância.

Anos depois, quando fui professor na Colúmbia Britânica, voltei a Brébeuf para visitar alguns dos meus antigos professores, incluindo o Sr. Daigneault. Tivemos uma conversa fascinante sobre a conversão que ele teve depois de muito tempo trabalhando com a pedagogia rígida, intelectual e orientada para o professor na qual era excelente e que impôs a nós em prol de algo muito mais próximo da abordagem moderna e centrada no aluno na qual foi treinado na costa oeste canadense. Estranhamente, eu me vi garantindo que o rigor e a excelência exigidos e impostos por ele fizeram do Sr. Daigneault um dos melhores professores que já tive. Disse ainda que a abordagem exigente era uma das metodologias que eu desejava injetar no ambiente de ensino moderno no qual eu iria trabalhar.

Contudo, por mais que tivesse uma ótima base dos clássicos quando garoto, eu me vi enganado pela prova final do Sr. Daigneault, em que cada aluno pegava um cartão aleatoriamente para determinar qual livro seria cobrado no teste. Meu cartão dizia *Robinson Crusoé*. Eu me lembro de ter achado que aquilo seria moleza. Afinal, tinha lido o romance de Defoe anos antes, como a maioria dos livros da lista, e pensei que o conhecia suficientemente bem e não precisava relê-lo durante o curso. Eu não o reli e a minha preguiça juvenil foi, obviamente, desmascarada pelo questionamento bem-fundamentado do professor. Apesar disso, eu passei raspando.

Quando ficamos mais velhos, escolhemos matérias que nos guiariam para currículos de artes ou ciências. Embora eu me visse entrando na faculdade de direito logo após fazer o ciclo básico no Cegep, queria manter as opções abertas, então estudei tanto história quanto física, o que era uma mistura incomum. Física em particular me fascinava, e ainda me fascina, porque a ideia de uma compreensão fundamental e primária sobre a energia, a matéria e as interações entre ambas tinha um apelo enorme para mim.

Algumas tarefas em Brébeuf estavam fortemente alinhadas com a política da época. Em um semestre nós fizemos um debate sobre o futuro de Quebec. A resolução colocava a soberania contra o federalismo, e o professor considerou hilário colocar o jovem Trudeau no lado separatista. Da mesma forma, o caso federalista seria defendido por Christian, o mais inteligente e arraigado defensor do PQ. Eu formei uma posição de debate baseada em argumentos que tinha ouvido de outras pessoas ao longo do tempo, mas sabia que seria difícil discursar contra minhas convicções pessoais. Fiz o melhor que pude, mas acabei considerando o exercício um sucesso por ter mostrado uma verdade em relação a mim mesmo: se o meu coração não estiver envolvido, não consigo argumentar de modo convincente. E meu coração sempre esteve no Canadá.

No debate da turma, os soberanistas defenderam que a independência era necessária para Quebec alcançar seu potencial, além de conquistar o status e a dignidade que merecia. Como filho de um orgulhoso francófono de Quebec que tinha sido primeiro-ministro do Canadá por mais de 15 anos e considerando que outro nativo de Quebec, Brian Mulroney, era o primeiro-ministro na época, não consegui entender como a província estava sendo prejudicada. Eu não via conflito entre ser um canadense orgulhoso e um nativo de Quebec orgulhoso. Na verdade, eu só conseguia ver o que Quebec iria perder ao se separar, das Montanhas Rochosas à estrada Cabot Trail. Sem contar a perda de mais de um milhão de francófonos morando em New Brunswick, norte de Ontário, sul de Manitoba e centenas de comunidades em todo o Canadá. Os convincentes argumentos econômicos contra a separação do Canadá em uma época em que o mundo seguia na direção do livre comércio e de fronteiras mais abertas fecharam a questão para mim. Quais eram os benefícios? Quais seriam as recompensas? Sem ver nenhuma vantagem, a defesa do movimento pró-soberania me parecia extremamente fraca.

Essencialmente, mesmo partindo da perspectiva de defender o idioma e a cultura francesa, sempre entendi que em vez de construir muros para impedir que tudo o mais entre, seria bem melhor se abrir, compartilhar e irradiar para fora a fim de fortalecer nossa identidade.

Porém, essa lógica não se aplicava ali. Afinal, era a década de 1980, e a norma era os jovens de Quebec posarem de separatistas militantes, embora essa simpatia não se limitasse aos alunos. Os *indépendantistes* provavelmente compunham a maioria do corpo docente de Brébeuf. É preciso dizer, contudo, que esses professores evitavam usar essa posição para nos doutrinar em relação a qualquer ideologia específica, com exceção de um professor de história chamado André Champagne, que fazia de tudo para nos convencer de que era comunista. Ele até tinha um busto de Lênin e enaltecia as virtudes da União Soviética, mas quanto mais você questionava a visão dele, mais ficava claro que boa parte daquilo era fingimento. O Sr. Champagne não era um sonhador da década de 1930 promovendo o paraíso para os trabalhadores. Ele era um contestador procurando desafiar a visão estabelecida dos alunos burgueses que passavam por sua sala de aula. O objetivo dele era nos estimular e fazer com que examinássemos e justificássemos o que aceitávamos como verdades absolutas em nosso mundo capitalista.

Como outros professores de Brébeuf, o Sr. Champagne geralmente seguia o estilo de ensino formal favorecido pela escola, mas havia ocasiões em que gostava de entrar em animadas contendas verbais com os alunos. Ele também tinha o hábito de jogar borrachas em nós caso estivéssemos cochilando, um truque que eu pegaria emprestado anos depois quando também virei professor. André Champagne nunca me persuadiu a virar socialista, mas conseguiu abrir minha mente para estratégias eficazes de levar meus alunos a questionar aquilo em que pensavam acreditar.

DURANTE MEUS ANOS em Brébeuf eu comecei a pensar no idioma de outra forma. Para os soberanistas, o idioma era tanto uma grande questão política quanto um meio de comunicação. Você era anglófono ou francófono, e cada rótulo alinhava a pessoa com valores culturais diferentes e talvez objetivos diferentes para Quebec. Até então eu não tinha pensado em mim como francófono ou anglófono. Em meu ambiente bilíngue de Ottawa simplesmente não parecia necessário me definir dessa ou daquela forma.

Em Brébeuf e em Quebec, o clima fez com que eu ficasse atento ao idioma que escolhia usar, dependendo da pessoa com quem falava e do assunto abordado. Com essa nova consciência, passei a monitorar as palavras que vinham em meus pensamentos e meus sonhos, às vezes duvidando de mim mesmo enquanto as dizia. As palavras eram em francês? Deveriam ser em inglês? Decisões que eu antes tomava sem pensar estavam ficando deliberadamente conscientes.

Fui colocado na categoria mais avançada das aulas diárias de inglês, junto com quase todos os outros alunos vindos de famílias em que pelo menos um dos pais era falante nativo do idioma. Aos olhos de alguns, isso nos definia como anglófonos. Não importava se fôssemos igualmente fluentes em francês ou viéssemos de uma família ao menos parcialmente francófona. Se você falava inglês sem sotaque, muitos garotos de Brébeuf consideravam você um "Anglo".

Eu sentia uma proximidade natural com esses estudantes bilíngues, portanto não é coincidência que alguns dos meus melhores amigos fossem desse grupo. Para eles, o prestígio do meu sobrenome sumiu rapidamente.

Em pouco tempo eu era apenas Justin, o amigo da escola. Décadas depois, esses mesmos amigos são os que me dizem a verdade de modo direto e sem rodeios. Eles são as pessoas em que posso confiar 100% para me avisar quando estiver fazendo besteira. Todos precisam de amigos assim.

Quando eu tinha uns 17 anos, o grupo saiu para uma de nossas primeiras refeições chiques em um restaurante sofisticado no centro de Montreal. Como a maioria dos atos feitos por garotos de 17 anos, a saída foi organizada para impressionar garotas. Eu pedi *canard au vinaigre de framboise* [pato com vinagre de framboesa] e fiz questão de inspirar profundamente ao emitir essas palavras para o garçom. Até hoje, meus amigos ainda falam em "bater no Justin até o pato sair" quando parece que estou deixando a situação me subir à cabeça. É um ótimo puxão de orelhas. Nos anos seguintes, independentemente de eu ser aluno, professor, monitor de acampamento ou de partido, esses bons amigos sempre me trataram da mesma forma. Para eles eu sou, e sempre serei, "apenas Justin".

Sempre amei os dois idiomas, mas percebi quanto eles são diferentes, não só na forma pela qual permitem a uma pessoa expressar seus pensamentos, como também na forma pela qual eles guiam a criação desses pensamentos. Por exemplo, a gramática francesa exige que você saiba como a frase vai acabar antes de começar a falar ou escrever, o que impõe um certo rigor a sua expressão. Se a sua frase começa de um jeito, precisa terminar exatamente de uma determinada forma. É por isso que tantos intelectuais franceses parecem invocar o Proust interior até quando falam casualmente para um grande público na televisão.

Em inglês, eu sempre percebi que a gramática lhe permite chegar a praticamente qualquer conclusão, independentemente de como você começa a frase. Na metade da frase você pode mudar a direção do pensamento sem descumprir muitas regras. Pode haver uma certa negligência no inglês que é praticamente inexistente no francês correto, no qual a complexidade da concordância entre palavras e entre orações exige muita atenção. Talvez isso explique por que meu pai, que nunca foi de medir palavras nesse assunto, revelou que me achava menos persuasivo em inglês do que em francês. Muitos anos depois, pensei a respeito desse comentário dele quando participei de um debate realizado em francês pela McGill Debating Union. Depois, meus colegas de equipe falaram que eu era um debatedor bem mais impiedoso em francês, o que considerei um elogio ambíguo por ter vindo de anglófonos.

Como muitas pessoas bilíngues, às vezes ligo um interruptor interno de um idioma para outro de forma aparentemente arbitrária. Por exemplo, só faço contas em francês, porque esse foi o idioma de todas as aulas de matemática que tive na vida. Quando estava ensinando francês no oeste do Canadá e enfrentei o desafio de fazer os adolescentes de Vancouver se interessarem em estudar um idioma que parecia tão distante do dia a dia deles, eu costumava indicar os aspectos mais românticos do idioma. Ao dizer a uma pessoa que você sente falta dela, você diz *"Tu me manques"*. Assim, *você* é o sujeito da frase, ao contrário do equivalente em inglês, *"I miss you"*, em que tudo gira em torno do eu. Parece uma diferença sutil, mas os adolescentes com hormônios em ebulição certamente me entenderam.

As teorias sobre o idioma do amor infelizmente não me ajudaram a arrumar uma namorada nos primeiros anos que passei em Brébeuf. Nesse departamento, eu realmente comecei tarde.

Eu me mudei para Montreal assim que a adolescência começou a se fazer sentir, e de repente lá estava eu em uma cidade onde não conhecia menina alguma e frequentando uma escola totalmente masculina. Quando finalmente fomos apresentados às meninas nas séries mais avançadas, ficou óbvio que os hábitos sociais que deram popularidade com meninas de 10 anos em Ottawa estavam longe de serem considerados interessantes por meninas de 16.

Brébeuf era uma escola totalmente masculina até o *5e secondaire,* ou 11ª série, quando as meninas eram aceitas. Praticamente da noite para o dia, sessenta meninas eram jogadas em uma turma de 140 meninos. Na época em que essa política foi apresentada, deve ter parecido uma ideia ótima e progressista, mas lá dentro parecia mais um experimento sociológico feito por pesquisadores com o objetivo de estudar os hábitos e estratégias de ataque em grupos de adolescentes.

Eu me lembro de uma menina chamada Geneviève, que conheci quando estudei no Lycée Claudel, a escola francesa que frequentei brevemente em Ottawa. Ela não foi minha namorada, mas certamente foi minha amiga. Embora apenas quatro anos tenham se passado desde então, essa época dos

12 aos 16 anos provavelmente marcavam o período mais importante de nossas jovens vidas em termos de maturidade e desenvolvimento de personalidade. Enquanto caminhava na direção dela, percebi que tinha perdido toda a capacidade de interagir com garotas. A simples perspectiva de abrir a boca subitamente pareceu assustadora. Eu não tinha "a manha". Também não causei qualquer impressão nela, ou pelo menos nenhuma que pudesse ser considerada positiva.

Decidi que precisava de alguma forma singular de estabelecer uma identidade social nesse ambiente novo e incerto. Algo que me destacasse, mostrando que eu me recusava a seguir a multidão. Qualquer multidão. Isso me levou a usar suspensórios verdes berrantes com calça jeans e gravata rosa-shocking. Não foi a melhor decisão que tomei na vida. Meu objetivo era transmitir uma postura irônica, mas não tive êxito. Eu também nutria uma paixão por exibir dotes nerds e às vezes fazia malabarismo com bolas, levava um kit de mágica ou até um monociclo a fim de me apresentar para meus amigos. (Sim, eu tinha um monociclo.) Na época, achava isso muito bacana e descolado. Hoje, já não penso assim.

Também não ajudou o fato de eu ter desenvolvido uma acne terrível, algo que meu pai também tinha enfrentado na adolescência. Em poucos meses eu deixei de ser (ou tentar ser) desinibido e me transformei em morbidamente envergonhado. A condição da pele ficou tão grave que me receitaram Roacutan, um medicamento bastante forte para acne. Meu pai, cuja natureza estoica o impedia de tomar até aspirina nessa época, fez oposição a que eu tomasse o remédio, o que levou a outra discussão entre ele e minha mãe. Ela acabou ganhando e sou grato por isso. Precisei fazer o tratamento duas vezes, mas o medicamento acabou funcionando.

Se eu recebo elogios pela aparência hoje, agradeço as palavras gentis, mas sempre tenho a leve impressão de que as pessoas estão apenas sendo educadas. É um resquício daqueles anos em Brébeuf e imagino que seja bem comum entre pessoas que tiveram dificuldade com a aparência durante a adolescência.

Até as meninas entrarem, os meninos de Brébeuf que obtinham mais respeito dos colegas eram excepcionais nos esportes ou nos estudos. Graças a isso eu fui capitão do time de hóquei e fiquei mais ou menos empatado com o menino mais inteligente da escola. Com garotas ao redor, porém, todo o jogo mudava. Esqueça as conquistas acadêmicas, agora as proezas atléticas, sociais e a habilidade cômica eram altamente valorizadas. Os meninos que ganhavam pontos com o cérebro ficaram de fora.

Junto com essa mudança de status aconteceu um movimento dos meninos de Brébeuf no sentido de formarem novos grupinhos. Alguns se identificaram com o clube de xadrez, outros se viram como atletas, havia os descolados e viajados, e assim sucessivamente. O meu grupo era composto de garotos bilíngues com quem fiz amizade nos primeiros anos de escola. Minhas outras qualidades davam acesso limitado a alguns grupos. Eu era atlético o bastante para trocar ideias com os atletas fora dos campos e quadras e tinha um cérebro grande o suficiente para me qualificar como *bollé* ocasional. Além disso, também tinha viajado o suficiente para conviver com os colegas que esquiavam na Europa. Mas meu grupo principal de amigos, Mark Miller, Ian Rae, Mathieu Walker, Greg Ohayon, Allen Steverman e Navid Legendre, continuou o mesmo desde meus primeiros anos em Brébeuf.

Não havia um líder nesse grupo. Éramos apenas um conjunto de personalidades complementares, mas eu geralmente tinha uma ideia para algum projeto. Eu nos transformei em grupo de canto para participar de um concurso de talentos em Brébeuf, liderei aventuras em prédios abandonados e uma vez até levei o grupo em uma expedição pelo sistema de drenagem de chuvas em Ottawa. Com esses fortes indivíduos eu aprendi que até momentos de liderança são conquistados por meio de habilidade e ideias, e que essa autoridade raramente é concedida de cima para baixo.

Boa parte da socialização acontecia na casa de Mathieu Walker, situada na avenida Marlowe, no bairro de Notre-Dame-de-Grâce, em Montreal. Os pais de Matt jamais pareceram se importar em ter um bando de adolescentes em casa. Além disso, a cozinha deles costumava ser bem abastecida de alimentos pouco saudáveis, o que deixava tudo ainda mais atraente. (Ironicamente, Mathieu hoje é cardiologista.) Nos últimos anos, a casa de Mathieu virou o quartel-general para nossas incursões pela vida noturna de Montreal.

Convidar o grupo para minha casa era sempre uma opção, embora meu pai não costumasse estimular isso. Não era muito atraente, também. Nossa casa na Avenue des Pins era uma imensa e austera mansão em art déco que descia pelo lado da montanha e tinha a entrada no andar superior. Logo abaixo ficava o andar do meu pai, onde só ele podia entrar. Lá ficavam o quarto dele, o escritório, a biblioteca e um longo corredor repleto de fotografias e outras lembranças de líderes mundiais. Abaixo, ficava o nosso andar e depois um porão com uma passagem subterrânea levando à piscina. Somada a essa atmosfera nada amigável a garotos, papai impunha regras sobre o idioma a ser falado em cada andar. O andar mais alto, por exemplo, era exclusivamente francês. Então se ele me ouvia falando inglês com meus amigos na cozinha ou na sala de estar, a repreensão era inevitável. Tendo vivido com essa disciplina um tanto arbitrária a vida inteira, eu não achava aquilo particularmente estranho, mas para os meus amigos era realmente esquisito.

Em nosso andar, Sacha, Michel e eu tínhamos quartos separados e uma sala de recreação. Esse andar da casa estava sempre agitado e repleto de provocações, brincadeiras, discordância entre irmãos e muitos risos, basicamente garotos sendo garotos. Por mais que estivéssemos nos desenvolvendo e transformando em pessoas diferentes, os laços que nos uniam eram fortes, e nós nos ajudamos ao longo da adolescência. Contudo, isso não impedia meus amigos de se surpreenderem com o que acontecia na sala de recreação. O local tinha sofás baixos excessivamente macios e tatames que meu pai comprou para estimular nosso passatempo regular: brincar de luta. Fomos criados fazendo judô, e também havia muita luta corpo a corpo. Além disso, nós pegávamos pedaços de pau e espadas de madeira e simplesmente atacávamos uns aos outros de modo mais ou menos controlado. Havia poucas regras, além da exclusão de socos no rosto, mordidas e, se alguém se machucasse, a brincadeira parava na hora. Quando meus amigos nos viram lutar pela primeira vez, ficaram chocados com a intensidade dos combates. Como eu disse, àquela altura na vida, já estava claro que eu, Sacha e Michel tínhamos personalidades bem diferentes, às vezes conflitantes. Atacar uns aos outros fisicamente sempre foi a forma que encontramos para resolver nossas diferenças.

Houve ocasiões em que nossas discussões realmente saíram de controle. Eu me lembro de uma vez em que íamos para a cabana da mamãe em Newboro Lake no Volvo do papai, comigo ao volante. Eu tinha uns 18 anos,

Sacha, 16, e Michel, 14. Por algum motivo bizarro nós entramos em uma discussão acirrada sobre quem controlaria as janelas do carro. Era o tipo de problema que só poderia enfurecer adolescentes, mas o clima ficou tão intenso que eu parei no acostamento e saímos do carro para uma briga real, não de brincadeira. Michel e Sacha se uniram para me jogar no chão, houve muitas reclamações, vários insultos, e no fim das contas, esfriamos a cabeça o bastante para voltar ao carro e nos tolerar pelo resto da viagem.

Quando voltamos a Montreal e meu pai soube do incidente, ele nos deu uma bela bronca. "Não importa o que aconteça, vocês três precisam ficar unidos", recomendou ele, acrescentando que não toleraria saber que algo assim viesse a acontecer novamente. Por isso, fizemos o melhor para evitar brigas à beira da estrada.

Só agora que tenho filhos eu entendo como é doloroso para um pai vê--los brigarem entre si e compreendi por que nossas disputas o aborreciam tanto.

Levei meu antigo amor pelos esportes para Brébeuf, jogando lacrosse, partidas regulares de futebol americano, e até fiz uma breve tentativa na ginástica. Ainda assim, em Brébeuf, como no Canadá em geral, o hóquei era soberano. Você imaginaria que meu pai, o canadense arquetípico fã de atividades ao ar livre, teria nos estimulado a pegar em discos e tacos ainda no jardim de infância, mas não foi o caso. Desde o início, ele enfatizou a importância de se testar individualmente, ver o que poderia fazer e até onde poderia ir sozinho, sem contar com os outros para salvá-lo. Ele também tinha decidido que não passaria as primeiras horas da manhã congelando em um rinque, vendo um bando de crianças patinando errado para cima e para baixo no gelo. As famílias de vários amigos meus escolheram o hóquei, mas nós preferimos o cross-country e o esqui de descida livre segundo o desejo do meu pai e por ser algo que podíamos fazer em família ao ar livre.

Também suspeito de que as regras arbitrárias do hóquei e outros esportes iam contra o apreço dele pelo universalismo. Como aficionado por atividades ao ar livre, era mais importante para ele seguir as leis imutáveis da natureza do que as regras impostas por um homem com um apito e vestindo camisa listrada. Nós aprendemos a patinar no Rideau Canal, bem longe de qualquer disco ou taco de hóquei.

A situação piorou quando apareci na escola com meu equipamento de hóquei. Ter a marca certa (ou da moda) de taco é um fator muito importante para ganhar respeito entre estudantes de ensino médio no Canadá. Eu esperava que meu pai me levasse a uma loja de artigos esportivos na qual eu poderia comprar a marca que garantiria a minha entrada no time caso minhas habilidades no hóquei não conseguissem isso. Ele me levou, porém, ao galpão e tirou um pedaço de madeira azul e esquisito que tinha recebido durante uma visita de Estado à Tchecoslováquia havia muitos anos. Ele me garantiu que era um taco de hóquei, e dos bons. Eu tive minhas dúvidas. Não me lembro da marca, só sei que o nome era impronunciável e tinha uma variedade de acentos obscuros acima das letras. Isso definitivamente não me daria o respeito dos colegas.

No rinque da escola eu me senti o menino do conto de Roch Carrier chamado *The Hockey Sweater*, só que em vez de usar a camisa errada, eu usava o taco errado. Meus amigos deram uma olhada no taco e imediatamente souberam que eu não ia entrar no time.

EU ME BENEFICIEI imensamente do rigor e das exigências curriculares em Brébeuf, além do ambiente onde fui criado. Apesar do ótimo ensino, minha dedicação variava bastante, como acontece com vários adolescentes. Eu me esforçava arduamente nas matérias de que gostava e ia levando as que me desagradavam. Quando estava entediado, simplesmente abria um romance e fugia do tédio da sala de aula. Eu sempre tinha certeza que tiraria uma nota decente na prova, e em geral tirava mesmo, mas não estava levando a escola muito a sério. Meus professores e eu sabíamos disso.

Um dia, minha professora de matemática decidiu pôr um fim nesse comportamento. Após me ver cumprir uma série de tarefas de modo indiferente, ela me chamou para uma conversa séria. "Justin, eu observei você passar raspando por todas as matérias desta escola. Você é inteligente o bastante para conseguir fazer isso, mas não está se esforçando o suficiente nos estudos", concluiu ela.

Imediatamente comecei a abstrair. Como já tinha ouvido variações daquele discurso infinitas vezes, as palavras não causavam mais efeito em mim. Foi quando veio a bomba. "Sabe o que eu acho?", ela fez uma pausa, sabendo que as próximas palavras iriam doer. "Talvez você acredite que não precisa se esforçar tanto por causa do seu pai."

Eu tinha 15 anos, estava na 9ª série e era a primeira vez que alguém me falava algo assim. Certamente alguns professores tinham *pensado* isso e evitaram o assunto quando me chamaram a atenção por ser preguiçoso. Contudo, ninguém tinha me acusado diretamente de não me esforçar por causa do meu sobrenome. "Não seja ridícula", disparei, com raiva.

Papai sempre teve o cuidado de incutir em nós o princípio de que o nome Trudeau não era moeda a ser gasta, e sim um distintivo de responsabilidade a ser usado. Se a professora tivesse me acusado de *desonrar* o nome Trudeau, eu poderia ter considerado uma alegação razoável. Meu pai já havia falado muitas vezes que estava decepcionado com meu desempenho acadêmico mediano em Brébeuf, mas sugerir que eu esperava tratamento especial por causa do meu pai era simplesmente errado.

Entretanto, quanto mais eu pensava naquela conversa, mais eu percebia que as palavras dela foram importantes, mesmo discordando profundamente da premissa. Elas me fizeram entender que mesmo se eu não estivesse tentando me aproveitar do nome da família, seria comum as pessoas *suspeitarem* disso. Ela havia expressado uma suposição que seria impossível de ignorar se eu não tentasse usar todo o meu potencial.

Acabei me formando em Brébeuf e consegui dois diplomas universitários. Durante boa parte desse período minha inconsistência acadêmica foi motivo de preocupação não só para meus professores, como também para mim. No fim, acabei entendendo que o problema se baseava em algo mais sério do que um ataque temporário de preguiça adolescente. Quando fui reprovado deliberadamente em psicologia experimental (a ênfase do curso parecia mais voltada para escrever relatórios de laboratório adequadamente padronizados, o que me aborrecia) foi um sinal de que eu tinha problemas com os quais precisava lidar.

Não era déficit de atenção, porque eu era perfeitamente capaz de manter o foco em um assunto quando desejava. Na verdade, podia ficar tão empolgado com minhas matérias prediletas que geralmente virava uma espécie de monitor informal, ajudando outros alunos com problemas.

Ser reprovado em psicologia experimental levou a uma conversa séria e franca com papai no escritório na Avenue des Pins, onde algo extraordinário aconteceu: eu percebi e anunciei para ele que nós éramos diferentes. Papai tinha sido meu herói, modelo, guia e manual de instruções para a vida ao longo de toda a minha infância, mas quando tentou ser útil e me mostrou os boletins de quando estudou em Brébeuf nos anos 1930, com uma série de As de cima a baixo, eu soube que éramos pessoas fundamentalmente diferentes, com abordagens próprias em relação à vida.

Ele sentia orgulho quando recebia aprovação e reconhecimento. A motivação dele era mostrar o quanto era inteligente, e ele trabalhava diligentemente para isso. Eu, por outro lado, sempre falei para mim mesmo que se eu trabalhasse arduamente, seria por um objetivo maior do que apenas a nota em uma prova ou elogios de pessoas em posição de autoridade. Eu me rebelei contra a obrigação de cumprir tarefas arbitrárias a mando de alguém apenas pelo resultado, e não gostava daquela competição artificial.

Ao mesmo tempo, eu sabia que enfrentava um desafio real, pois estava preso a uma forma levemente incapacitante de perfeccionismo, como na frase "o ótimo é inimigo do bom". Um leve pânico tomava conta de mim sempre que eu olhava uma página em branco ao começar uma tarefa. Fazer um trabalho que jamais corresponderia à expectativa alheia (quanto mais a minha) me enchia de uma ansiedade que, por sua vez, criava a seguinte espécie de mecanismo de defesa subconsciente: se eu decido não me esforçar ao máximo em um projeto, então não posso ser julgado negativamente com base no resultado dele. Meu pai se esforçava para obter conquistas incríveis e tinha sucesso nisso. Eu preferia não me esforçar tanto, então por que alguém deveria ficar surpreso quando minhas notas não eram iguais às dele?

Ser reprovado em psicologia experimental matou de uma vez por todas a esperança que eu tinha de entrar para a faculdade de direito na McGill logo após o Cegep, seguindo o caminho dos melhores e mais inteligentes. Eu tinha sabotado essa opção, talvez como forma de obrigar a mim e meu pai a lidar com o fato que eu jamais teria o mesmo sucesso acadêmico que ele. Esse caminho não era para mim.

Eu sabia que era perfeitamente capaz de ser bem-sucedido nos estudos. Sempre que fazia um teste padronizado envolvendo altos riscos, como os administrados por Brébeuf para novos alunos, meus resultados eram excelentes. Nos SATs do último ano do ensino médio eu fiz 1.400 pontos, o que me colocou entre os cinco melhores resultados. Isso era suficientemente bom para conseguir entrar no curso de artes na McGill, apesar de minhas notas erráticas. Alguns anos depois, quando fiz o teste de admissão para a faculdade de direito quase despreocupadamente, cheguei ao 99º percentil. Então eu sabia que era inteligente, só precisava encontrar meu caminho. Foi por isso que decidi estudar Literatura. Eu aplicaria meu intelecto a algo que realmente me apaixonava — a leitura —, além de conseguir tempo e ferramentas para me entender melhor.

QUANDO COMECEI NA Universidade McGill, no outono de 1991, meus amigos de Brébeuf continuaram no centro da minha vida social, mas consegui fazer novas amizades no campus e uma delas continua importante até hoje.

Eu estava na McGill havia apenas uma semana quando esbarrei em Jonathan Ablett. Jon e eu tínhamos frequentado a mesma escola de ensino fundamental em Ottawa e nos reencontramos nos degraus do Shatner Building, o coração do campus, onde a grande maioria dos grupos de alunos se reunia. Após colocarmos as novidades em dia, Jon perguntou se eu já tinha feito muitos amigos na McGill. Dei de ombros e respondi que por ser de Montreal, eu já tinha muitos amigos por lá e não havia procurado aumentar esse número. A verdade era que eu não sabia fazer novas amizades e nem tinha certeza se queria tentar. Jon olhou ao redor, acenou para um cara de cabelo comprido que estava em pé ali perto e o apresentou como Gerry Butts, vice-presidente da equipe de debates na McGill. Hoje, quase 25 anos depois, Gerald continua sendo um grande amigo, além de ser meu conselheiro mais próximo como líder do Partido Liberal do Canadá.

A convite de Gerry eu entrei para a equipe de debates, na qual ficamos amigos rapidamente, e passei o ano seguinte aperfeiçoando minhas habilidades e viajando para participar de torneios. Esse processo foi uma educação em si para afiar minha capacidade de tomar decisões rapidamente, detectar uma fraqueza no argumento do adversário e explorá-la usando a combinação certa de lógica e estilo.

Também aprendi que, para debater em nível universitário, ter a capacidade rápida de percepção e raciocínio de um comediante de stand-up é tão importante quanto a lógica e uma boa retórica. Isso funcionava particularmente quando a resolução a ser debatida era algum assunto frívolo, como por que banheiras são melhores que chuveiros ou se o inverno é melhor que o verão. Com esse tipo de assunto, os debatedores de maior sucesso são comediantes de talento. Levou um tempo para eu aprender a valorizar isso, pois meu senso de humor é mais irônico do que o tipo que gera gargalhadas. Aos poucos, porém, aprendi os segredos e ajustei meu desempenho.

Debater também me abria uma janela interessante para algumas das questões mais importantes reverberando pelos campi universitários no início de 1990. Muitos debatedores de destaque na McGill eram mulheres feministas atuantes. Eu me lembro de ter discussões acaloradas tomando cerveja com algumas delas sobre se um homem pode ser feminista. Algumas argumentaram que o feminismo exige uma perspectiva feminina por definição, enquanto eu sugeria que a exclusão de homens era antitética ao princípio igualitário que compunha o cerne do pensamento feminista.

Como você pode imaginar, houve uma sobreposição importante entre as mulheres da equipe de debates, a União Feminina da McGill e o Centro contra Ataques Sexuais da Sociedade Estudantil da McGill. Quando, em meu segundo ano, o Centro passou a recrutar facilitadores do sexo masculino, uma dessas amigas, Mary-Margaret Jones, me estimulou a participar. As questões femininas ganharam destaque para mim com o horrível massacre na Escola Politécnica da Universidade de Montreal que tinha ocorrido alguns anos antes, perto da escola de ensino médio em que eu estudava. Eu também estava cansado de debater os dois lados da questão e queria usar minha habilidade de comunicação em prol de algo significativo.

Além da linha telefônica para casos de crise, o Centro contra Ataques Sexuais tinha criado um grupo para falar com estudantes nas fraternidades e residências, e eu fazia parte da primeira leva de homens treinados para se juntar às ativistas, liderando grupos de discussão sobre ataques sexuais e estupros que acontecem em encontros amorosos. Nós usávamos exercícios de interpretação e outros métodos interativos para levar os alunos a encarar os ataques sexuais de modo diferente. Essa nova perspectiva era importante, pois muita gente acreditava no estupro como algo que acontecia quando um desconhecido surgia do nada em uma rua escura. O objetivo era fazer todos entenderem que a vasta maioria dos ataques sexuais era cometida por pessoas conhecidas da vítima e que eles são tanto uma questão de poder quanto de sexo. Nós sugerimos métodos de comunicação a serem utilizados pelas mulheres a fim de lidar com situações antes que estas se tornem violentas e coercivas, além de ensinar os homens a reconhecer as mensagens enviadas pelas mulheres. Não é só o "não" que significa não. "Não estou me sentindo confortável com isso" também significa não, assim como "Talvez fosse melhor a gente voltar para a festa".

Gosto de pensar que nosso trabalho no Centro contra Ataques Sexuais começou a dar resultados, se não para a instituição pelo menos para os alunos. Quando a administração da McGill fez uma escolha um tanto polêmica para a equipe do recém-criado cargo de ombudsman para ataques sexuais, outro aluno e eu falamos com o reitor da universidade sobre nossas preocupações. Ali eu aprendi uma lição sobre quanto as instituições resistem a lidar com questões delicadas: eles agradeceram por termos expressado nossa perspectiva e nos ignoraram educadamente.

Não surpreende que meus anos na McGill tenham sido uma época de enormes transformações sociais para mim. Fiquei menos desengonçado e me senti mais confiante em relação à minha aparência, livrando-me de algumas inseguranças adolescentes. Eu ainda morava em casa com meu pai, que me dava bastante liberdade, e aproveitei para mergulhar nos prazeres e perigos da vida social adulta.

Até eu completar 18 anos, o único álcool que tinha provado era a ocasional taça de vinho durante o jantar. A opção de não beber durante o ensino médio me qualificou para o posto de motorista da rodada nas festas em Brébeuf, pois eu era o cara que dizia: "Não preciso de álcool para me divertir", levando outros garotos a revirar os olhos. Mas eu realmente achava isso, e ainda acho. Com raras exceções, especialmente os meses após a morte do meu pai, o consumo excessivo de álcool nunca foi problema em minha vida. Uma boa cerveja gelada de tempos em tempos ou uma taça de vinho com uma bela refeição está ótimo. Eu simplesmente não bebo muito.

Dito isso, eu realmente tive uma breve fase de farra enquanto estava na universidade. Meus amigos tinham alugado um apartamento maravilhoso na Rue Émery, bem na esquina do Théâtre St-Denis, onde organizamos festas incríveis. Uma noite fiquei embriagado o suficiente para vestir a fantasia de mascote do McGill Marlets, uma das equipes atléticas da universidade, e saí correndo pela rua. (Não pergunte como a fantasia foi parar naquele apartamento.) O mascote parecia uma grande andorinha vermelha raivosa e eu decidi que seria hilário se aquela andorinha raivosa gigante batesse nas janelas voltadas para a rua do café do St-Denis, assustando os frequentadores. Basta dizer que isso não deu muito certo, então meus amigos apareceram, prometendo que iríamos a uma festa ainda *melhor*, retiraram gentilmente as camadas gastas de pelúcia do meu corpo, chamaram um táxi, no qual me colocaram sozinho no banco traseiro, e deram ao motorista o endereço da minha casa.

Quando entrei em casa, papai estava voltando de um jantar e não ficou nem um pouco impressionado com o meu estado. Na manhã seguinte ele me deu uma enorme lição de moral sobre os perigos do álcool, que eu aguentei com raiva e sem me dar ao trabalho de explicar que eu era o mais careta dos três filhos e ele não precisava se preocupar. Mas eu não estava em condições de argumentar.

Nessa mesma época eu estava em meu primeiro namoro sério. Nós tínhamos começado a sair ainda em Brébeuf e continuávamos convivendo com o antigo grupo de amigos de lá. Com tanta gente nova que eu estava conhecendo, às vezes era um alívio não ter que pensar no meu sobrenome e no efeito que ele tinha nas pessoas. Admito que algumas vezes omiti deliberadamente o sobrenome nesses encontros iniciais. O ideal era que eles não ouvissem o nome "Trudeau" até eu ter conseguido causar uma forte impressão apenas com minha personalidade.

Às vezes isso exigia um pouco de improvisação. Minha namorada estava na Universidade Concordia e eu a acompanhava na noite de recrutamento para o clube de debates deles, mesmo frequentando a McGill. Nós estávamos argumentando que o estádio olímpico deveria ser demolido e os materiais, usados para construir uma ponte ligando Quebec a Newfoundland. Na minha vez de participar, disse que meu nome era Jason Tremblay. Senti um pouco de adrenalina: ninguém me conhecia e não haveria consequências, pois eu não iria participar da equipe de Concordia. Portanto, eu poderia falar sem qualquer expectativa sobre quanto eu deveria ser bom. Para todos no recinto, eu era uma tábula rasa. Talvez devido à ausência de pressão, eu argumentei muito bem, sugerindo sinceramente que a ponte era uma ótima ideia, visto que bloquear a correnteza através do Estreito de

Belle Isle desviaria a Corrente do Golfo do oceano Atlântico Norte para o Canadá, resultando em um clima mais mediterrâneo na costa oeste. "Imagine só. Azeite de oliva de Nova Scotia!", declamei, empolgado.

No fim da reunião, os organizadores pediram que eu fizesse parte da equipe. Eu neguei, com tristeza. "Não sou aluno da Concordia. E meu nome não é Jason Tremblay", admiti. Jamais quis esconder minha identidade, mas por um momento foi bom me afastar dela.

Houve apenas mais uma ocasião em que dei um nome falso, alguns anos depois, quando comecei a treinar boxe no Club de Boxe Champion, no leste canadense. Na melhor das hipóteses, matricular-se em uma academia real de boxe é um tanto assustador. Essa academia era um lugar para fortes, na qual ser o filho de um ex-primeiro-ministro provavelmente só aumentaria minha popularidade como saco de pancadas. Então eu facilitei um pouco o meu lado, fazendo uma leve mudança no nome de solteira da minha mãe e me inscrevendo como Justin St-Clair. Eu queria ser conhecido pela minha dedicação e habilidade e não pela minha ascendência.

Após cerca de um ano, meu treinador, Sylvain Gangnon, revelou ter descoberto meu nome real, mas aí eu já estava estabelecido como integrante sério da comunidade da academia e não importava mais. E era assim que eu gostava: primeiro fazer as pessoas me conhecerem para que meu sobrenome só importasse depois.

Às vezes as pessoas ficavam simplesmente fascinadas pelo prestígio do meu sobrenome e tentavam entrar em meu círculo social pelos motivos errados. Fiquei atento a esse tipo de atitude ao longo dos anos e desenvolvi um sexto sentido social que continua me servindo até hoje.

Independentemente da reação ao meu nome ser boa ou ruim, eu não gostava que as pessoas pudessem ter expectativas preconcebidas sobre mim antes de ouvirem o que eu tinha a dizer em um debate ou ver o que eu poderia fazer em um ringue de boxe. Em ambos os locais, alguns dos meus oponentes tentavam pegar leve ou fazer de tudo para me derrubar. Também aprendi que essa cautela natural era útil em todas as situações. Com pessoas que eu conhecia em situações sociais, meu instinto era transmitir uma força de personalidade que me definiria antes que conhecessem meu sobrenome ou anularia (ou pelo menos mitigaria) as preconcepções que elas tinham caso já soubessem quem eu era.

Obviamente eu não era o único a lidar com o desafio de ser "um Trudeau". Isso afetava meus irmãos tanto quanto a mim. Como nossas atitudes em relação ao sobrenome da família tendiam a refletir a relação que tínhamos com papai, acabaram enfatizando as diferenças de personalidade entre nós. Sacha, que era o mais dedicado a emular o exemplo de papai como intelectual e asceta, fortalecia as defesas e protegia sua privacidade. Michel, por outro lado, se rebelou contra a influência paterna e fez o melhor para viver em anonimato quase total, primeiro trabalhando em um acampamento de verão com o nome de Mike, depois seguindo a direção leste rumo a Dalhousie para se formar na universidade, e por fim escolhendo o oeste canadense para morar. Eu fiquei no meio. Minha identidade Trudeau me dava muito orgulho, mas eu também queria ser julgado pelos meus méritos, como alguém cujos temperamento emocional e atitudes intelectuais eram diferentes dos do meu pai.

Ocasionalmente meu histórico e meu nome rendiam incidentes cômicos e surreais. Como no dia em que, durante uma viagem a Paris, engatei uma conversa no Boulevard Saint-Michel com um professor norte-americano aposentado que tinha ganhado fama traduzindo a poesia de Robert Frost para o francês. O homem era um personagem interessante e eminente, e quando mencionei que era do Canadá, ele começou a falar empolgadamente sobre "o primeiro-ministro maravilhoso que vocês tiveram na década de 1970, aquele com a esposa linda que fugiu".

Eu não resisti e respondi: "Você quer dizer *a minha mãe*?"

Um incidente ainda mais hilário aconteceu em 1992, quando eu e papai fizemos uma viagem de rafting de oito dias pelo rio Tatshenshini no Yukon e na parte norte da Colúmbia Britânica. O objetivo da viagem era ajudar a conscientizar a população quanto aos riscos que uma mina de cobre representava para o meio ambiente da região.

Eu e papai íamos nos encontrar em Whitehorse. Eu cheguei alguns dias antes, planejando explorar a região por conta própria. Por mero acaso social fiz amizade rapidamente com um grupo de motociclistas que estavam na cidade para um encontro de verão. Eram todos gente boa, embora tivessem a aparência típica de motociclistas rudes e prontos para tudo, que se dispunham a percorrer milhares de quilômetros sobre duas rodas ao ar livre apenas pela alegria da viagem. Eu fiquei mais próximo de um motociclista chamado Big John, dono de uma concessionária Harley-Davidson perto de Pittsburgh. Não disse meu sobrenome ao Big John e seus amigos. Como norte-americanos, achei que eles provavelmente não iriam conhecer ou se importar com isso.

Papai chegou à cidade alguns dias depois e, quando entramos em um bar lotado de Whitehorse, ouvi uma voz familiar e potente gritando de um canto. "Ei, VOCÊ! Não queremos gente da *sua laia* aqui."

Era o Big John urrando para nós em sua mesa, com raiva fingida. Eu quase podia vê-lo rindo da própria piada. Meu pai, contudo, ficou paralisado ao imaginar que estávamos prestes a ser agredidos verbalmente (ou pior) por algum eleitor decepcionado que vinha guardando mágoas havia várias décadas.

Eu o levei para conhecer Big John e seus amigos, e quando ele percebeu que estavam gritando comigo, papai levou a situação toda na brincadeira. Ele conseguia fazer muito bem o papel de "escada" de comediante.

Quando voltamos para casa, papai contou a mamãe os detalhes sobre a viagem e acrescentou: "Sabe, eu nunca percebi isso, mas o Justin é realmente muito bom para lidar com pessoas."

Durante minha graduação em literatura inglesa, li centenas de livros, escrevi muitos trabalhos sobre autores tão variados como William Blake, Aldous Huxley e Wallace Stevens e em geral vivenciei a ampliação dos horizontes intelectuais, que é o objetivo de uma educação voltada para as artes.

Também foi o momento de experimentar — e em geral descartar — todo tipo de posturas e ideologias políticas. Esse tipo de atitude é bastante comum em homens e mulheres no início da adolescência ou com 20 e poucos anos que chegam ao campus com uma mentalidade idealista. Eles procuram respostas para as grandes e dramáticas questões da humanidade: qual é o sentido da vida? Como construir uma sociedade melhor? O que impede a justiça social? Essa busca leva muitos intelectuais universitários na direção de ideologias totalizantes, como o marxismo dogmático ou a teoria do objetivismo de Ayn Rand.

Essas perguntas também despertavam minha curiosidade, mas sempre desconfiei de movimentos reducionistas com jeito de culto. Meu pai gostava de citar a frase de são Tomás de Aquino *"Hominem unius libri timeo"* [Temo o homem de um livro só] e acabei internalizando isso: sempre que um colega de classe ou amigo tentava me convencer que a resposta para as grandes questões da vida ou para os grandes problemas políticos estava no *Manifesto comunista, A revolta de Atlas* ou alguma outra filosofia bitolada, eu desconfiava. Uma das lições de vida que aprendi com meu pai foi que o mundo é complicado demais para caber em uma só ideologia que englobe tudo. Fui exposto a todo tipo de influências políticas no campus, mas quando me formei eu continuava sendo o centrista de mente aberta que era quando entrei na faculdade.

O QUE AUMENTOU em meu período universitário foi minha compreensão sobre Quebec, o federalismo e a natureza do Canadá em geral.

Eu tinha ouvido meu pai descrever a atmosfera política de Quebec quando ele era jovem e fiquei impressionado com várias diferenças entre aquela época e a minha. Nas décadas de 1940 e 1950, o nacionalismo de Quebec tinha sido uma força poderosa, ligada tanto ao separatismo da forma como pensamos no termo hoje quanto a algo muito diferente. Na juventude do meu pai, a elite política e religiosa de Quebec se preocupava em proteger a personalidade católica e francesa da província na América do Norte amplamente protestante. Dizendo de modo simples, a ênfase era em manter uma sociedade de fazendeiros e lenhadores com um pequeno grupo de advogados, padres, médicos e políticos para supervisioná-los. O dinheiro e os negócios eram deixados para *les Anglais*.

Essa situação ficou claramente indefensável em meados do século XX, e uma série de pensadores, artistas e escritores (meu pai foi um deles) fomentou a Revolução Silenciosa, fazendo com que a educação, a urbanização e o secularismo fossem os pilares da Quebec moderna.

Quebec começou a se afirmar mais e o nacionalismo, que ganhou força na década de 1970 e o qual vivenciei quando estudei em Brébeuf na década de 1980, geralmente se expressava na luta por mais poderes governamentais e maior reconhecimento do caráter linguístico e cultural da província. A devolução do controle sobre a Constituição canadense de 1982 sem a aprovação explícita de Quebec levou a uma mobilização de dez anos para encontrar uma nova fórmula que repartisse poderes e satisfizesse as vontades de Quebec. Políticos e advogados constitucionalistas começaram a procurar algum tipo de grande barganha e o resultado foi o fracassado Acordo de Meech Lake de 1987.

A campanha do referendo para o Acordo de Charlottetown de 1992, que coincidiu com meu segundo ano na McGill, selou meu envolvimento com a política do Canadá.

Alguns federalistas canadenses, incluindo meu pai, se opuseram ao acordo, porque ele parecia indicar uma capitulação às demandas cada vez maiores de Quebec sobre Ottawa. O primeiro artigo do acordo mudava a Constituição do Canadá para estipular que "Quebec constitui dentro do Canadá uma sociedade distinta". Ele também declarava que "o papel do Poder Legislativo e do governo de Quebec de preservar e promover a sociedade distinta de Quebec está afirmado". No artigo 21, Quebec garantia o mínimo de 25% dos assentos na Câmara dos Comuns, não importa o quanto a população futura pudesse mudar.

Sempre me defini como federalista canadense. Como poderia ser diferente? Mas no início dos anos 1990 esse rótulo não bastava, pois as diversas propostas de reforma obrigavam todos nós a pensar no que seria a estrutura federalista ideal. Enquanto o debate sobre o Acordo de Charlottetown continuava, passei a estudar o documento com afinco. Quando terminei de assinalar quase todas as páginas com marca-texto, percebi que os problemas com o documento iam além de Quebec. O acordo continha uma grande lista de concessões às províncias em geral, com pouco retorno para o governo federal. Para mim, essa era a questão principal. Não sou e nunca fui um desses federalistas que acreditam que Ottawa precisa se envolver em todas as áreas da política, mas o Acordo de Charlottetown pendia muito para o lado da descentralização, alocando obrigatoriamente verbas federais para todo tipo de programa enquanto limitava a capacidade do governo federal de impor padrões nacionais. Algo estava errado ali.

Vejamos alguns exemplos que me aborreceram: o artigo 28 ditava que o governo canadense concordaria com tudo e abandonaria o poder de veto, que permite ao governo federal rejeitar uma lei provincial quando ela entra em conflito com objetivos nacionais. E pelo artigo 39, Ottawa perderia seu poder "declaratório" de classificar certas áreas, como o controle de um recurso vital, nos domínios do governo federal. Não havia nada errado em propor essas concessões e elas eram certamente defensáveis do ponto de vista das províncias, visto que nenhuma foi utilizada recentemente. Mas eu fico voltando à mesma questão sempre que essas e outras concessões similares são endereçadas ao governo federal: o que Ottawa ganharia em troca? Esse lado da balança parecia vazio.

Para acrescentar frustração as minhas preocupações, descobri que muitas pessoas que apoiavam o acordo admitiam não ter lido o documento, certamente não de modo tão detalhado quanto eu tinha feito e acredito que a situação exigia. Eu me lembro especificamente de aceitar um panfleto a favor do acordo de um dos Jovens Progressistas Conservadores da McGill, que buscava apoio no campus. Após ler o panfleto, perguntei ao ativista por que ele e seus amigos não forneciam cópias do acordo aos alunos. Ele desconversou, alegando que os pontos básicos citados no panfleto eram o que as pessoas precisavam saber. "Por que ler todo esse documento complexo quando nos demos ao trabalho de destacar os pontos principais?", ele sugeriu. "Porque as pessoas estavam definindo uma posição forte em relação ao futuro do nosso país sem se educar sobre como seria esse futuro. E ele não podia ser resumido em uma dúzia de pontos principais", respondi.

Fui bastante persistente naquele ano na McGill, andando pelo campus com minha cópia surrada do Acordo de Charlottetown, palestrando sobre esta ou aquela cláusula para amigos. Eu gostaria de poder dizer que mudei várias opiniões, mas a verdade é que a maioria das pessoas assumia posições de acordo com sua filiação política. Quem apoiava os Progressistas Conservadores de Brian Mulroney tendia a apoiar o acordo, enquanto os que o criticavam tendiam a apoiar o ceticismo. Os lados pró e contra se dividiam de várias formas. Os federalistas do Leste apoiavam o acordo, mas seguidores de Preston Manning e do Partido Reformista o rejeitavam devido ao tratamento excessivamente respeitoso que dava a Quebec. (Eles também não gostaram do escopo das cláusulas de reforma do Senado, provando que não há nada de novo em nossa política.)

Os separatistas fizeram seu próprio ataque contra Charlottetown, o que levou algumas pessoas a interpretarem erroneamente a natureza de minha posição. A pergunta era: o que significava se os partidários do PQ e eu éramos contra o mesmo conceito? Será que eu tinha algo mais em comum com separatistas? Eu me lembro de um produtor de programa radiofônico que recebia ligações dos ouvintes desligando o telefone na minha cara por não acreditar que um autoproclamado federalista que se opunha ao acordo podia acrescentar algo ao debate. Desesperado, cheguei a usar uma camiseta onde se lia "O meu 'não' é um 'não' federalista".

No fim das contas, o Acordo de Charlottetown foi derrotado no referendo de outubro de 1992 por 54 a 46%. Em Quebec, ele perdeu por 57 a 43. Todas as quatro províncias do Oeste votaram contra o acordo. Fiquei satisfeito com o resultado. Também fiquei um pouco intoxicado pela experiência de mergulhar em uma questão política importante, organizando os melhores argumentos em nome de minha posição e virando um defensor apaixonado. O episódio aprimorou meus sentimentos sobre o Canadá e sobre proteger tudo que fazia dele um país forte, distinto e politicamente coerente. Os meses que passei carregando a cópia gasta do Acordo de Charlottetown me prepararam para discutir seus defeitos com qualquer um que desejasse se envolver em um debate, marcando uma etapa importante de minha jornada rumo à vida política.

Três anos depois, fui consumido por outra campanha política. Agora, havia ainda mais em jogo do que simples emendas à Constituição: a questão envolvia diretamente a possível dissolução do país.

Era outubro de 1995 e os moradores de Quebec iam votar no segundo referendo da província. Se o lado do Sim prevalecesse, a província começaria as negociações para se desligar do resto do país, com o apoio da maioria de seus cidadãos. Quando pesquisas feitas uma semana antes do referendo sugeriam que os separatistas podiam ganhar, eu e muitos amigos de Montreal temíamos estar vivendo os últimos dias do Canadá em sua forma atual.

Eu me lembro de me sentir ultrajado ao longo da campanha com a forma pela qual o lado do Sim usou propaganda e demagogia para tentar vender suas ideias. Aquilo me deu a impressão que eles realmente não entendiam a gravidade das propostas. Se você vai criar um novo país, precisa ter o apoio e o desejo claros da população para fazê-lo. Você não precisa enganá-los ou dourar a pílula, pois os desafios inevitáveis que surgiriam na etapa de transição exigiriam apoio popular constante. Considerando as dores do crescimento de qualquer novo país, o povo precisaria sentir que tudo aquilo valeria a pena. Contudo, a possível vitória do Sim parecia indicar a posição de uma maioria precária, obtida com base em desinformação. Isso soava como uma receita para a revolta e agitação.

Faltando três dias para a votação, eu e meu amigo Ian Rae nos juntamos a um grupo de aproximadamente cem mil pessoas no centro de Montreal para o Unity Rally, evento que até hoje é a maior reunião política da história canadense. Bandeiras gigantes com folhas de bordo voavam por toda a parte e a Place du Canada foi tomada pelos defensores do Não. Querendo obter a melhor vista possível, Ian e eu fomos ao arranha-céu do CIBC ali perto e subimos em alguns andaimes para chegar ao terraço do saguão do segundo andar. Se você olhar o famoso pôster gigante que fizeram de uma foto aérea daquele protesto, conseguirá nos ver perto das duas tendas brancas dos meios de comunicação, em cima daquele terraço do CIBC. Estar cercado por tantos canadenses foi uma experiência emocionante e ajudou a acalmar meus nervos federalistas abalados.

Na noite do referendo, eu e meus irmãos assistimos à apuração em casa com papai. (Ele finalmente tinha deixado de se opor a um aparelho de televisão, ainda bem.) O lado do Não ganhou por uma margem estreitíssima, apenas 50,58 a 49,42% a favor da posição federalista, uma diferença de apenas 54.288 votos. Ao longo disso tudo, papai ficou estranhamente inabalável, e quando o resultado oficial foi anunciado ele aquiesceu, disse apenas "Bom" e calmamente se retirou para dormir.

Mas isso merecia ser comemorado. Encontrei meus amigos em um bar na Rue Metcalfe, onde ouvimos boatos de que multidões separatistas planejavam invadir o centro, indo do Parc Maisonneuve para o leste. Os boatos se mostraram infundados. Se algum protesto foi imaginado pelos partidários do PQ e seus apoiadores, provavelmente foram desestimulados pela visão da polícia antirrebeliões percorrendo a área do centro. Essa presença ameaçadora reforçou nossa ideia de que um resultado desastroso tinha sido evitado por pouco naquela noite.

Tantos anos depois eu ainda penso naquele dia e imagino o quanto nosso país teria mudado se apenas 27.145 votantes tivessem decidido se aliar aos separatistas. O Canadá provavelmente não existiria mais. E que mensagem nós teríamos oferecido ao mundo? Se nem um país tão respeitoso de suas diversidades como o nosso tinha conseguido conciliar suas diferenças, como o resto do mundo poderia ter esperanças de se unir?

Até hoje, essa pergunta é o que me move.

Capítulo três

Viajar para o Leste, ir para o Oeste

A FORMATURA NA McGILL em 1994 me colocou em uma encruzilhada. Eu tinha 22 anos e um diploma recém-emitido em literatura inglesa. Os anos na universidade tiveram alguns dos mesmos problemas acadêmicos que enfrentei em Brébeuf, mas minhas notas foram boas o suficiente para que eu tivesse opções para as próximas etapas.

Eu tinha escolhido fazer a primeira graduação em Literatura não só devido ao meu amor pela leitura, mas por ser uma garantia de que continuaria meus estudos. Embora fosse um excelente primeiro diploma, para mim simplesmente não poderia ser o último. O desafio era que eu ainda não sabia qual direção tomar.

Talvez prevendo esse desafio, alguns dos meus velhos amigos de Brébeuf e eu planejamos uma grande viagem para o ano depois da formatura. Até aquele ponto, eu tinha ido a mais de cinquenta países pelo mundo, a maioria com meu pai, mas essa era uma oportunidade de expandir ainda mais esse número. Coloquei alguns objetos pessoais na mochila — é incrível como você carrega pouca bagagem quando percebe que é impossível levar tudo o que precisa para quatro estações em três continentes diferentes — e atravessei o Atlântico.

Passei o verão na França, quase o tempo todo sozinho, indo da Provença à Normandia e depois me estabelecendo em Paris, onde passei a maior parte dos dias em museus e bibliotecas. Tendo me afastado de tudo e de todos que faziam parte do meu ambiente normal e lutando com uma timidez que me impedia de fazer amigos com facilidade, eu me vi com muito tempo para pensar na vida e no futuro.

Pensei no que meu pai tinha conquistado na minha idade: proezas acadêmicas incríveis em Brébeuf, seguido pelo primeiro lugar na faculdade de direito da Universidade de Montreal, depois um mestrado em Harvard, seguido por mais estudos (embora sem diplomas) na London School of Economics e na Sorbonne. Depois, ele passou muitos anos em uma vasta gama de ocupações: viajar pelo mundo, trabalhar como advogado por um breve período, publicar uma revista intelectual subversiva que contribuiu para a Revolução Silenciosa de Quebec, escrever um ou dois livros, ensinar direito constitucional por vários anos até concorrer a um cargo político aos 40 e poucos. Eu já tinha me afastado desse caminho e minha autoanálise confirmou que uma trajetória sinuosa como intelectual público não era para mim.

Mamãe tinha se formado em sociologia pela novíssima Universidade Simon Fraser em Vancouver, depois se mudou para o Leste canadense com a finalidade de se casar e começar uma família com papai. E embora eu já soubesse que desejava uma família, também não queria começá-la sendo tão velho quanto meu pai ou tão jovem quanto minha mãe.

Naquele verão, em um momento silencioso de reflexão, decidi a minha próxima etapa: seria professor. Essa seria a minha forma de ter influência positiva no mundo. O trabalho unia tudo o que eu mais gostava: aprender, compartilhar e entender pessoas. E o mais importante para mim, na época, era totalmente meu: seria uma forma de me libertar da família e do passado.

Empolgado, liguei para casa e contei minha epifania. Mamãe disse: "Justin, isso é maravilhoso. Sabe, você vem de uma longa linhagem de professores desde a Escócia."

Bom, pelo menos seria um desvio do passado *recente* da minha família. Uma vez definido o plano de começar na faculdade de educação na McGill no outono seguinte, eu estava pronto para me concentrar no ano de viagem que teria pela frente.

Encontrei três dos meus melhores amigos em Londres em setembro. Juntos, Mathieu Walker, Allen Steverman, Marc Miller e eu partimos em uma tremenda aventura. Nós nos reunimos a um grupo diversificado, com britânicos, alguns australianos e um finlandês, e seguimos para a África em uma expedição de carro. Passamos pela França e pela Espanha por alguns dias, acampando em pontos de parada nas estradas e ansiosos para sair do solo europeu. Fizemos nossos últimos telefonemas para casa em Gibraltar e embarcamos em uma balsa para o Marrocos.

No Marrocos apreciamos medinas em Fez e Marrakesh, trilhas pela cordilheira do Atlas e mexilhões de café da manhã no Saara Ocidental, onde o deserto encontra o Atlântico. Em seguida atravessamos uma faixa vazia do Saara rumo à Mauritânia, onde minhas lembranças envolvem ter que empurrar o carro por dunas de areia, ficar terrivelmente doente após comer sobras de salada de atum, ficar feliz da vida ao comer uma refeição coreana deliciosa, por acaso, na casa de um pescador em um vilarejo e tentar esconder as últimas caixas de cerveja dos agentes da alfândega, sem sucesso.

A transição do norte da África para a África Ocidental foi bem-vinda. Nossa experiência em Mali foi, em boa parte, amigável e diversificada, com um toque peculiar. Matt foi assaltado e levou spray de pimenta no rosto em Bamako, perdendo alguns dólares; Marc ganhou do fortão do vilarejo em uma queda de braço após uma caminhada arqueológica pelas ruínas de uma antiga civilização e visitamos uma comunidade quase abandonada, onde nos mostraram uma árvore em que crianças teriam sido sacrificadas havia relativamente pouco tempo como parte de cerimônias religiosas.

Seguimos em frente por Burkina Faso e pela Costa do Marfim, depois fomos a Gana, Togo e Benin. E encontramos mais contrastes: lugares lindos e pessoas amigáveis intercalados com erros históricos e atuais que iam das fortalezas de traficantes de escravos, a partir das quais milhões de africanos foram enviados para o cativeiro do outro lado do Atlântico, até excessos recentes, como uma catedral vazia maior que a de São Pedro e um palácio presidencial completo, com direito a crocodilos em um fosso.

Chegamos à fronteira da Nigéria no final de dezembro, momento de passar à fase seguinte da viagem. Pegamos um voo da Aeroflot saindo de Cotonou até Helsinki via Malta e Moscou. Depois disso, Marc foi para casa em Montreal e os três que sobraram pediram vistos de turista para a China na embaixada local enquanto ficávamos no apartamento de um quarto pertencente à tia do nosso colega de viagem finlandês. Passamos o Natal daquele ano em

Helsinki, mas no Ano-Novo estávamos percorrendo as estepes no Expresso Transiberiano.

Essa foi outra experiência inesquecível, apesar da comida e do serviço pavorosos a bordo do trem. A União Soviética nunca foi conhecida pelo apelo de sua gastronomia nem pela qualidade do atendimento ao cliente, e já estava morta havia alguns anos, mas a ideia de satisfazer as expectativas do consumidor ainda era um conceito obviamente alienígena para eles.

Viajamos em uma época em que o trem estava repleto de estudantes chineses voltando das universidades russas para celebrar o feriado do Ano--Novo local em casa. Passei boa parte da semana apreciando a paisagem, fazendo desenhos e, adequadamente, lendo *Guerra e paz*. No réveillon, o maquinista do trem, sentindo uma oportunidade de praticar seu inglês bem decente, convidou nosso grupo para consumir grandes quantidades de vodca e discutir a situação do mundo. Se as histórias da época em que ele serviu no exército soviético no Afeganistão eram fascinantes, o racismo casual em relação a nossos colegas passageiros não tinha o mesmo efeito. Quando o sol nasceu no dia 1º de janeiro de 1995, fiz uma promessa solene que mantive até hoje: nunca mais beber vodca na vida.

A viagem acabou com um passeio na linha secundária que ia para Pequim, a 9.000 quilômetros de Moscou. De lá, exploramos Xangai, Hong Kong, Hanói, Bangkok e vários pontos entre elas, encerrando o itinerário na bela ilha tailandesa de Ko Samui, aonde papai tinha levado meus irmãos e a mim alguns anos antes. Para comemorar a jornada, pedi a um artista local que tatuasse uma imagem da Terra no meu ombro esquerdo.

Finalmente voltei para casa no final daquela primavera. Primeiro fui a Vancouver visitar a família de minha mãe, depois a Whistler, onde Michel estava morando e trabalhando na época. O retorno ao Canadá me deu vários motivos para refletir sobre o ano vivido longe do único país que eu poderia chamar de meu.

Nenhuma jornada tão extensa e ampla deixa o viajante inalterado, e eu não fui exceção. Como a maioria dos canadenses que teve a sorte de viajar ao exterior, voltei apreciando ainda mais a mistura única de bênçãos do nosso país. Eu não conseguia articular tudo o que vivi na viagem e catalogar todas as formas pelas quais ela influenciou meu ponto de vista. A mudança foi ampla e geral, aprofundando minha noção da necessidade de conscientizar e compreender povos de histórias diferentes e a convicção de que, se escolhermos enfatizá-lo, o denominador comum que partilhamos pode impedir o crescimento de qualquer diferença. Também tive muitas oportunidades para observar que as comunidades em que as pessoas são abertas à diferença e aos outros são mais felizes e dinâmicas que os lugares mais isolados e fechados.

A incrível diversidade que encontrei ao viajar constantemente por um ano me fez notar algo que aceitava como natural em casa. Em todos os lugares havia os moradores locais, uma maioria clara e de comportamento predominante. E qualquer minoria, seja norte-africanos em Paris, expatriados europeus em Burkina Faso, donos de supermercado libaneses na Costa do Marfim, estudantes chineses na Rússia, australianos na Tailândia e até minorias tribais ou culturais que compunham uma parte significativa da população de um país eram sempre os "outros", uma exceção à regra e à identidade nacional.

Por outro lado, a identidade canadense moderna não se baseia mais em termos étnicos, religiosos, históricos ou geográficos. Os canadenses são de todas as cores, culturas e credos possíveis e continuam a celebrar e se alegrar com essa diversidade. Nós criamos uma identidade nacional baseada em valores compartilhados como abertura, respeito, compaixão, justiça, igualdade e oportunidade. E embora muitos dos quase cem países aos quais viajei ao longo da vida desejem esses valores, o Canadá é basicamente o único país que se define por eles. Exatamente por isso, somos o único lugar na Terra que é forte devido às diferenças, e não apesar delas.

Naquele verão e outono que passei com papai em Montreal, conheci um pouco melhor a minha irmã por parte de pai, que estava com 4 anos e se chama Sarah. A mãe dela, Deborah Coyne, era advogada constitucionalista e amiga próxima do meu pai.

Tive poucas oportunidades de ver Sarah quando ela era bebê e fiquei feliz de encontrá-la mais algumas vezes, já como menininha precoce. Sinceramente, era maravilhoso ver meu pai aproximando-se dos 80 anos e carregando Sarah nos ombros como tinha feito comigo e meus irmãos quando tínhamos a idade dela.

Em setembro de 2000, alguns dias antes de meu pai falecer e após a última visita de Sarah e Deborah, levei Sarah para escalar. Tenho certeza de que papai adoraria ter visto nossa atividade.

Após o enterro de papai, acabamos nos afastando. Mas continuo tendo muito orgulho da minha meia-irmã e espero retomar o contato com ela no futuro.

MEU PRIMEIRO ANO de volta à McGill foi bom, com novas aulas e novos amigos, mas no segundo ano fiquei desmotivado. Eu adorava as aulas e a experiência de lecionar, mas após algumas reflexões honestas, percebi que minha vida estava um tanto estagnada. Eu ainda morava com meu pai e, por mais que o amasse, precisava sair de casa. O que me levou a concluir rapidamente que isso também significava sair de Montreal.

A viagem teve um efeito mais profundo em mim do que imaginei. Quando você vai para longe do lugar onde viveu muitos anos, deixa para trás um espaço negativo, um contorno vazio da pessoa que partiu. Ao voltar, você e os outros esperam que você ocupe o mesmo espaço, mas ele não serve mais, porque você mudou. Isso é desconfortável não só para você como para as pessoas que te conhecem tão bem.

Eu sabia que tinha voltado diferente daquela jornada. Agora, o Natal de 1996 estava se aproximando. Ele marcava o meu aniversário de 25 anos, um bom momento para sair do espaço confortável que meus amigos, minha família e minhas experiências pessoais tinham criado para mim em Montreal.

Sempre realista e honesto sobre minha vida, papai entendeu a situação e concordou comigo. Como Sacha ainda morava com ele na casa da Avenue des Pins, papai não sentiria falta de companhia quando eu partisse. Mas para onde ir?

A resposta veio com facilidade.

Em todas as viagens de família para a Colúmbia Britânica que fizemos ao longo dos anos, eu sonhei em morar na costa oeste canadense. A escala do Oeste era intrigante e um pouco intimidadora para mim quando menino, exemplificada pelo litoral, as montanhas e por aquelas árvores imensas, os abetos de Douglas do Stanley Park que os três meninos Trudeau não chegavam a abraçar nem a metade, mesmo com os braços esticados e unidos pelas pontas dos dedos. Mas o que realmente me atraiu para o Oeste foi a família: as raízes Sinclair e meu irmão Michel, que na época morava no interior. Em janeiro de 1997 fui até Vancouver a caminho de Whistler. Meu plano era arrumar emprego como instrutor de snowboard.

Esquiar estava no sangue da família. Todos nós éramos esquiadores habilidosos e cada um tinha seu estilo. O do meu pai era forte, agressivo e puro. Minha mãe aprendeu a esquiar em Whistler quando criança e tinha um estilo lindo. Ela se orgulhava de nunca ter caído e eu realmente não consigo me lembrar de vê-la levando um tombo. Sacha, Michel e eu aprendemos a esquiar quando mal tínhamos saído das fraldas. Dos três, preciso confessar que Michel era o melhor, talvez porque ao tentar arduamente seguir o ritmo dos irmãos mais velhos, ele desenvolveu habilidades de que não precisávamos. Sacha seguia de perto a trilha de papai em tudo, incluindo no esqui, e desenvolveu a técnica mais elegante. Minha abordagem era mais básica. Eu nunca peguei direito o ritmo estético das viradas. Meu objetivo era sempre chegar ao fim da descida o mais rápido possível, o que gerava um fluxo constante de tombos espetaculares.

Quando ficou óbvio que eu jamais me destacaria na família Trudeau como esquiador, decidi procurar algo novo. Aos 14 anos eu me inspirei na sequência de abertura de *007 — Na mira dos assassinos*, na qual James Bond arranca um esqui da frente de um veículo para neve e o utiliza como snowboard, e imediatamente comprei uma prancha pelo correio de uma empresa em Vermont e aprendi sozinho a usá-la em Mont Tremblant. Assim, quando me mudei para a Colúmbia Britânica, aos 20 e poucos anos, eu pretendia retomar o snowboard tanto para fins de diversão quanto profissionais.

Antes de virar instrutor, era preciso obter uma certificação de nível 1 no esporte, o que levaria algum tempo. Para cobrir as despesas com hospedagem e alimentação (não muito além de um colchão no loft de um amigo e algumas fatias diárias de Misty Mountain Pizza), eu arrumei emprego de porteiro em uma casa noturna badalada chamada Rogue Wolf. Eu gostava do trabalho, então continuei lá mesmo depois de ter conseguido o certificado e começado a trabalhar na escola de snowboard. Minha agenda era praticamente ininterrupta: seis dias por semana eu estava na escola de snowboard, na qual começava de manhã cedo e trabalhava até as cinco da tarde; e quatro noites por semana, após algumas horas de descanso, eu fazia um turno no Rogue Wolf, onde geralmente trabalhava até as duas ou três da manhã.

Eu amava essa agenda. Responsável por crianças durante o dia, responsável por manter a paz durante a noite. E meu sobrenome não fazia diferença em momento algum.

De todos os homens que trabalhavam na porta do Rogue Wolf nas noites mais movimentadas, eu era o menor. Peter Roberts, um dos outros seguranças que continua um bom amigo até hoje, tinha servido nas Forças Armadas canadenses e até treinado meu irmão Sacha na base militar CFB Gagetown quando estava na reserva. Pete impunha respeito facilmente apenas com sua presença, mas eu precisei arranjar outras formas de resolver os problemas que surgiam. Apesar de ser menos intimidador fisicamente do que os outros, eu geralmente era o primeiro a ser chamado quando a situação na casa noturna começava a complicar. Se um motoqueiro entrava sem pagar a consumação mínima de cinco dólares, eu era enviado para receber o dinheiro. Primeiro eu imaginei que eles estavam passando um trote no novato, mas depois percebi que era mandado primeiro porque geralmente conseguia obter resultados sem confrontos. Desnecessário dizer que durante meu período no Rogue Wolf eu aprendi muito sobre a natureza humana.

Descobri que o segredo de um segurança eficaz é ser diplomático e impossível de intimidar. Também é importante estar sóbrio, tanto no aspecto literal quanto no metafórico da palavra. Ao manter a calma mesmo sob pressão, um bom segurança quase sempre consegue evitar o envolvimento em qualquer tipo de combate físico. No meu caso, a calma era minha qualidade mais importante. Os seguranças gigantescos que você vê na porta de algumas boates badaladas não ligam se a situação terminar em combate físico: eles podem simplesmente dar um "abraço de urso" nos clientes indesejados, carregá-los e jogá-los na rua. Eu não conseguiria fazer isso e queria evitar os socos. Sempre que um soco fosse dado em minha direção, significava que eu tinha feito besteira e não tinha conseguido resolver a situação de modo firme e pacífico.

Meu truque favorito ao lidar com uma pessoa bêbada e brigona em potencial era dizer: "Olha, amigo, você não quer partir para cima de mim aqui, porque os outros seguranças vão pular em cima de você. Então se você for lá fora comigo, vamos resolver isso só entre nós."

Ansioso por uma briga ou ao menos pela *possibilidade* de uma briga, o cara imediatamente obedecia e ia até o estacionamento, gabando-se para quem quisesse ouvir no caminho sobre como ele iria me encher de porrada, esfregar minha cara no asfalto ou alguma outra descrição de surra. Eu nunca dava a oportunidade para isso, pois levava o sujeito até o lado de fora, entregava o casaco dele, dava um sorriso e desejava boa-noite antes de voltar para a casa noturna, o que geralmente levava o brigão a xingar mais alto e a me chamar de covarde. "Você tem razão, eu não quero brigar. Agora, vá para casa dormir e vejo você amanhã à noite", eu respondia.

As lições aprendidas no Rogue Wolf foram amplas o bastante para ter aplicações práticas na política. Se você está tentando ser assertivo em um confronto de bar ou em uma discussão política, o maior obstáculo a ser superado é o ego humano. Uma vez que a discordância começa, ninguém quer recuar. O truque consiste em encontrar um jeito de fazer o oponente manter seu orgulho, como deixar o bêbado agressivo sacudir o punho triunfante do lado de fora, mas na chuva. Enquanto isso, você está lá dentro, seco, quente e fazendo seu trabalho.

Junto com a oportunidade de desenvolver e praticar táticas psicológicas básicas, trabalhar no Rogue Wolf me ofereceu um vislumbre de como os jovens podem se autodestruir por meio do uso de álcool e drogas. Vi muita gente fazer muitas idiotices simplesmente porque estava entediada e vi muitos jovens cheios de testosterona decidindo que a única forma pela qual uma saída noturna seria um sucesso era se acabasse em briga. Depender de drogas ou álcool para atingir a felicidade é uma armadilha que destruiu muitas vidas, e há muito tempo eu decidi que não iria arruinar a minha.

Havia táticas igualmente valiosas a serem aprendidas em meu outro trabalho de ensinar crianças a usar uma prancha de snowboard. Nós, instrutores, fazíamos parte da inovadora "Tribo da Prancha", programa de treinamento para adolescentes em Blackcomb que não foi muito popular no começo. A Tribo da Prancha era considerada um espaço para os jovens que não tinham amigos no snowboard ou eram velhos demais para ficar na pista infantil enquanto os pais esquiavam. Meu amigo Sean Smillie mudou essa imagem ao desenvolver esse programa do zero. Ele começou escolhendo alguns instrutores que sabidamente adoravam ensinar crianças e encontrou novas formas para que eles transmitissem o conhecimento aos alunos. O sucesso do programa de Sean me ensinou como métodos inovadores e uma equipe dinâmica de professores pode motivar até os alunos mais entediados.

Sean reconheceu que o ensino de snowboard não precisava seguir o velho modelo da escola de esqui de virar, parar, virar, parar, repetir. O snowboard é um esporte empolgante, talvez a atividade mais empolgante que se pode fazer na neve. No ambiente certo e com a orientação adequada, ele oferece uma curva de aprendizado mais tranquila do que a maioria dos esportes. Depois de apenas uma semana na montanha, a maioria dos snowboarders iniciantes consegue fazer manobras e truques simples, e foi por isso que o esporte cresceu tão rapidamente no fim dos anos 1990. Sean capitalizou em cima disso, recrutando professores cujas técnicas agressivas de snowboard desafiavam seus alunos.

E funcionava. Crianças que passavam pelo nosso programa começaram a falar com os amigos sobre ele e logo nós soubemos de programas similares aparecendo em lugares como Vale e Aspen. O programa Tribo da Prancha praticamente não dava lucro em Blackcomb, mas virou uma máquina de fazer dinheiro quase da noite para o dia. A revista *Teen People* fez uma reportagem sobre a Tribo da Prancha, em um lance de sorte promocional que meus colegas de Ottawa na política chamavam de "mídia conquistada".

Qualquer professor vai dizer que os momentos mais recompensadores da profissão ocorrem quando se acende uma lâmpada metafórica e é possível ver o estudante subitamente entendendo, seja lá qual for o assunto. No snowboard, esses momentos aconteciam várias vezes ao dia, e todos me divertiam. Parte do motivo para esses discernimentos súbitos estava na natureza do snowboard comparada ao esqui. Instrutores de esqui basicamente transmitiam dicas aos alunos, mas ensinar a lidar com uma prancha de snowboard envolve revelar *segredos*. Dicas são boas, mas segredos são sensacionais. Quando os garotos transformam um segredo do snowboard em uma nova manobra, mal conseguem conter a empolgação. Para o professor, era o equivalente a ver uma turma inteira subitamente entender trigonometria apenas girando o quadril.

Um dos grandes desafios que enfrentei como instrutor foi convencer meus adolescentes metidos a sabe-tudo que eles *não* sabiam tudo sobre o mundo alpino em geral. Isso ilustrava outra diferença importante entre o esqui e o snowboard.

Leva anos para uma pessoa dominar o esqui e o tempo oferece a todos a oportunidade de se familiarizar com os riscos e ritmos do tráfego em uma pista movimentada. O mesmo não acontece com os snowboarders, que podem descer a mil por hora em pistas avançadas e intermediárias em apenas alguns dias. Eles ainda não conhecem a etiqueta exigida na pista ou os lugares mais seguros para parar em uma descida muito inclinada. Esse é o motivo pelo qual os esquiadores geralmente reclamam da má educação dos snowboarders. Não que esse grupo seja inerentemente grosseiro, eles apenas têm menos experiência em ambientes alpinos (e o ponto cego criado quando se anda de lado também não ajuda). Sempre que andava no teleférico com meus alunos, pedia que olhassem para baixo e especulassem qual esquiador ou snowboarder iria para qual lado, quem pararia para descansar e quem tinha maior probabilidade de cair. Era um procedimento semelhante a ensinar direção defensiva: eu queria que meus alunos estivessem cientes de tudo e todos ao redor.

A experiência em Blackcomb me ensinou a arte de controlar grandes grupos de crianças. Os pais começavam a deixar os filhos conosco antes das 8h, mas nós só podíamos subir para a montanha às 9h. Com isso, tínhamos uma hora para passar com um bando ruidoso de garotos entre 12 e 16 anos. Como qualquer pessoa que conviveu com adolescentes sabe, garotos dessa idade tendem a desprezar figuras de autoridade, podendo desobedecer e causar problemas. Embora organizasse várias atividades para eles, eu sabia que meu papel mais importante era projetar confiança e liderança. Se eu hesitasse por um momento sequer haveria uma boa probabilidade de perder o controle do grupo antes mesmo da primeira volta na prancha de snowboard. Em pouco tempo percebi que tinha um talento para motivar aqueles garotos.

O maior efeito que a experiência como instrutor teve em mim foi indicar solidamente o caminho para o magistério. Toda a alegria, a satisfação e a realização que eu sentia ao fim de cada dia com a turma me convenceram de que eu tinha muito a ensinar e também a aprender como professor. Eu tinha sido monitor de acampamento, instrutor de canoagem, instrutor de snowboard, barman e segurança. Todos esses cargos me fizeram pensar se algum dia eu seria feliz com um emprego "de verdade". Pois bem: lecionar era um emprego de verdade e eu estava ansioso para recomeçar.

Quando comentei sobre a retomada do meu interesse em lecionar com minha tia Heather, ela disse que eu poderia me inscrever no programa educacional de um ano da Universidade da Colúmbia Britânica. Naquele momento, tudo ficou claro. No fim da temporada de esqui eu voltei a Montreal, peguei algumas matérias da McGill que eram pré-requisito do novo curso, depois me despedi dos amigos e parentes e voltei a Vancouver com outro foco.

FIZ MUITAS AMIZADES na faculdade de educação da Universidade da Colúmbia Britânica. Os alunos formavam um grupo animado e diversificado. E com boa parte do currículo baseada no treinamento interativo em sala de aula, tínhamos muitas oportunidades para aprender uns com os outros.

Aquele primeiro ano em Vancouver passou rapidamente. Durante a semana, eu trabalhava com afinco para garantir meu diploma de pedagogia na cidade, e fugia para Whistler nos fins de semana. Quando me dei conta já tinha me formado e estava trabalhando como professor substituto em Coquitlam. Na época eu tinha me mudado para um apartamento maior com meu colega de faculdade Chris Ingvaldson e a esposa dele. Chris me apresentou ao reitor da West Point Grey Academy e em pouco tempo me ofereceram um cargo de professor em tempo integral lá. (Chris também acabaria lecionando nessa escola.) West Point Grey, uma instituição de ensino particular e mista fundada apenas dois anos antes, era um bom lugar para um professor recém-formado. A equipe era jovem, empolgada, e era ótimo participar da criação de uma nova cultura escolar.

Mais de dez anos depois, quando eu já tinha voltado para o Leste canadense e entrado na vida política fazia tempo, recebi um telefonema tarde da noite com uma notícia chocante: Chris tinha sido preso, acusado de posse de pornografia infantil. Ele acabou confessando e foi condenado a três meses de prisão. Como todo mundo que conheceu Chris na faculdade de pedagogia e nos empregos subsequentes como professor, eu fiquei absolutamente chocado. Chris perdeu o emprego de professor, o casamento e a maioria de suas amizades, inclusive a minha.

Sempre que os meios de comunicação dizem que alguém está sendo acusado de envolvimento com pornografia infantil ou crimes semelhantes, geralmente mostram entrevistas com vizinhos e colegas dizendo que o réu não dava a menor indicação sobre suas predileções sexuais. Sempre fui bastante cético em relação a esses testemunhos. Eu imaginava que você de alguma forma *saberia* quando estivesse na companhia de alguém com essas tendências. Após o episódio com Chris, percebi que isso não era verdade. Isso também deixava claro quanto os policiais e promotores precisam trabalhar a fim de proteger nossas crianças desse tipo de exploração. Nem a esposa de Chris ou eu como colega de apartamento jamais imaginamos o caminho sombrio no qual ele afundaria. Foi uma lição amarga para mim, que precisa ser compartilhada.

PASSEI DOIS ANOS e meio na West Point Grey Academy, ensinando basicamente francês e matemática, mas às vezes surgiam outros assuntos, como teatro, escrita criativa e até noções de direito para a 12ª série.

Em cada uma das minhas aulas eu tentei evitar o método do "sábio no palco" que vivi em Brébeuf, inserindo exercícios intelectuais colaborativos em minhas lições. Entre eles estavam quebra-cabeças matemáticos e charadas, que sempre foram uma espécie de obsessão para mim. Aqui está um exemplo que lembro ter descoberto durante meus primeiros dias em Vancouver: o bastante conhecido (entre matemáticos) "problema do 7,11". Nele, o cliente entrando em uma loja de conveniência, escolhe quatro produtos e observa o caixa somar os preços em uma calculadora de bolso. Quando o caixa anuncia que o total é de $ 7,11, o cliente indica que o caixa não somou os preços e sim multiplicou. O caixa se desculpa, refaz as contas cuidadosamente, aperta o botão de igual e fica surpreso ao descobrir que o total continua sendo $ 7,11. O desafio é descobrir quais são os preços exatos desses quatro produtos que resultam em $ 7,11 tanto somados quanto multiplicados. Resolver esse problema não é fácil, e se quebra-cabeças matemáticos não são a sua praia, você provavelmente não está nem aí. Mas se esse tipo de charada lhe agrada, você poderá passar dias até encontrar a solução. Como aconteceu comigo.

A ideia é a seguinte: se eu encontrar formas de envolver meus alunos para fazer as lições do mesmo jeito que o problema do 7,11 me envolveu, certamente vou obter a reação de "acender a lâmpada" que eu tanto amava ver durante as aulas de snowboard.

Algumas técnicas que usei eram simples, porém eficazes. Por exemplo, ao ensinar matemática eu começava a aula perguntando por que nosso sistema numérico é baseado no dez. Por que não usar a base oito, por exemplo? Ou seis? Ou algum outro número? Quase todas as culturas do mundo basearam o sistema de numeração no dez. "Por que isso?", eu perguntava, e depois pedia a todos que erguessem as mãos e olhassem ao redor. Um a um os alunos iam percebendo que as mãos esticadas com os dez dedos não indicavam que eles sabiam a resposta, e sim que elas *eram* a resposta.

Os quebra-cabeças funcionavam especialmente bem em álgebra. Eu dizia a minha turma que pai e filha foram pescar, e quando estavam prestes a voltar para casa, o pai pediu à filha um dos peixes que ela pegou, dizendo: "Assim nós vamos ter a mesma quantidade." A filha respondeu que se o pai desse a *ela* um de seus peixes, ela teria o dobro que ele tinha. Então quantos peixes cada um deles pescou?

A solução pode ser encontrada por meio de duas equações algébricas simples com duas variáveis. Claro que há formas mais intuitivas de resolver isso, e os alunos que encontraram a solução em menor tempo nem sempre eram os bons em matemática. A questão era envolvê-los, levá-los ao momento "a-há!", quando a lâmpada acendia e fazia o rosto deles brilhar.

Tentei usar a mesma abordagem no ensino do inglês. Para mostrar aos alunos os ritmos da poesia, eu escrevia *"toobie hornet toobie"* no quadro-negro e via quem conseguia trocar as sílabas fortes para declamar uma conhecida frase de *Hamlet*. Havia um pouco do meu antigo professor de história André Champagne nesse tipo de abordagem. Como ele, eu desejava que os alunos questionassem fatos corriqueiros, com a forma pela qual contamos e pronunciamos palavras simples. Meu objetivo não era apenas ensinar um determinado assunto, e sim fornecer a habilidade de pensamento crítico de que eles precisariam para resolver problemas sozinhos ao longo da vida.

Minha abordagem não muito ortodoxa intrigava um pouco a administração da escola, mas fazia com que eu fosse popular entre vários alunos. Eles sabiam que eu adorava um bom debate e, às vezes, evitavam que eu simplesmente enfiasse o conteúdo do currículo básico em suas mentes ao me envolver em discussões filosóficas tangenciais. Isso gerava uma dificuldade estranha: quando eu precisava aplicar disciplina a meus alunos, eles, às vezes, interpretavam aquilo como um tipo de traição, pensando que eu tinha me voltado contra eles. Minha resposta era sempre: "Gosto de vocês e respeito vocês. É por isso que minhas expectativas são altas. Se vocês não fizerem as tarefas de casa ou tirarem nota baixa na prova, vai haver consequências. Vocês precisam saber disso e ter consciência das expectativas a que precisarão corresponder na vida. Eu seria um mau professor se não ajudasse vocês a lidar com essa realidade ao responsabilizá-los por suas ações".

QUANDO FALO COM pessoas que não trabalham no sistema educacional, muitas supõem que é mais fácil ser professor em uma escola particular com bom orçamento do que no setor público. Há alguma verdade nisso. Escolas particulares podem ser mais novas, confortáveis e a disciplina tende a ser mais eficaz, mas há outras questões, especialmente quando se trata de trabalhar com os pais para obter o melhor dos alunos. Após pagar milhares, ou até dezenas de milhares de dólares de mensalidade, os pais dos alunos das escolas particulares podem ficar indignados caso não vejam resultados (leia-se: boas notas). E os professores podem se censurar nas conversas entre pais e mestres, com medo de que um pai ou mãe furiosos reclamem com a administração ou ameacem mandar o filho para outra escola. Eu sempre preferi falar a verdade aos pais. Se eu pensava que o desempenho escolar de uma criança estava sendo prejudicado por causa do ambiente doméstico, eu dizia. O que irritava algumas pessoas de vez em quando.

Às vezes, meus métodos de ensino geravam divergências com os diretores conservadores de West Point Grey. A mais significativa envolveu um aluno que vou chamar de Wayne, e sua atitude de desafiar regularmente o código de vestimenta da escola usando a gravata solta e pendurando um chaveiro no cinto. Ele era um garoto inteligente e confiante que escolheu adotar essa postura rebelde. Um dia, após receber a milésima bronca em relação ao vestuário, Wayne me disse: "Não é justo. Vivo levando bronca por causa do uniforme, mas as mesmas regras dizem que as saias das meninas não podem estar mais de 2,5 centímetros acima do joelho. Só que elas burlam essa regra e fica tudo bem. São dois pesos e duas medidas."

Eu estava a cargo do jornal estudantil, uma tarefa que aceitei com a intenção clara de transformá-lo em algo que os garotos realmente quisessem ler, não só um panfleto bonito e agradável feito para satisfazer pais orgulhosos. Sugeri a Wayne que escrevesse uma matéria sobre esse sistema injusto de dois pesos e duas medidas do qual ele reclamou. O menino fez isso, teorizando razoavelmente que talvez os professores, predominantemente homens, se sentissem desconfortáveis para dizer a meninas adolescentes que as saias delas estavam curtas demais. Era algo que todos sabiam e ninguém admitia, até Wayne mencionar.

Quando o texto de Wayne apareceu no jornal da escola, a administração não reagiu tão bem quanto poderia, em minha opinião. Eles não só puniram Wayne por faltar com o respeito, como fecharam o jornal estudantil, convencendo-me de que West Point Grey não era o melhor lugar para mim como professor, e nem eu era bom para eles. Logo depois, passei a dar aulas no sistema de ensino público em Vancouver.

Apesar disso, gostaria de enfatizar que, no geral, eu adorei minha experiência em West Point Grey. Os alunos e professores eram brilhantes e envolventes, e o que havia de bom na escola superava enormemente seus desafios, mesmo no começo. Também fico muito feliz de ver que, segundo a opinião geral, West Point Grey Academy continua se destacando como uma das melhores escolas da Colúmbia Britânica.

Essa experiência revelou aspectos negativos da educação particular que eu nunca tinha observado quando fui aluno. Em Brébeuf, a entrada se baseava no desempenho em um teste padronizado de admissão. Em West Point Grey, como em várias escolas particulares canadenses, a maior barreira para a entrada não era a capacidade do aluno e sim a mensalidade. Embora existisse o acesso a bolsas de estudos, muitos alunos tinham uma vida privilegiada, com aulas de tênis no verão, fundos fiduciários para serem utilizados na vida adulta e viagens à Europa. Nada disso isoladamente fazia com que eles fossem difíceis de lidar. Encontrei uma vasta quantidade de alunos excelentes em West Point Grey, mas eu me preocupava com o nível de materialismo exibido. Às vezes entreouvia alguns discutindo o que fariam se ganhassem na loteria, algo que eu achava bizarro, considerando que eles raramente vinham de famílias desfavorecidas em termos econômicos. Os prêmios de loteria com os quais eles sonhavam eram sempre de dez milhões ou vinte milhões de dólares canadenses, nunca de um milhão, e os garotos fantasiavam gastar com barcos exóticos ou jatos particulares.

Sempre que discuto o problema da desigualdade de renda em nossa sociedade, penso nas crianças e famílias que encontrei quando lecionava naquela escola. Os responsáveis que eu encontrava nas reuniões de pais e mestres eram bem-sucedidos e trabalhadores, mas a riqueza dava a alguns uma sensação excessiva de direito adquirido. E muitos alunos tinham pouca exposição ou compreensão sobre a sociedade como um todo e os desafios enfrentados pelas pessoas comuns.

Conheci muitos garotos ricos durante a minha infância e adolescência, e eu mesmo tive muitas vantagens, incluindo a oportunidade de viajar com meu pai, mas ele nunca falou de riqueza como sendo o objetivo máximo da vida. Jamais. Ele teria ficado horrorizado se me ouvisse falar em comprar jatinhos e morar nas ilhas caribenhas. Quando uma vez perguntaram quais valores ele gostaria de passar aos filhos, papai respondeu "Quero que eles não sejam escravos dos bens materiais. Desejo que eles apreciem uma boa refeição, um bom livro, e aproveitem os feriados. Isso, tudo bem. Mas sofrer se estiver privado de prazeres materiais eu considero uma forma de escravidão."

Basta dizer que ele teve sucesso em passar esses valores para nós.

O sistema de ensino público não estava totalmente livre desse tipo de pensamento que perturbava meu pai. Na escola secundária Sir Winston Churchill de Vancouver, onde lecionei depois da West Point Grey, os alunos geralmente vinham de famílias bem menos ricas, mas vários pareciam igualmente perdidos nas próprias fixações materialistas.

Na Sir Winston Churchill entreouvi um aluno dizer ao outro: "Meu pai arrumou um emprego novo, então ele acabou de comprar um Mercedes." O rapaz estava empolgado, orgulhoso, e queria dividir essa euforia. "Vamos conversar sobre isso. Um carro novo realmente dá uma sensação ótima, mas no fim das contas lembre-se de que é só um carro, uma forma de ir do ponto A ao ponto B. E às vezes uma promoção como essa que seu pai recebeu vem com sacrifícios no estilo de vida. Ele pode ter mais responsabilidade, que pode levar a mais estresse. Você talvez observe que seu pai vai ficar mais preocupado com o trabalho. Ele talvez precise trabalhar com mais afinco e por mais tempo. Você tem um carro melhor na garagem, mas menos tempo com seu pai. Há algumas trocas que se fazem na vida. Você precisa pensar bem e sonhar com o que realmente vale a pena", eu interferi.

Eu dei variações desse discurso sobre qualidade de vida a muitos garotos, e gosto de pensar que consegui transmitir a ideia pelo menos para alguns deles.

* * *

O MOMENTO MAIS marcante e poderoso da minha carreira como professor ocorreu em 11 de setembro de 2001. Acordei às seis da manhã com o som dos meus colegas de apartamento batendo na porta do quarto, dizendo "Ligue a TV!".

Eu liguei exatamente na hora em que o segundo avião atingiu as torres. Imediatamente me vesti e corri para a escola, sabendo que todos teriam visto as mesmas imagens que eu tinha acabado de ver. "Obviamente não vamos falar da gramática francesa hoje. Vamos falar do que aconteceu há algumas horas", eu disse aos alunos da 9ª e da 10ª séries. "Isso significa a Terceira Guerra Mundial?", um aluno perguntou.

Como a teoria dominante era de que os Estados Unidos tinham sido atacados por terroristas islâmicos, essa era uma pergunta lógica. Outros alunos disseram não acreditar que os fatos ocorridos em Nova York tinham a ver com o Canadá, e outro perguntou: "Como isso realmente vai mudar a *nossa* vida?"

A pergunta foi feita exatamente quando um avião passou voando baixo, de um jeito que nunca ouvimos antes. Era, obviamente, um avião militar e a turma ficou assustadoramente quieta. "Esse instinto de medo que vocês acabaram de vivenciar, isso é novo", expliquei.

Falamos sobre terrorismo e a necessidade de enfrentá-lo, além da necessidade de garantir que a vigilância não virasse uma forma de paranoia direcionada a todos os muçulmanos. Como os garotos estavam abalados com os acontecimentos, nossa equipe de professores fez o melhor para abordar a questão e trazê-los de volta à rotina. Foi um momento desafiador.

Naquele mesmo dia, recebi uma ligação de Gerry Butts, que estava na Califórnia com a esposa, Jodi, e tentava voltar ao Canadá. O espaço aéreo norte-americano foi fechado para o tráfego civil, então Gerry e Jodi alugaram um carro e vieram dirigindo até o norte. Eles deixariam o veículo na cidade mais próxima da fronteira, entrariam no Canadá de táxi e eu os encontraria logo depois.

Quando cheguei ao Peace Arch, encontrei uma cena de multidão, com carros parados havia várias horas no lado norte-americano da fronteira. Gerry e Jodi simplesmente andaram pela estrada com as malas e, espantosamente, cruzaram a fronteira e entraram no meu carro. Depois que eu lhes dei as boas-vindas, Gerry perguntou, meio constrangido: "Não deveríamos falar com um agente da alfândega?"

Saímos do carro e andamos pelo local até encontrar alguém capaz de verificar os viajantes entrando a pé, o que ele fez em alguns segundos. Quando fomos embora, olhei para a longa fila de carros no retrovisor e pensei em todas as famílias com crianças no banco traseiro esperando horas ou dias, enquanto meus amigos conseguiram atravessar a fronteira como se ela não existisse. O incidente simbolizou a natureza desorganizada e improvisada da resposta imediata ao 11/9 em termos de segurança.

Vancouver é um lugar lindo e distante dos pontos violentos do mundo. Lá, como na maior parte do Canadá, é fácil se sentir protegido e afastado de tudo. Eu reconheci que nessa era iniciada pelo ataque em 11 de setembro, nenhum lugar da Terra ficaria imune às ameaças que nosso mundo enfrentava. Desde aquele dia muitos países, incluindo o Canadá, conseguiram sucesso contra a al-Qaeda e grupos semelhantes. Mas as ameaças continuam, e é por isso que estimulei meus alunos a jamais esquecerem onde estavam quando ouviram a terrível notícia no dia 11 de setembro de 2001. Nossas lembranças daquela tragédia, por mais dolorosas que possam parecer, são a melhor forma de garantir que continuaremos vigilantes na luta contra o terrorismo.

Capítulo quatro

A floresta é adorável,
escura e profunda

Em novembro de 1998, passei uma semana como professor substituto na Pinetree Secondary School, em Coquitlam, a cerca de meia hora de carro a leste de Vancouver. Era um bom grupo de crianças, e no fim da semana fiquei triste por ter que deixá-los. Após me despedir na sexta-feira, dia 13, voltei de carro para meu apartamento, jantei e fui dormir, sem saber que naquele mesmo dia eu tinha perdido meu irmão caçula, Michel.

O telefone tocou às cinco da manhã do dia seguinte. Era minha mãe ligando para dizer que tinha havido um acidente, e, pelo tom de voz, eu sabia que envolvia um dos meus irmãos. Descobri que todas as frases clichê eram baseadas na realidade: fiquei paralisado, senti um peso no coração e o sangue parecia ter sumido do meu corpo. "Ainda não sabemos ao certo porque ainda não o encontraram, mas a Real Polícia Montada acabou de dizer que Michel ficou preso em uma avalanche em Kokanee", mamãe disse.

Michel estava fazendo o que mais gostava quando morreu: esquiando em um lugar pouco habitado com amigos no sul da Colúmbia Britânica. Enquanto eu estava em pé diante de um quadro-negro, uma avalanche tinha levado meu irmão e um de seus amigos até o lago Kokanee. Eles estavam descendo a ladeira íngreme perto do lago e o amigo, Andy, conseguiu nadar até a margem, mas Michel estava longe demais. Os outros amigos levaram horas para conseguir sair e entrar em contato com a polícia. Enquanto isso, eu estava tendo um dia normal como o resto da minha família no Leste, ainda feliz e sem saber o que havia acontecido.

Parte de mim tinha certeza que Michel ainda estava vivo. Eu simplesmente não conseguia conceber um mundo em que ele não existisse.

Eu senti um espasmo de culpa. O que Michel estava *fazendo* naquela geleira? Por que eu, como irmão mais velho, não tinha encontrado alguma forma de protegê-lo? Nós morávamos na mesma província. Eu deveria tê-lo visitado mais, telefonado mais para ele, sido mais presente, feito *algo* para afastá-lo do perigo.

Já tinha sido um ano difícil para Miche. Enquanto ele estava voltando para casa de carro, passando por Manitoba, um motorista descuidado causou um acidente que levou o utilitário do meu irmão a ter perda total. Ele escapou de lesões sérias e ficou mais preocupado com o cachorro, Makwa, que fugiu após o acidente e só foi encontrado uma semana depois. Para aumentar os aborrecimentos, quando a polícia chegou ao local encontrou um pouco de maconha no porta-luvas, e ele foi processado. Mas talvez por causa daquela experiência de quase morte, Michel dedicou boa parte do verão a retomar o contato com a família, reconstruindo os relacionamentos amorosos que todos nós deixamos um pouco para trás devido à distância e à correria do dia a dia.

Quando o outono chegou, os três irmãos se separaram de novo, e foi a última vez que o vi, embora ele não estivesse muito longe de mim, trabalhando na pista de esqui em Rossland.

Eu tinha falado com Michel na segunda-feira da mesma semana em que ele morreu. Foi um telefonema em parte movido pela culpa. Eu estava me criticando por não ter ligado no aniversário dele, no início de outubro, quando uma amiga lembrou que nunca é tarde para fazer contato quando se trata de família. Ela obviamente estava certa e eu liguei para ele no mesmo dia. Tivemos uma boa conversa sobre vários temas, o bom e velho papo entre irmãos. O assunto do qual eu lembro mais claramente era a ideia de passar três dias daquela mesma semana no parque Kokanee Glacier. "É o início da estação, então precisamos ter cuidado", ele disse. "Sim, você deve ser *especialmente* cuidadoso nessa época", respondi no tom assertivo de um pai ou irmão mais velho preocupado.

Ele deu uma gargalhada. Meu irmão sabia que eu não tinha muito conhecimento sobre avalanches e o que fazer para evitá-las. Eu sabia apenas que o esqui naquela região da Colúmbia Britânica sempre teve o risco de avalanches. Aprendi muito mais quando virei diretor da Canadian Avalanche Foundation, após a morte de Michel, e lutei pelo aumento das verbas em prol da conscientização sobre o risco de avalanches.

Quando a notícia do desaparecimento de Michel se espalhou naquele dia, os meios de comunicação nacionais invadiram Rossland, ansiosos para obter uma declaração de qualquer pessoa que o conhecesse. Todos os comentários foram iguais: ele era um jovem tranquilo que conheciam apenas como Mike, popular e um *bon-vivant* de sorriso fácil. Todos ficaram surpresos ao descobrir que esse cara querido e sem pretensão alguma, que amava intensamente explorar territórios desconhecidos em cima de esquis, era filho de um ex-primeiro-ministro.

Michel construiu boa parte da vida em torno de neve, ar livre, montanhas e pessoas. Ele era um espírito livre, apaixonado pela cultura aborígene que floresce nos lugares mais lindos do Canadá, um cara incrivelmente em paz consigo mesmo de um jeito que até então não era compreendido por Sacha e eu.

Após pegar um voo cedo para Montreal, liguei para meu pai a fim de avisar que estava indo e perguntar se ele tinha alguma notícia. Papai nunca cedeu ao autoengano esperançoso e não ia fazer isso agora. "Não. E não vai haver notícia alguma porque Michel se foi. A única pergunta agora é se vão achar o corpo ou não", ele me respondeu, com tristeza.

Michel tinha se aventurado em Kokanee porque o lugar tinha tudo o que ele valorizava na vida: uma área selvagem e remota, paisagens deslumbrantes, desafios para a prática do esqui e o tipo de silêncio raro em nosso mundo caótico. Esquiar na geleira perto do lago Kokanee em um dia de sol perfeito era algo próximo do paraíso para Miche. O lago Kokanee em si é uma joia alpina de cerca de 1 quilômetro de extensão, 400 metros de largura e muita profundidade, cercado de penhascos e rochas íngremes com risco de deslizamento. Entendo por que Michel se sentia atraído pelo lugar e como ele provavelmente analisou o risco de descer no início da estação, apesar de ter debochado da minha preocupação O perigo não chegava a ser um impedimento. Se ele quisesse muito desafiar sua habilidade e saciar o desejo de aventura, teria ido sob praticamente qualquer circunstância. E foi mesmo.

Ele provavelmente já tinha aceitado havia muito tempo os riscos inerentes às aventuras nas regiões escarpadas do Canadá, onde se sentia mais em casa. Alguns anos antes de sua morte, Michel assistia a um documentário de TV sobre rituais de enterros na Ásia quando declarou casualmente: "Quando for a minha vez, apenas deixem-me na base da montanha onde eu morrer."

O lago Kokanee fica na base da montanha e a avalanche do início da estação o tirou do caminho e jogou nas profundezas do lago. Se isso tivesse acontecido mais tarde naquele mesmo ano, o lago estaria congelado e ele e seus amigos teriam simplesmente observado tudo em segurança na trilha no centro do lago, enquanto a pequena avalanche descia. Aquele comentário de meu irmão se mostrou premonitório: os mergulhadores nunca encontraram o corpo, e ele está lá até hoje.

Michel cavou seu próprio caminho pela vida. Enquanto Sacha e eu escolhemos a McGill para ficar perto do nosso pai, Michel preferiu ir para o Leste canadense e estudar na Universidade Dalhousie, em Halifax, na qual se formou em microbiologia. De lá ele foi para o Oeste em busca de uma vida em que não precisasse pensar nas expectativas alheias em relação a ele.

Quando estava no terceiro ano da McGill, fui de carro até Dalhousie a fim de passar uns dias com Michel. Éramos muito próximos quando crianças, mas acabamos nos afastando um pouco quando ele entrou na universidade. Em Halifax, Michel aparentemente fugiu da influência dos irmãos e do pai e caiu na farra. Naquela visita eu entendi o desejo do meu irmão de criar uma identidade própria.

Ainda sinto falta dele. Sempre vou sentir falta dele. Michel tinha apenas 23 anos quando morreu, mas já tinha encontrado sua zona calma, um lugar particular que escapa da maioria de nós ao longo da vida. Se Michel estivesse vivo hoje, acredito que teria filhos adolescentes e que Sophie, eu e nossos filhos visitaríamos a família dele todo Natal. Talvez Michel tivesse criado uma empresa de turismo voltada para o esqui. Ele amava o esporte e tinha jeito para os negócios. Nas horas vagas, teria encontrado uma forma de exercitar a criatividade por meio da pintura ou da escrita. Sei que ele teria sido feliz, independentemente do que tivesse escolhido fazer. Esse era o dom dele.

* * *

QUANDO ENTREI NA casa de Montreal no fim do dia em que soubemos do desaparecimento de Michel, eu abracei papai com força. Assim que trocamos as primeiras palavras, o telefone começou a tocar. Meu pai fez um movimento para atender, mas eu o interrompi e disse: "Não. É para isso que estou aqui."

A notícia da morte de Michel correu o país quase instantaneamente. Enquanto meu pai lidava com o luto em particular, passei o resto da noite aceitando condolências de amigos da família. As ligações continuaram por vários dias. Elas eram sinceras, emocionantes e de certa forma me ajudaram a lidar com a imensa dor emocional. Eu estava cumprindo um papel ao ajudar meu pai nos piores dias da vida dele, e os deveres que assumi ajudavam a diluir a agonia pela morte de meu irmão. Sacha estava filmando um documentário no Ártico quando recebeu a notícia. Ele pegou um avião para a Colúmbia Britânica, onde agiu como representante da família junto aos policiais e mergulhadores envolvidos no esforço de recuperação no lago Kokanee e fez questão de agradecer em nosso nome a cada um dos que participaram das buscas. Mamãe estava em casa em Ottawa, arrasada, confortando e sendo confortada por Fried, Kyle e Ally.

Fiquei com meu pai em Montreal, ajudando a organizar o velório e enterro de Michel na Église Saint-Viateur d'Outremont. Isso ajudou a me manter ocupado por alguns dias, mas quando a realidade veio à tona fui tomado pelas emoções. Sach fez um discurso lindo e comovente, mas doloroso. Eu não consegui encontrar palavras, então li uma oração das Primeiras Nações que Miche amava.

Depois fizemos uma recepção no Mount Royal Club, em que alguns dos amigos de Michel fizeram um tributo em vídeo a meu irmão. Parecia inadequado alguém com uma vida tão vigorosa e rebelde quanto a de Michel ser celebrado em um clube luxuoso, resquício da era dourada de Montreal. Mas à medida que os salões se encheram com os amigos dele, ficou claro que o código de vestimenta de Mount Royal, fortemente baseado em ternos de tweed feitos por encomenda e gravatas de seda italiana foi descumprido aquele dia. Os amigos de Michel, vindos da Universidade Dalhousie, do Camp Ahmek e do Oeste distante estavam vestidos sem qualquer pompa, e ninguém reclamou. O ambiente era triste e lindo, tomado pelo aroma de patchouli. Estar cercado de gente que tinha amado Michel tão profundamente e tão bem aqueceu o meu coração partido.

Ao longo das semanas seguintes, Sacha virou o principal apoio de papai após eu ter voltado a Vancouver para retomar o emprego de professor e minha vida, tentando deixar a tragédia para trás. Contudo, outras notícias ruins chegaram no Natal, quando meu pai foi internado com uma pneumonia grave.

Esse foi o diagnóstico médico, pelo menos. Minha opinião é que a luz começou a diminuir na alma do meu pai quando Michel morreu. Ele se recuperou da pneumonia em poucas semanas e até viajou um pouco depois disso, mas desde quando enterramos Michel até sua morte, dois anos depois, papai nunca mais foi o mesmo.

Mamãe viveu um luto horrível e debilitante ao perder o filho, que foi complicado e agravado por suas questões de saúde mental. Ela enfrentou um período extremamente difícil, no qual toda a família lutou para ajudá-la ao longo dos cinco ou seis anos após a morte de Michel.

Fui profundamente afetado pela morte do meu irmão e seu impacto em meus pais. Passei longos dias contemplando e longas noites enfrentando a perda de Michel, a luta da minha mãe e a realidade da deterioração do meu pai, até então invencível. Eu procurei e recebi ajuda de várias partes: fé, terapia e, acima de tudo, do meu incrível círculo de amigos. Nessa ocasião eu entendi que amizade verdadeira não significa participar apenas dos bons momentos de aventuras e diversão, e sim estar presente nos momentos mais difíceis e solitários. Ao passar por esse período sombrio, eu entendi que as pessoas extraordinárias que chamo de amigos me fazem ser o homem mais sortudo do mundo.

Em seu último ano de vida, meu pai ficou melancólico e existencial. Ele conseguiu entender questões atemporais sobre a moralidade e o destino da alma humana. Às vezes ele parecia furioso com Deus, incapaz de entender por que Ele tinha levado seu filho tão cheio de vida. Isso enfraqueceu sua fé. Um dia meu pai comentou com minha mãe: "Se não existir vida após a morte, então nada que fiz na vida importa."

Essa talvez tenha sido a frase mais profundamente triste dita por meu pai.

Nessa época eu comecei a analisar minha relação com Deus. Papai foi católico devoto ao longo da vida. Quando éramos crianças, ele nos levava à igreja o máximo de domingos que podia, e quando jovem e adulto, passei a fazer os ritos de adoração assim que os aprendi. Mas à medida que eu ficava mais velho, os rituais pareciam ter mais cerimônia do que substância. Será que eu ainda era infantil demais para apreciar a importância deles? Talvez. As crianças vestidas com as melhores roupas de domingo ainda são crianças, afinal. Quando Sacha, Michel e eu íamos à igreja com papai, lidávamos com o tédio tentando fazer um ao outro rir.

Aos 18 anos eu tive uma longa conversa com papai sobre minha atitude em termos de religião. Disse a ele que eu acreditava, como ainda acredito, na existência de Deus e nos valores e princípios universais de todas as grandes religiões. Minha dificuldade era com os dogmas do catolicismo, particularmente a ideia de que uma pessoa que não fosse católica sincera e praticante não poderia entrar no céu. Isso parecia estranho e inaceitável para mim. "Você precisa fazer suas escolhas", respondeu papai, indicando satisfação por eu ter ao menos uma base no cristianismo e que eu poderia voltar aos ensinamentos mais tarde na vida, se assim escolhesse.

A morte de Michel fez papai questionar sua fé, mas teve efeito oposto em mim. No meio da intensa dor que eu estava sentindo, tive um momento de revelação: apesar de todo o tormento e confusão que sofremos nesse *valle lacrimarum*, existe uma ideia divina do Universo, que não podemos compreender. Com essa revelação veio uma sensação incrivelmente poderosa de que minha vida, como a de todos, está nas mãos de Deus. Essa consciência não me absolveu da necessidade de lutar por um mundo melhor e para ser uma pessoa melhor, mas me ajudou a lidar com o que não posso mudar, incluindo a morte. Também ajudou a reafirmar o núcleo das crenças cristãs que mantenho até hoje.

Durante essa crise espiritual após a morte de Michel, fiquei amigo de Mariam Matossian, canadense de origem armênia que era professora e depois virou cantora folk de sucesso. Mariam e eu desenvolvemos uma amizade verdadeira, conversando com regularidade, basicamente sobre questões de fé. Eu era um católico desviado, ela era uma cristã evangélica em dúvida e nós vivíamos um período de reflexão pessoal.

Quando Mariam me convidou para acompanhá-la em um curso Alfa, programa de instrução que guia os frequentadores em discussões sobre o sentido da vida a partir de uma perspectiva cristã, eu hesitei, pois desconfiava que fosse proselitismo para alguma seita. Mas descobri que não era o caso. Na verdade, o curso falava sobre desenvolver a humildade necessária para admitir que não podemos enfrentar os desafios mais difíceis da vida sozinhos. Às vezes, precisamos da ajuda de Deus. Eu entendi que estava vivendo um período assim, e o curso me ajudou a receber bem a presença de Deus em minha vida.

As Olimpíadas de Sydney estavam passando na TV em setembro de 2000 quando papai morreu, e a simples lembrança da bandeira canadense a meio mastro na Vila dos Atletas no dia seguinte me leva às lágrimas até hoje. O vice-presidente do Comitê Olímpico Canadense, Dick Pound, disse na TV que seu amigo Pierre Trudeau "não ficou velho muito tempo", uma frase que resumia perfeitamente o fim da vida do meu pai. Ele continuou sendo um grande aficionado por atividades ao ar livre até bem depois da idade madura, capaz de superar quase todos os obstáculos que enfrentava. Aos 70 anos, ele machucou o joelho ao cair em um buraco quando estava de férias no Caribe. Poucos anos depois da cirurgia ele voltou a esquiar nas pistas mais difíceis de Whistler. Uma das piadas entre nossos parentes era que papai tinha de insistir para receber o desconto de idoso quando ia ao cinema. Era hilário vê-lo como um idoso tradicional, pois ele era uma das pessoas mais fortes que já conheci. Até que, de repente, deixou de ser.

Alguns anos antes disso, quando eu estava perto de completar 25 anos, tive "a conversa" com meu pai, estimulado por um grande amigo. Ele ainda estava cheio de saúde, mas como filho mais velho eu sentia que precisava falar sobre as questões do fim da vida, preferencialmente bem antes que elas surgissem. Perguntei que tipo de cuidado e o nível de intervenção que ele desejaria se o corpo dele começasse a falhar. Ele falou em se juntar aos pais e avós no túmulo da família na cidadezinha de Saint-Rémi e revelou que não se importava com o funeral público e de Estado que provavelmente teria, desde que fosse em Montreal.

Não foi fácil, mas papai me pareceu um tanto embaraçado. Imagino que seja algo difícil para qualquer pessoa falar com um pai ou mãe que estão envelhecendo, mas no geral eu me senti afortunado, porque, ao contrário de alguns filhos adultos com problemas para aceitar a mortalidade dos pais, eu tinha iniciado essa discussão em busca de algum fechamento emocional.

Foi uma conversa muito prática, extremamente prosaica, e fez toda a diferença ela ter acontecido antes de o meu pai ficar doente.

De todas as lembranças que tenho do meu pai e de nosso relacionamento, a mais carinhosa e mais pungente ocorreu um ano antes de ele morrer. Eu estava dando aulas na West Point Grey Academy, em Vancouver, e papai veio me visitar. Era o horário de almoço tranquilo em uma sexta-feira e ele gostou de encontrar meus colegas professores e conhecer a escola comigo. Foi bom mostrar a sala de aula onde eu trabalhava e compartilhar o que estava acontecendo em minha vida profissional.

Quando estávamos prestes a sair do prédio, ouvimos o barulho de alguém correndo e se aproximando por trás. Nós nos viramos para ver quem era e encontramos uma das minhas alunas, quase sem fôlego por correr atrás de nós. Quando ela se aproximou, subitamente nervosa, disse: "Sr. Trudeau..."

Vi esse tipo de cena se desenrolar milhares de vezes. Em todos os lugares aonde eu ia com papai, crianças e adultos fascinados diante de uma pessoa famosa se aproximavam pedindo um autógrafo, um aperto de mão ou que ele posasse para uma foto. Eu sempre ficava atrás, sorrindo em silêncio enquanto meu pai educadamente cedia ao pedido. Já sabendo disso, preparei-me para ficar atrás nesse momento.

Aquela jovem, contudo, possivelmente nascida no ano em que meu pai fez a notória caminhada na neve, nem olhou para ele. Ela se dirigiu a mim e disse: "Sr. Trudeau, eu só queria dizer que vou me atrasar para a aula de francês desta tarde porque vou ter que ajudar no ginásio."

Eu aquiesci e agradeci. Ela deu meia-volta e saiu correndo sem dizer mais nada.

Fiquei um pouco envergonhado com o encontro. Essa aluna era filha de imigrantes e fazia parte da onda de recém-chegados ao país, que tiveram sucesso na vida em graças parte às políticas de mente aberta que meu pai apresentou como primeiro-ministro. Agora, ele tinha sido tratado como um espectador anônimo e eu me senti envergonhado ao olhar meu pai, sem ter certeza do que dizer.

Para minha alegria, ele estava com um sorriso largo no rosto. Após muitos anos recebendo gratidão e elogios por seus feitos, ele dificilmente precisava de outro gesto de reconhecimento de uma jovem canadense. Na verdade, ele tinha sentido orgulho paternal em ver o filho manter o legado familiar de serviço ao Canadá, agora como professor. Naquele momento, *eu*, e não Pierre Elliott, era o "Sr. Trudeau" para uma nova geração, e ele tinha orgulho de mim por isso. Foi um momento adorável e carinhoso partilhado por nós dois.

E foi um dos últimos. Na primavera de 2000, quando estava terminando o ano escolar em West Point Grey Academy, Sacha me ligou para dizer que papai estava morrendo. Após ser atacado pela doença de Parkinson e ter sobrevivido a uma pneumonia, pensei que ele iria superar isso de alguma forma. Mas embora fosse bem forte, meu pai não era indestrutível. Sacha revelou que papai tinha sido diagnosticado com câncer de próstata havia algum tempo e decidido não procurar tratamento. A doença agora parecia estar em fase terminal. "Mas que raio de história é essa? *Por que* você não me contou?", eu quase gritei ao telefone.

Sacha explicou que o segredo era ordem paterna. Papai sabia que eu largaria tudo em Vancouver e voltaria a Montreal assim que soubesse da doença. Ele não queria que eu abandonasse meus alunos antes do fim do ano letivo. Sei que meu pai estava tentando me ajudar, mas fiquei com raiva mesmo assim. Alguma parte irracional de mim achava que talvez pudesse ter consertado o impossível se tivesse recebido a notícia antes. Quando me acalmei, fiz as malas e peguei outro voo longo e triste para Montreal, onde passei o verão com papai, lendo as peças favoritas de Shakespeare, Racine e Corneille para ele ou simplesmente ficando em silêncio a seu lado.

A morte de Michel tinha sido repentina e chocante. O falecimento do meu pai aconteceu gradualmente, a cada semana, comigo e Sach ao lado dele. Em uma tarde calma de sexta-feira no final de setembro, chegou a hora e ele se foi.

No meio do nosso luto, eu sabia que enfrentaríamos um forte assédio dos veículos de comunicação assim que a morte dele fosse anunciada. A casa da família na Avenue des Pins ficaria cercada de jornalistas, como ficou algumas semanas antes quando a doença foi divulgada. Não seríamos capazes de ir e vir nesse momento particular sem a luz das câmeras no rosto. Sach escolheu ficar na casa e se entrincheirar, mas eu corri para o telefone.

Liguei para meu velho amigo e apresentador de rádio em Montreal, Terry DiMonte, dizendo que ia passar o fim de semana na casa dele. Gostei da ideia de fugir da imprensa no lugar onde jamais me procurariam: com um deles. Nos dias que se seguiram eu só me preocupei com as reuniões no centro da cidade para acertar os detalhes do funeral de Estado com meu irmão, com o protocolo governamental e alguns dos antigos confidentes do meu pai. Assim, pude viver meu luto em paz, cercado pelos meus amigos mais próximos.

Também foi naquele fim de semana que escrevi o discurso a ser lido no funeral. Eu sabia que os jornais e a TV fariam tributos enaltecendo os feitos políticos do meu pai, então preferi mostrar o lado que as pessoas viam, mas não conheciam de verdade: como ele foi um excelente pai. Meus amigos ajudaram a relembrar algumas histórias que serviram de base para o discurso, coloquei algumas referências aos valores e à visão para o Canadá que tinha formado não só uma geração, como também seus próprios filhos, e tentei dar um fechamento emocional a fim de agradecer a chuva de apoio que recebemos de todo o país com um último grande choro.

Na manhã da terça-feira em que ocorreu o funeral, quando estava me preparando para ir até a Basílica de Notre-Dame, eu estava com Shakespeare na cabeça. Pensei nos "homens honrados" que eram os aliados políticos do meu pai, pensei em "louvar" *versus* "enterrar" e decidi impulsivamente iniciar o discurso com uma dose de ousadia. Talvez tenha errado o alvo, posso admitir agora, mas na época eu não pensei muito, apenas fiz o que meus sentimentos mandaram.

Quanto ao fim do discurso, bom, eu só podia encerrar de uma forma: lembrando a ele e ao mundo que eu o amava.

E sempre amarei.

O Canadá perdeu Pierre Elliott Trudeau no outono de 2000. Sacha, Sarah e eu perdemos nosso pai. Ele nos preparou bem para isso, mas você nunca está realmente pronto para perder um pai. Ninguém está. É uma das grandes mudanças que a vida apresenta. Os pais são o centro do sistema solar de uma pessoa, mesmo na vida adulta. Meu pai tinha uma força gravitacional maior que a maioria, então a ausência dele estava fadada a deixar um vazio profundo e duradouro.

Os canadenses deram um apoio incrível a mim e à minha família. Nunca esquecerei quanto as pessoas foram gentis e carinhosas, quase sem exceção.

Poucos indivíduos conseguem se apoiar em outros trinta milhões quando o pai morre. Ao mesmo tempo, a mudança foi imediata e avassaladora. Quando papai deixou a vida pública, eu tinha 13 anos. Passei a adolescência e entrei na vida adulta em relativo anonimato. Após o funeral do meu pai, passei a ser reconhecido pelas pessoas com quem cruzava na rua.

Senti demais a ausência do meu pai. Foi triste e profundo, mas ao mesmo tempo libertador. No discurso feito no funeral, eu disse que cabia "a nós, a todos nós" personificar os valores nos quais ele acreditava, agora que ele não estava mais presente. Pensando bem, esse conselho serviu tanto para mim quanto para todos.

As pessoas frequentemente me perguntam se eu me ressinto por meu pai não estar mais presente para me dar conselhos, especialmente agora que segui os passos dele como líder do Partido Liberal. Como todos que perderam um pai, sinto muita falta dele, mas não nesse aspecto. Nós tínhamos um relacionamento íntimo e profundo. Por toda a minha vida, ele partilhou seus valores, perspectivas e paixões comigo, sempre me ensinando a ser racional, responsável e rigoroso. Por isso senti que bastava me ouvir profundamente para encontrar a voz dele em quase todas as situações.

Ele sempre esteve presente e me dando apoio em espírito.

Capítulo cinco

Duas decisões que mudaram a minha vida

A POLÍTICA NEM PASSAVA pela minha cabeça após a morte de papai. Eu queria voltar a Vancouver para retomar a carreira de professor e lidar com o fato de meu pai, que tinha ocupado tanto espaço em minha vida, não estar mais presente.

Nos dias após o funeral, lembro-me vagamente de ser consultado em relação a concorrer pelo Partido Liberal, mas deixei perfeitamente claro que não tinha interesse. Eu valorizava a carreira de professor, na qual sabia que era bom e fazia diferença. Entrar na política era algo que eu via como possibilidade um dia, mas só quando tivesse vontade. Sempre fiquei longe do mundo político tradicional, plenamente ciente de que meu nome teria muito mais peso do que minhas palavras ou atos. Além disso, nunca fui um Jovem Liberal, nem frequentei convenções ou outros eventos do Partido Liberal. Isso simplesmente não tinha apelo para mim.

Voltei ao magistério, trocando o setor privado pelo público. Joguei o peso da minha recém-adquirida imagem pública em causas nas quais acreditava, como segurança relacionada a avalanches, mas basicamente tentei me manter longe dos holofotes.

O velho amigo de meu pai Jacques Hébert, que iniciou o projeto Katimavik no fim dos anos 1970 como um programa nacional de voluntariado juvenil do Canadá, chegou a me oferecer um cargo no conselho diretor da organização de caridade. Sinceramente, fiquei um pouco surpreso com o fato de o programa ainda existir. Eu me lembrava da greve de fome que Jacques tinha feito quando era senador para protestar contra o governo Mulroney por acabar com ele. Contudo, eu reconhecia que o voluntariado juvenil poderia preencher uma lacuna que tinha visto em nossas escolas de ensino médio, fornecendo uma oportunidade para contribuir e se conectar com a comunidade ao redor e mostrando aos jovens que não era preciso esperar a vida adulta para mudar o mundo de forma significativa.

No projeto Katimavik, os jovens voluntários trabalhavam para organizações sem fins lucrativos e também cumpriam um currículo educacional que envolvia o uso do segundo idioma oficial, o aprendizado sobre liderança ambiental e a cultura canadense e o desenvolvimento de habilidades de liderança. A cada ano, mais de mil jovens canadenses moraram em casas Katimavik ao longo do país e contribuíram para o trabalho de mais de quinhentas organizações parceiras. Durante o programa, mais de 35 mil jovens canadenses participaram de iniciativas Katimavik em mais de duzentas comunidades. Isso teve um impacto enorme no país, que não deve ser subestimado. Além de aprender o valor do voluntariado e do envolvimento cívico, os participantes aprenderam muito sobre o Canadá ao passar boa parte do ano em três regiões diferentes com jovens de outras partes do país. Fundamentalmente, Katimavik dizia respeito a jovens construindo um país melhor, uma comunidade por vez.

Minha maior frustração com o programa era que todo ano ele recebia dez vezes mais inscrições do que o orçamento permitia. Dez mil jovens, geralmente inseguros em relação à próxima etapa da vida após o ensino médio, ofereciam-se para servir ao país com sua energia e esforço e nós recusávamos nove em cada dez. Qualquer integrante de Katimavik vai dizer que foi uma experiência que mudou sua vida. O fato de um país tão bem-sucedido como o Canadá não oferecer aos jovens mais oportunidades de virarem cidadãos ativos e voltados para a comunidade enquanto ajudam organizações locais era algo que eu queria consertar. E ainda quero.

Após mais um ano na costa oeste eu estava pronto para voltar a Quebec. Eu amava Vancouver, tinha um ótimo grupo de amigos, adorava as montanhas, o oceano e o estilo de vida, mas aos 30 anos eu começava a sentir que era hora de me estabelecer e possivelmente começar uma família. E não conseguia imaginar isso acontecendo em outro lugar que não fosse Montreal.

Eu sentia falta de viver em francês. Ensiná-lo não foi o bastante. Além disso, era difícil me imaginar passando o resto da vida com alguém que não partilhava da minha língua e cultura. Também sentia falta da minha mãe e pretendia ajudá-la em um momento extremamente difícil, quando ela estabilizava a saúde mental após as perdas na família. Morando em Vancouver, a milhares de quilômetros de distância, eu me sentia frustrado por não conseguir fornecer a mamãe o apoio de que ela precisava.

Arranjar trabalho como professor em Montreal foi mais complicado do que eu esperava. Minhas credenciais de professor na Colúmbia Britânica precisaram de uma espécie de revisão geral para que eu fosse reconhecido em Quebec, e enquanto eu pesquisava o processo, decidi que era hora de mudar de ritmo. No outono de 2002, entrei na Escola Politécnica da Universidade de Montreal para desenvolver meu lado científico estudando engenharia. Sempre amei engenharia: a aplicação prática da matemática e da ciência a situações do mundo real me atraía profundamente. Desde criança, quebra-cabeças lógicos e problemas matemáticos eram alguns dos meus passatempos favoritos, e eu adorava a oportunidade de enfrentar um novo desafio intelectual.

Também gostei da decisão por ser algo totalmente inesperado, pelo menos para quem não me conhecia bem. Desde o funeral, as pessoas vinham procurando sinais de que eu ingressaria na política, e essa etapa imprevista era uma forma de mostrar que eu não me importava com elas.

Quando eu estava estudando na Politécnica, conheci Sophie.

Em junho de 2003 fui solicitado a ajudar na organização do evento de gala da Fundação Starlight Children. Era uma grande produção. Tony Bennett forneceu o entretenimento musical e Belinda Stronach chegou com o príncipe Andrew a tiracolo. Eu fui um dos anfitriões do evento junto com a personalidade da mídia Thea Andrews e uma cativante apresentadora de rádio e TV de Quebec que me pareceu bastante familiar. O nome dela era Sophie Grégoire, e me peguei encarando-a, pensando: de onde eu conheço essa mulher?

Quando finalmente conseguimos conversar, Sophie respondeu a minha pergunta. Ela tinha estudado com meu irmão Michel e me encontrado algumas vezes na época. Havia uma diferença de quatro anos de idade entre nós, um abismo quando se está na adolescência, mas eu ainda me lembrava do rosto dela. E agora a diferença de idade obviamente não significava nada.

Sophie conhecia Michel desde a 3ª série, quando frequentaram a escola Mont-Jésus-Marie em Montreal, e os caminhos deles se cruzaram de novo em Brébeuf, onde ela namorou um dos melhores amigos de Miche. Sophie considerava Michel um rebelde de bom coração, que amava a vida ao ar livre e odiava grupinhos. Brébeuf podia ser um lugar bastante esnobe, como eu sabia muito bem, mas Michel tinha conquistado a reputação de ser contra o esnobismo.

Cinco anos se passaram desde a morte de Michel e o impacto emocional ainda não tinha diminuído (ainda estou esperando...), mas tinha se curado o bastante a ponto de eu conseguir rir e trocar lembranças com Sophie sobre as proezas de Michel no ensino médio sem ficar mórbido ou sentimental.

Eu e Sophie nos divertimos muito naquela noite, apesar da dificuldade para fazer alguns convidados inebriados se acalmarem durante a apresentação de Tony Bennett. Na verdade, nós nos unimos em torno da ineficácia. Passamos boa parte da noite conversando, flertando, e no fim da festa eu já sabia que ela era uma mulher muito especial. Então a noite acabou e ela foi embora.

Ela me mandou um e-mail curto alguns dias depois, dizendo que tinha gostado muito de me ver e me desejando tudo de bom. Fiquei feliz da vida por ter recebido notícias dela, mas fui covarde demais para responder. Percebi que aquele não tinha sido um encontro comum, ela não era uma mulher comum, e até um simples convite para um café provavelmente ganharia uma escala maior e mudaria *o resto da minha vida*.

Eu disse a mim mesmo que se era o destino, então aconteceria de qualquer jeito, e não havia necessidade de apressar a situação. Eis que meses depois, no fim de agosto, eu estava andando pelo Boulevard Saint-Laurent quando uma voz passando na outra direção disse rapidamente: "*Salut*, Justin."

Sophie! Eu dei meia-volta, corri atrás dela, e quando a vi parada de braços cruzados, disse a única frase que me veio à cabeça: "Desculpe não ter respondido ao seu e-mail!"

Ela levantou uma sobrancelha, deixando transparecer que estava impressionada por eu saber que tinha sido um tanto grosseiro ao ignorá-la. "Vou compensar isso. Deixe-me levá-la para jantar", propus. "Mande um e-mail qualquer hora dessas e vamos ver", foi a resposta casual dela antes de ir embora.

Foram necessárias algumas semanas de conversa por e-mail e telefone, mas fui persistente. Sophie enfim concordou com um jantar, exigindo apenas que fôssemos a algum lugar que nenhum de nós conhecesse. A fim de sair da minha zona de conforto, telefonei para Sacha pedindo um conselho, pois o gosto dele sempre foi mais aventureiro que o meu. Ele sugeriu o restaurante afegão Khyber Pass, em Duluth. Sophie gostou da ideia e marcamos para a semana seguinte. Ela também me ensinou o caminho para seu apartamento, dizendo: "Fica bem em frente ao Pierre Elliott Trudeau Rose Garden". Sem dúvida ela deu um sorrisinho enquanto escrevia. Nunca admiti isso para ela, mas eu não sabia onde era e tive que pesquisar.

Não cheguei exatamente em uma carruagem à porta de Sophie. Eu dirigi um Volkswagen Jetta TDI por alguns anos, que me carregou fielmente de um lado para outro entre Vancouver e Montreal quando eu morava na Colúmbia Britânica. O Jetta, porém, tinha sido roubado naquele verão e eu não o substituí, pois estava dirigindo o velho Ford Bronco de Michel, que tinha valor sentimental e não muito mais do que isso. Após a morte do meu irmão, o carro passou todo o inverno embaixo da neve no alto da estrada que levava a Kokanee Glacier e eu não conseguia me livrar do cheiro de mofo que ele adquiriu, por mais que tentasse. Sophie não reclamou, mas fez piada comigo por causa disso.

Nós conversamos sobre uns cem assuntos diferentes no jantar, mas sempre voltávamos para Michel, papai e lembranças compartilhadas dos anos 1980. Sophie não só tinha conhecido Michel no ensino fundamental, como também havia encontrado Sacha por meio de amigos em comum, geralmente na pista de esqui.

Era como se tivéssemos vivido vidas paralelas que agora finalmente se encontravam. Ser atraído por uma mulher, achá-la inteligente, elegante, com senso de humor afiado ou linda é importante, claro. Sophie era tudo isso e nós nos deleitamos no que ela agora se refere como "belo desconforto" do flerte. Mas se o objeto do seu afeto não entende suas motivações, a atração superficial não basta. Boa parte do que me motivava era minha família, incluindo o pai e o irmão que eu nunca mais voltaria a ver. Assim, não é coincidência eu ter me sentido fortemente atraído por essa mulher incrível que tinha conhecido minha família em tempos mais felizes.

O tipo mais durável de amor é tecido em conjunto a partir de um passado entrelaçado, incluindo o compartilhamento de valores e cultura. É algo que você não precisa explicar e provavelmente nem conseguiria se tentasse. Assim, encontrar Sophie foi menos uma questão de conhecer uma pessoa nova e mais descobrir alguém que ambos conheciam e sonhavam por toda a vida. Por isso, naquele jantar eu comecei a entender que tinha voltado a Montreal por Sophie, antes mesmo de saber seu nome.

Eu não queria arruinar tudo correndo atrás dela com declarações excessivamente românticas, então tentei manter a calma e a frieza. Após o jantar, enquanto andávamos pelo calçadão de pedestres da Rue Prince-Arthur procurando um sorvete, Sophie disse: "Que tal um karaokê? Vamos lá, vai ser divertido!"

A febre do karaokê perdeu espaço e a maioria dos bares tinha vendido suas máquinas havia muito tempo. Mas eu conhecia um lugar asiático na Rue de la Montagne que ainda recebia cantores amadores, então fomos até lá no Bronco, reservamos uma cabine particular e cantamos juntos a trilha do filme *Moulin Rouge*. A voz de Sophie era excelente. A minha, nem tanto. Mas isso não importava. Eu estava profundamente encantado por ela. Senti que estava relaxando e confiando em meus sentimentos de um jeito que raramente tinha me permitido até então. Eu me sentia vulnerável e seguro ao mesmo tempo, e a confluência de emoções felizes me desequilibraram, tanto que eu realmente dei de cara num poste ao sair do bar. (Por ser nosso primeiro encontro, eu não consegui convencer Sophie de que não era estabanado. Foi necessário passar anos sem cometer nenhum deslize do gênero para ela entender o estado em que fiquei naquela noite.)

De volta ao meu apartamento, sentamos no sofá e conversamos até de madrugada. Quanto mais nos revelávamos, a intimidade aumentava e o papo acabou entrando no reino dos segredos. Sophie me falou da batalha que travou contra a bulimia durante o ensino médio e da solidão que sentiu por ser filha única. E eu contei a ela sobre minha infância turbulenta.

À medida que esse primeiro encontro chegava ao fim, eu tinha a sensação exultante de que Sophie seria a última mulher que eu namoraria. Era uma sensação tão forte que eu realmente disse: "Tenho 31 anos, então eu esperava você há 31 anos. Podemos simplesmente pular a parte do namoro e ir direto para o noivado, já que vamos passar o resto da vida juntos?"

A força das emoções nos fez rir e chorar ao mesmo tempo. A intensidade e a clareza daquele momento nos deixaram sem palavras. Eu a levei para casa de carro em um silêncio pesado, porém confortável.

Como já disse algumas vezes ao contar essa história, Sophie levou algumas semanas para perceber que eu estava falando sério e outras tantas para perceber que eu estava certo. Mas para mim esse foi um daqueles momentos de total clareza, no qual eu tive uma certeza tranquila e inabalável sobre o desenrolar da situação.

Meus amigos e familiares adoraram Sophie, e eu também me apaixonei pelos pais dela. No ano seguinte Sophie e eu compramos um apartamento perto da Avenue Van Horne, e pela primeira vez na vida fui morar com minha namorada. Nós viajamos juntos, nos desafiamos em termos físicos, espirituais, emocionais e intelectuais, além de descobrir verdades a nosso respeito por meio da convivência mútua.

Sophie é o espírito mais colorido, articulado, apaixonado e profundo que conheci. Sua personalidade complexa é cheia de contrastes. Esquiadora habilidosa e radical a ponto de encarar as pistas mais difíceis, ela também é suave, graciosa e maternal. A criatividade artística e o ótimo senso de humor se misturam bem com a forte disciplina pessoal e o foco que ela tem. É filha única, mas sempre foi curiosa e atraída pelos outros. Sua vulnerabilidade, inteligência e intuição são empolgantes, e a cada dia eu só consigo amá-la mais.

Em 18 de outubro de 2004, eu a levei para visitar o túmulo do meu pai em Saint-Rémi, onde silenciosamente pedi a bênção dele no que teria sido seu 85º aniversário, e, algumas horas depois, em um belo hotel de Old Montreal iluminado à luz de velas e cheio de pétalas de rosas, eu a pedi em casamento para que pudéssemos construir uma vida juntos.

No fim de semana anterior eu tinha visitado os pais de Sophie na casa deles de Sainte-Adèle em Laurentides, ao norte. Como gesto de respeito antiquado eu realmente coloquei um dos joelhos nas folhas úmidas de outono diante do pai dela enquanto caminhávamos pela floresta e pedi a mão da única filha dele em casamento. "Sim, claro, claro. Agora, levante-se daí! Suas calças estão ficando molhadas", disse ele, com o humor tipicamente brusco que Jean sempre usa para disfarçar as emoções.

Eu ofereci o anel de noivado a Sophie na frente da lareira em uma antiga caixa de laca russa que Sacha tinha me dado para essa ocasião. Foi um belo gesto, e a forma do meu irmão de abençoar minha escolha de pedir a Sophie para se juntar a nossa família. Nunca vou esquecer aquele instante no qual o tempo parou enquanto esperei pela resposta. E esperei mesmo. Ela estava sorrindo e meio que aquiescendo, as lágrimas nos olhos dela combinando com as minhas, até que precisei induzi-la a uma resposta clara. Menos de um ano depois, em 28 de maio de 2005, casamos na Église Sainte-Madeleine d'Outremont. Nós juramos ficar um ao lado do outro na alegria e na tristeza, na saúde e na doença, na riqueza e na pobreza.

Nosso casamento não é perfeito e tivemos altos e baixos, mas Sophie continua sendo minha melhor amiga, parceira e meu amor. Somos sinceros um com o outro, mesmo quando isso magoa. Ela me dá base, me inspira, desafia e apoia. Em alguns dias, ela proporciona a força de que necessito para lutar. Em outros, ela fornece a graça de que preciso para relaxar. Somos abençoados por estarmos juntos ao longo desta vida. Considerando a contínua mudança dos tempos, nosso amor serve como lembrete para o que realmente importa.

APÓS ALGUNS ANOS na Politécnica, reconheci que tinha sido uma gratificação intelectual. Jamais pretendi virar engenheiro profissional e percebi que minhas outras tarefas não só exigiam mais do meu tempo, como estavam mais próximas das minhas principais habilidades e interesses.

Na época eu liderava o conselho diretor da Katimavik, posição que incluía incentivar com sucesso o governo liberal de Jean Chrétien a aumentar e estabilizar o orçamento de vinte milhões de dólares canadenses por ano para a instituição, além de vários discursos em escolas de ensino médio sobre o valor do serviço comunitário e do voluntariado.

Eu também estava no conselho da Canadian Avalanche Foundation, no qual promovia a segurança contra avalanches em eventos realizados em resorts de esqui em todo o Oeste, pressionava os governos das províncias na Colúmbia Britânica e em Alberta a ajudar no financiamento do Canadian Avalanche Centre e seus conselheiros públicos e também ajudava a arrecadar fundos privados para a organização. Tudo isso me deu as primeiras oportunidades de conhecer os filantropos do oeste canadense, pois nossos eventos anuais para arrecadação de fundos, realizados no zoológico de Calgary, eram frequentados por figuras eminentes da indústria petrolífera de Alberta, que desejavam contribuir para uma causa que valesse a pena.

Durante um ano eu tive um horário semanal na rádio de língua francesa CKAC, abordando os assuntos do momento, e também fui correspondente oficial deles nas Olimpíadas de Atenas. A experiência me permitiu conhecer internamente a cena cultural e a mídia de Quebec, além de ter me ensinado o poder do rádio para nos conectar com pessoas. É impossível ser falso no rádio, pois o tom de voz vai entregar suas intenções. E as pessoas não se importam com seu nome após os primeiros dez segundos. O importante é o que você tem a dizer, a forma como diz e que você está falando *com* as pessoas e não *para* elas. Por isso, até hoje minhas entrevistas favoritas são as de rádio, nas quais converso ao vivo com o jornalista no estúdio.

Além disso, a Canadian Parks and Wilderness Society me convidou para liderar a campanha Nahanni Forever [Nahanni Para Sempre] a fim de proteger e expandir a Reserva Nacional Parque Nahanni nos territórios do Noroeste. Após uma viagem de canoa pelo rio Nahanni com vários ambientalistas e jornalistas, saí em uma turnê nacional de palestras com o objetivo de promover a campanha da CPAWS. Na verdade, os convites para falar em conferências e eventos sobre a juventude ou o meio ambiente aumentavam cada vez mais, e embora meu passado como educador e o trabalho com Katimavik tenha me dado experiência no primeiro tema, reconheço que precisava compreender mais profundamente as questões ambientais. Assim, no outono de 2002, eu decidi mais uma vez continuar minha educação, agora com uma pós-graduação em geografia ambiental na McGill.

Naquele mesmo verão eu contratei uma agência de palestras para me ajudar a gerenciar os convites que recebia. Até então eu tinha resistido à ideia de cobrar para falar, mas precisava de ajuda com a organização e a logística. Também comecei a entender as forças do mercado por trás das palestras públicas, especialmente em termos de arrecadação de fundos. O orador certo ajuda a encher um salão e a vender ingressos para um evento de caridade, os patrocinadores ficam mais do que felizes em ajudar em troca da visibilidade em um evento comunitário bem-sucedido, e um bom palestrante ajuda a dar o tom e garantir o sucesso de uma conferência profissional. Em muitas conferências, contratar um palestrante faz parte do orçamento, como alugar o salão, escolher o bufê ou agendar uma apresentação musical.

Obviamente eu continuava a falar de graça em prol das várias causas nas quais tinha envolvimento, de Katimavik à segurança nos esportes de inverno, passando pela defesa de Nahanni. E durante as viagens pelo país, sempre que possível eu entrava em contato com as escolas locais e me oferecia para um evento gratuito durante o dia, visto que eu já estaria na cidade para o evento pago da noite.

Quanto mais eu falava com jovens de todo o país, maior era a vontade de defender os direitos e ideias deles. Estava cada vez mais claro para mim que os assuntos de interesse da juventude (educação, meio ambiente e a perspectiva econômica daquela geração) precisavam de uma voz mais forte na esfera pública. Também comecei a sentir que a mudança de geração estava se aproximando, e isso poderia abrir novas possibilidades. Foi com este pano de fundo que dei meus primeiros passos na política.

APÓS OS LIBERAIS perderem a eleição de janeiro de 2006, Paul Martin deixou de ser líder, e naquela primavera uma corrida pela liderança composta por 11 pessoas estava prestes a começar. Escolhi me afastar dela, mas questionei se considerando minha experiência crescente como palestrante sobre assuntos relacionados à juventude e ao meio ambiente e uma mensagem sobre envolvimento dos cidadãos, eu poderia ter algo a oferecer à renovação do Partido Liberal. Falei com Sophie, pois seria um grande passo que teria consequências possivelmente imensas, e ambos concordamos que eu tinha algo a contribuir e, por isso, deveria ao menos oferecer minha ajuda.

Nem sabia por onde começar, mas tinha ouvido falar que Tom Axworthy (a quem conheci superficialmente ao longo dos anos, pois ele tinha sido um dos conselheiros de meu pai), estava liderando a Comissão de Renovação do partido. Telefonei para ele e me ofereci para ajudar com as questões relacionadas à juventude. A comissão esperava que, embora boa parte do partido estivesse ocupada com estratégias de liderança, algumas pessoas se reuniriam para criar um kit de ideias, políticas e princípios novos que o próximo líder seria capaz de utilizar para reconstruir e renovar o partido.

Naquele verão eu e meus colegas viajamos pelo país, ouvimos a opinião dos jovens sobre política e especificamente sobre o Partido Liberal. O objetivo era produzir um relatório sugerindo como o partido poderia levar os jovens canadenses a votar nos liberais. Entretanto, após ouvir centenas de jovens, concluí que a questão mais urgente não era persuadi-los a votar nos liberais, era levá-los a votar. No relatório, eu e meus colegas propusemos que o principal objetivo do partido deveria ser superar a apatia entre os jovens e convencê-los a participar das eleições. Se eles vão escolher o Partido Liberal quando estiverem na cabine de votação, isso caberá ao partido e aos candidatos locais.

Há vários jovens ativistas dedicados no Canadá, mas praticamente todos concentravam seus esforços em trabalhar com organizações não governamentais em vez de partidos políticos. Nosso relatório dizia: "Os jovens preferem dar passos individuais para fazer diferença na sociedade, mas têm menos fé na capacidade dos esforços coletivos, como participar de iniciativas governamentais ou democráticas." Observamos que os jovens estavam comprometidos com ações ambientais, como reciclar o próprio lixo, mas não a ponto de se envolverem em eleições nem de tomar atitudes básicas como votar. Quando você trabalha com organizações comunitárias, ONGs ou até grandes causas individuais, é mais fácil sentir que está contribuindo de modo pequeno, embora significativo, para mudar o mundo. Quando você vota em uma eleição ou trabalha em uma campanha eleitoral, participa de um sistema de forma que pode levar a mudanças algum dia, mas está longe de ser garantido, particularmente considerando o cinismo sobre a política que reinava na época. "A queda contínua no comparecimento de votantes vai aumentar, a menos que os jovens se engajem politicamente", concluímos.

Entre as recomendações, sugerimos que os políticos tentassem engajar os jovens concentrando-se em questões importantes para eles, como educação, meio ambiente, política externa e a proteção dos direitos individuais. Também propusemos promover "uma cultura de cidadania responsável" ao expandir o compromisso nacional com o voluntariado juvenil e estimular a Elections Canada a trabalhar com os conselhos escolares do ensino médio e realizar eleições simuladas no mesmo dia das eleições federais.

Eu pensava na época (e ainda penso) que o engajamento do cidadão é tanto um fim em si quanto um meio necessário para ultrapassar os obstáculos que enfrentamos como país. Temos alguns grandes problemas a resolver, e frequentemente tenho medo que seja impossível encontrar respostas legítimas para eles, a menos que nossa democracia seja revigorada. A democracia moderna não deve ter apenas os cidadãos endossando uma visão e um conjunto de soluções com seus votos. Eles precisam contribuir ativamente para construir essa visão e essas soluções, para começo de conversa. Esse é o cerne da questão quando se trata de reformas democráticas. A reforma costuma ser tratada como um problema "dentro da bolha", importante apenas para os políticos e o povo de Ottawa. A questão não é essa. As pessoas que sentem mais profundamente as consequências dos fracassos de nossa democracia estão bem longe de Ottawa, tanto em termos geográficos quanto metafóricos.

Eu estava apenas começando a entender a importância dessa questão quando publicamos o relatório, no outono de 2006. Reuni-me com alguns candidatos à liderança do partido para ouvir a opinião deles sobre nossas recomendações e avaliar quanto eles estavam levando a sério os problemas que o partido enfrentava com os eleitores jovens. Eu também queria ter uma ideia de quem realmente entendia a necessidade de renovação verdadeira e a oportunidade que uma perda eleitoral representava para modernizar o estilo e a abordagem do partido. Os membros do partido e os jornalistas vinham me perguntando sobre a briga pela liderança havia algum tempo e eu queria conhecer melhor os candidatos antes de expressar qualquer opinião. Minha crença era de que o partido precisava acabar com os maus hábitos do passado recente, e era crucial se afastar da ideia de direito adquirido que levava a pensar nos liberais como o "partido governista natural" do Canadá.

No fim das contas, escolhi apoiar Gerard Kennedy, o ministro da Educação de Ontário. Fiquei impressionado com o longo histórico de serviço público feito por ele fora do governo, algo que muitos políticos de carreira não têm. Por exemplo: como liderou a instituição beneficente Daily Bread Food Bank de Toronto durante quase uma década, ele entendia a pobreza, a desigualdade de renda e o desemprego, questões nas quais eu concentrava meu pensamento político. Fiquei empolgado com as crenças e conquistas dele, além do foco na renovação dos movimentos de base e sua ética profissional visível. Senti até que o Partido Liberal estava em um buraco mais fundo do que muitos lá dentro percebiam e seria preciso um líder de uma nova geração e de fora do partido federal para revigorá-lo.

Para quem desejava injetar uma lufada de ar fresco no Partido Liberal, a convenção de liderança de 2006 em Montreal foi um evento inspirador. Longe de ser uma coroação ou duelo entre os anciãos do partido, foi uma disputa turbulenta, imprevisível e de roer as unhas entre quatro candidatos (Michael Ignatieff, Bob Rae, Stéphane Dion e Gerard Kennedy) com chance real de vitória. Os outros (Ken Dryden, Scott Brison, Joe Volpe e Martha Hall Findlay) trouxeram apoio suficiente à convenção para ter influência no resultado.

Analisando minha transição rumo à vida política, aquele fim de semana em Montreal foi realmente importante. Até aquele ponto, embora eu tivesse passado um tempo trabalhando às margens do Partido Liberal, ainda não estava convencido do meu interesse na carreira política. Eu amava o mundo das ideias, dos valores, e amava fazer as políticas públicas que eram a base de tudo, mas mamãe tinha me alertado, por meio de palavras e do exemplo dela, sobre os incríveis custos pessoais inerentes à vida de um político. E havia outra consideração, é claro: entrar na política em nível federal sugeriria que eu estava seguindo os passos de meu pai, talvez até nutrindo a ideia que, por ser filho de Pierre Elliott Trudeau, eu de alguma forma merecia destaque apenas com base nessa qualificação.

A associação com meu pai nunca foi motivo para que eu entrasse na política. Na verdade, foi motivo para que eu *evitasse* entrar na arena política. A batalha para convencer a mim mesmo e aos outros de que eu tinha ideias próprias me desafiou ao longo de todo o ensino médio e de toda a universidade. Por que eu deveria negar esses esforços fazendo a única escolha profissional que geraria comparações aos feitos do meu pai? Fazia sentido me afastar da arena por pelo menos mais uma década e reduzir as inevitáveis comparações. Esse era o meu estado mental à medida que a convenção se aproximava.

Tudo mudou rapidamente após o martelo ser batido no *Palais des congrès*. Ao me juntar a centenas de outros liberais preocupados com o futuro do partido e do país, comecei a reavaliar o medo das comparações com meu pai. Talvez eu tivesse subestimado as verdadeiras diferenças entre mim e meu pai quando se tratava de política.

Desde o início da carreira, papai assumiu uma abordagem intelectual para toda a atividade política, incluindo a campanha. Ele se sentia um tanto despreparado para o aspecto da campanha que envolvia ter de beijar bebês, e evitava a assim chamada "política de varejo" sempre que possível. Estar ali trabalhando entre os militantes na convenção revelou que, em se tratando de campanhas políticas, eu não era filho do meu pai de forma alguma, e sim o neto de Jimmy Sinclair. Vovô Jimmy talvez tenha sido o ápice do político de varejo, um homem que amava se misturar com pessoas, apertar mãos, ouvir, e, sim, beijar bebês quando a oportunidade surgia. O contraste entre os dois é dramático, e à medida que isso ficou claro para mim, acabou diminuindo a preocupação em ser comparado ao meu pai.

Fiquei surpreso e entusiasmado com a resposta que recebi dos membros do partido durante a convenção. Os militantes de Kennedy precisaram criar uma equipe especial para garantir que eu pudesse me mover pela multidão sem problemas. Eu realmente gostei de preparar o salão para Gerard, discutindo questões com delegados e me unindo aos colegas liberais. Fiz um breve discurso introdutório em nome dele, ajudei na forma de abordar os delegados e depois me afastei para observar o resultado da disputa.

Na contagem da primeira votação, Ignatieff ficou em primeiro lugar, com 1.412 votos. Apenas 123 votos separavam os três seguintes: Rae com 977, Dion com 856 e Gerard logo atrás, com 854 votos. Brison, Volpe e Hall Findlay desistiram em seguida, liberando cerca de quinhentos votos para serem disputados na segunda rodada e mostrando que os quatro principais concorrentes ainda estavam na disputa.

A segunda votação foi desastrosa para Gerard, que continuou empacado em quarto lugar, ganhando apenas trinta novos votos. Quando Dryden, que estava em quinto lugar, foi obrigado a desistir, ele declarou apoio a Bob Rae e liberou seus delegados para votar como desejassem. Gerard saiu voluntariamente da disputa e declarou apoio a Stéphane Dion. Eu já tinha decidido que ficaria com Dion se Gerard não vencesse, então também migrei para ele. Ele era um federalista forte e ponderado de Quebec. Além disso, tinha construído a campanha em torno de política ambiental, alinhando-se com o que tinha ouvido dos jovens como presidente da força-tarefa dedicada a eles. Acima de tudo, Dion era um cara sério. Ele pensava em tudo com profundidade e abordava questões complexas com empolgação. Eu ainda acho isso incrivelmente atraente em Stéphane Dion.

Na terceira votação, Dion teve quase o dobro de votos, ultrapassando Rae e Ignatieff. Quando Rae foi obrigado a se retirar, liberou os delegados para votar como desejassem, e o resultado foi dramaticamente revelador. A diferença entre Rae e Ignatieff era tão ampla que a vasta maioria dos delegados de Rae migrou para Dion, e ele assumiu a liderança na próxima rodada.

No dia seguinte à convenção, telefonei para Stéphane e o cumprimentei pela vitória. Deixei claro que estava muito feliz por ter contribuído para o início da reconstrução do partido, e avisei: "Mas agora vou me afastar um pouco, tentar voltar ao setor privado.""Não vá muito longe, porque eu vou querer sua ajuda para me livrar deste governo Harper", Stéphane respondeu.

Para ele pode ter sido um comentário educado, mas após desligar o telefone olhei para Sophie e contei o que ele falou. Imediatamente percebemos que tínhamos uma grande decisão a tomar.

A EXPERIÊNCIA DA convenção me ensinou que eu tinha habilidade política, independentemente do meu sobrenome. Não vou fingir que o nome não fez diferença, mas não era tudo o que eu tinha. Nem de longe.

Passei as semanas seguintes em profundas discussões com Sophie sobre os desafios, sacrifícios e oportunidades que faziam parte da vida política. Consultei amigos e familiares em busca de conselhos e pensei muito sobre o efeito que isso teria em nossas vidas, mas senti que o momento era propício para mim.

Eu tinha feito os trabalhos necessários para terminar o mestrado em geografia ambiental e bastava apenas escrever a tese. Se minha investida política não desse certo, eu poderia retomar de onde parei.

Jean Lapierre, o ex-tenente governador de Quebec durante o governo de Paul Martin e parlamentar de Outremont, tinha anunciado após a convenção que não voltaria a concorrer ao mandato. Englobando os flancos norte e leste das montanhas que marcam o centro de Montreal, Outremont representava as raízes da família Trudeau, além dos sete anos que passei estudando em Brébeuf, e era o lugar onde eu e Sophie compramos um apartamento em um condomínio e depois a casa onde vivíamos na época. Concorrer por lá seria uma escolha natural.

Além disso, eu sabia que essa disputa não era mais tão fácil como antes. Eu precisaria trabalhar arduamente para vencer, após conquistar todos os liberais que não escondiam a opinião de que eu ainda precisava trabalhar mais no partido. Por meio desse trabalho árduo seria possível mostrar a todos que eu ia muito além de um sobrenome.

Então, alguns dias antes do Natal, voltei a telefonar para Stéphane, e falei do meu interesse em concorrer a um mandato parlamentar e que considerava Outremont uma boa ideia. Ele me agradeceu, prometendo entrar em contato novamente.

Uma semana ou mais após o réveillon, Jean Lapierre anunciou que se afastaria imediatamente, portanto, haveria uma eleição complementar em Outremont. Um tanto ingenuamente, pensei que tudo estava perfeito. Seria uma luta dura e acompanhada de perto por todos, mas poderíamos mostrar que o Partido Liberal estava falando sério em termos de mudança de geração.

Em poucos dias, porém, o nível das intrigas internas do partido em torno da eleição passou de "meramente desagradável" para "visivelmente nocivo", e ficou claro que o grupo ligado a Outremont se opunha veementemente até ao boato de que eu concorreria por aquele distrito. O líder local também não se mostrou favorável à ideia. Então ficou evidente que não era uma opção para mim.

Não fiquei tão decepcionado quanto poderia. Na verdade, seguindo o conselho de meu irmão, eu já tinha começado a procurar outros locais para concorrer na região de Montreal, e dois se destacaram: Papineau, mais ao norte e a leste, perto do Parc Jarry, e Jeanne-Le Ber, ao sul do centro em Verdun. Ambos eram distritos urbanos diversificados, com desafios econômicos significativos, e o mais importante: ambos tinham sido conquistados pelo Bloc Québécois no ano anterior, então uma vitória lá não seria apenas garantir um assento para os liberais, e sim tirar um distrito dos soberanistas. Haveria forma mais adequada de provar meu valor?

Dos dois, Papineau pareceu a escolha certa. Eu já conhecia bem a vasta gama de restaurantes étnicos do Parc-Extension, tinha ido a casamentos de amigos nas igrejas ortodoxas, apreciado dias memoráveis de sol no Parc Jarry e, como vários habitantes de Montreal, tinha comprado cortinas na loja Saint-Hubert. Se você andar pelo distrito ao longo da Rue Jean-Talon, além de francês você vai ouvir inglês, grego, punjabi, bengali, tâmil, urdu, espanhol, português, árabe, crioulo, vietnamita e italiano. Eu poderia continuar minhas viagens pelo mundo apenas andando pelo meu distrito!

Na ponta leste de Montreal e perto do centro geográfico da ilha, Papineau faz divisa com Outremont, ao sul, e com o antigo distrito do meu pai, Mount Royal, a oeste. Com apenas 9 quilômetros quadrados, Papineau é o menor distrito federal canadense. De acordo com o censo de 2006, era a seção eleitoral com a menor renda do Canadá, e embora tenha a vasta gama de idiomas e representações étnicas que se espera encontrar em qualquer região do país, também é indubitavelmente francófona em primeiro lugar. Embora tenha sido liberal por várias décadas, Papineau cedeu ao Bloc Québécois em 2005, quando a candidata nascida no Haiti chamada Vivian Barbot derrotou o ministro das Relações Exteriores do Partido Liberal, Pierre Pettigrew, em uma disputa acirrada.

Era o cenário ideal para provar minha elegibilidade. Papineau era o tipo de distrito vibrante e multicultural que os liberais precisavam conquistar para serem competitivos nos grandes centros urbanos na eleição seguinte. Ali estavam os francófonos dos quais o Partido Liberal precisava para reconquistar Quebec. E o tamanho compacto se adequava a um candidato que gostava de gastar sola de sapato e se dispunha a fazer campanha de uma ponta à outra do distrito.

Contudo, o pessoal de Dion indicou que Papineau também não era adequado para mim, pois estava reservado para um candidato "étnico". Visivelmente tentando me dissuadir, eles alegaram que seria uma indicação aberta. Isso sugeria que eles não me achavam capaz de vencer uma disputa interna pela indicação do partido.

Logo ficou claro que a equipe de Dion preferia Mary Deros, adorada pelos locais e que representava Parc-Extension no conselho da cidade desde o fim da década de 1990. Aparentemente, eles me viam como uma pessoa que não estava disposta a botar a mão na massa, algo fundamental para vencer em um distrito tão cheio de desafios.

Nenhum dos obstáculos existentes em Papineau me desestimulava. Pelo contrário, eu considerava tudo aquilo uma excelente oportunidade de me colocar à prova em uma situação difícil. Eu não queria moleza, e buscava um teste real para minhas habilidades políticas.

No entanto, por mais que conquistar a indicação dependesse das minhas habilidades políticas individuais, eu sabia que precisava mostrar desde o início que gostava de jogar em equipe. Eu acreditava profundamente na lealdade e no respeito ao líder, além de considerar fundamental que o partido reconquistasse o respeito dos canadenses. Então, quando, no final de fevereiro de 2007, eu soube que já circulavam boatos sobre meu interesse em Papineau, imediatamente pedi à equipe de Dion orientação para lidar com isso. Como sabia que era apenas uma questão de tempo até algum repórter me perguntar diretamente a respeito e seria uma grande notícia quando eu confirmasse, senti a necessidade de coordenar tudo com a área de comunicação do Partido Liberal.

A resposta que recebi foi direta e um tanto negativa: eu deveria responder às perguntas dos jornalistas como desejasse. Além disso, eles deixaram claro que eu tinha sido um tanto arrogante ao contatá-los sobre um assunto tão trivial. Obviamente eu ainda tinha muito o que aprender sobre política.

Em poucas horas, uma repórter da Rádio Canadá telefonou para minha casa, tentando descobrir se eu realmente planejava concorrer em Papineau. Quando confirmei, ela perguntou se eles poderiam me entrevistar na frente da câmera. Eu aceitei, mas precisaria ser no aeroporto, pois eu estava a caminho do oeste canadense para um evento sobre segurança em avalanches.

Ao chegar ao terminal, havia câmeras de vários veículos de comunicação, e eu dei uma breve entrevista coletiva. Depois embarquei no voo para Vancouver, sentindo que tinha me saído muito bem.

Quando a imprensa foi consultar Stéphane Dion, ele confirmou minha decisão, disse aos repórteres que admirava minha coragem e declarou também que eu não estava escolhendo "o caminho mais fácil" rumo à eleição para primeiro-ministro.

À noite, o pessoal dele estava lívido. Dion esteve em Montreal no mesmo dia, fazendo um grande discurso sobre terrorismo, que mal tinha sido abordado pela mídia. Todas as manchetes eram sobre minha decisão de concorrer a um mandato político. Nos dias posteriores, muitos liberais mais antigos me acusaram publicamente de passar por cima de Dion exatamente quando ele tentava ser o novo líder do partido.

Para mim foi uma introdução dura, porém esclarecedora, no que diz respeito ao funcionamento do Partido Liberal do Canadá, no qual rivalidades internas, objetivos pessoais e falta de coerência eram a norma.

Contudo, longe de me afastar do trabalho árduo que viria pela frente, isso apenas aumentou meu apetite. Podem vir, pensei. Isso vai ser divertido.

CAPÍTULO SEIS

Papineau: política feita a partir da base

MINHA CARREIRA POLÍTICA começou em um estacionamento. De supermercado, para ser mais preciso. Ele ficava em frente a um restaurante de shawarma e uma barbearia. As câmeras e os repórteres que viriam correndo ao aeroporto para noticiar, ofegantes, que eu planejava tentar a candidatura liberal em Papineau estavam bem longe. Naquele momento éramos apenas eu e uma prancheta abordando desconhecidos e perguntando se eles pagariam dez dólares para se afiliar ao Partido Liberal. "Bem-vindo ao glamouroso mundo da política no Canadá", pensei na época.

Contudo, esta não foi a campanha para a eleição. Era o início da batalha pela indicação para escolher o candidato que carregaria a bandeira liberal em Papineau quando a eleição fosse convocada. Eu estava nessa briga com dinheiro limitado, quase nenhuma experiência na política de varejo, alguns amigos trabalhando como voluntários e equipe composta por uma pessoa, que por acaso era minha esposa. Sophie estava empolgadíssima e me apoiou muito, ajudando a planejar a abordagem e me acompanhando na rua de vez em quando, para aprender os truques do ofício.

A maioria dos canadenses não faz ideia dos conflitos que podem ocorrer durante o processo de indicação do partido em nível de distrito eleitoral. São assuntos de bastidores, que ficam escondidos, comparados com toda a badalação gerada quando uma eleição está a todo o vapor. Em alguns casos, essas disputas são contornadas quando os encarregados e desafiantes famosos conquistam a indicação sem enfrentar opositores, mas para os candidatos em potencial envolvidos na batalha para garantir os votos dos integrantes do partido pode ser uma disputa acirrada. Ela começa com os candidatos recrutando o máximo possível de integrantes antes da reunião de indicação e depois convencendo esses integrantes a aparecer em um centro comunitário, escola ou arena para votar. Pode parecer um trabalho penoso, mas eu *amei* fazê-lo.

Após viver o drama e as manobras da convenção pela liderança do Partido Liberal em 2006, esse tipo de política feita cara a cara me empolgou. Sou uma pessoa sociável por natureza. Também gosto de atividade física, o que se exigia em grande quantidade para fazer campanha em Papineau. Andar pelas ruas do distrito de manhã até a noite para conquistar eleitores era imensamente atraente para mim, e eu mal podia esperar para começar. Entendo a importância do trabalho por telefone, mas quando se trata de fazer campanha, prefiro gastar sola de sapato, encontrar pessoas e resolver tudo na rua.

O trabalho também foi recompensador por outro motivo. A base do Partido Liberal encolheu devido a uma combinação de vaidade, excesso de confiança e negligência. Em várias regiões do Canadá alguns candidatos liberais nem se davam ao trabalho de andar pelos bairros e bater em portas, pois eles consideravam o Partido Liberal mais como uma marca do que a expressão de uma visão política. Essa atitude era o principal motivo para a diminuição do nosso apoio. Precisávamos ir além desse tipo de pensamento. Precisávamos lembrar os eleitores dos valores e da filosofia por trás do vermelho liberal. E o mais importante: nós precisávamos que os canadenses nos lembrassem de *suas* esperanças e expectativas em relação à comunidade e ao país. Isso pode parecer óbvio, mas é incrível a frequência e a facilidade com que os políticos se esquecem disso.

Dizem que a política é um "esporte de contato", significando que é algo bruto. E isso é verdade. Não é para os fracos ou sensíveis, mas penso nisso de outra forma: a política é um ofício tangível. Você precisa conviver de verdade com as pessoas que deseja representar: em cafeterias, sentado à mesa em cozinhas e em churrascos de fundo de quintal. Você precisa ouvir e absorver as visões e os valores da comunidade. É preciso trabalhar nisso. Eu queria incutir essa mentalidade como ética fundamental ao longo da campanha em Papineau para o nosso bem e também porque o Partido Liberal precisava urgentemente desse tipo de renovação. Como candidato novo, eu não poderia fazer muito em relação a isso em termos nacionais, mas podia agir localmente, e me propus a mandar esse recado de modo direto, vigoroso e pessoal. Eu sabia que esse era o jeito certo de agir.

E também sabia que essa abordagem seria particularmente importante em minha província natal de Quebec. O escândalo de patrocínio e a consequente Comissão Gomery pintaram um retrato horrível do Partido Liberal para meus colegas de Quebec, e isso ficou marcado na lembrança de todos. Talvez o principal motivo pelo qual eu tenha apoiado Gerard Kennedy na campanha pela liderança em 2006 fosse que, por estar de fora da política federal, ele parecia entender quanto o partido ficou desconectado da realidade e o perigo que isso representava. A integridade básica do partido foi questionada e eu estava convencido de que a única forma de resolver isso era do jeito antigo: encarando as pessoas, ouvindo-as e dizendo a verdade.

Claro que o entusiasmo e as boas intenções não bastam. Em Papineau, eles me levaram até esse estacionamento de supermercado. A experiência foi um contraste gritante em comparação a estar na convenção que decidiu a liderança, lado a lado com centenas de liberais. Muitos apoiavam candidatos diferentes do meu, mas todos nós partilhávamos a mesma identidade partidária e, no fim das contas, tínhamos o mesmo objetivo. Nas ruas de Papineau, eu nunca podia adivinhar a orientação política de alguém. Na verdade, eu jamais poderia supor que eles reagiriam à minha saudação e ao meu convite com algo mais encorajador do que um breve sorriso e um movimento de cabeça.

Sempre que convencia alguém a parar e conversar comigo, eu falava de minhas preocupações em relação à abordagem de Stephen Harper para a liderança e a forma pela qual o partido dele gerenciava o país. E também explicava minhas ideias sobre educação, engajamento juvenil, voluntariado e o ambiente que desenvolvi durante o período em que fui professor e diretor da organização Katimavik.

O mais importante é que ouvi bastante. A única forma real de expandir minha compreensão quanto aos problemas enfrentados pelos eleitores era perguntando o que os preocupava e ouvindo cuidadosamente as respostas.

Ouvi pais falando sobre como era difícil para os filhos arrumarem emprego, ouvi imigrantes descrevendo as dificuldades que enfrentavam a fim de conseguir vistos para os parentes que os visitavam e ouvi sobre os desafios econômicos enfrentados diariamente por vários moradores. As dívidas cresciam, mas a renda não acompanhava. Muitas pessoas que saíam daquele supermercado mal conseguiam comprar o necessário para alimentar suas famílias.

Também conheci as preocupações que alguns moradores tinham em relação às mudanças ocorridas no distrito. As comunidades de imigrantes gregos e italianos em Papineau estavam bem estabelecidas e eram responsáveis por boa parte da vitalidade da região. O fluxo de novos imigrantes de outros países estava levando ao surgimento de vários restaurantes étnicos, festivais e centros comunitários, que aumentavam a vitalidade de Papineau como um todo. Contudo, vários moradores antigos disseram temer que amigos e vizinhos fossem expulsos pelos recém-chegados.

A diversidade cultural volta e meia me surpreendia. Alguns moradores lembraram que as raízes de Villeray, o bairro cada vez mais latino no coração de Papineau, eram oriundas dos fazendeiros franco-canadenses e trabalhadores das pedreiras que cultivaram a terra pela primeira vez nos tempos dos cavalos e carroças. Os gregos do bairro Parc-Extension estavam vendo os filhos e netos se mudarem para subúrbios distantes e suas casas serem compradas por imigrantes do sul da Ásia, e o bairro tradicionalmente italiano de Saint-Michel estava sendo povoado por recém-chegados do Haiti e do norte da África. A essa mistura somava-se a dificuldade para encontrar emprego, não só entre os recém-chegados, mas também para os jovens que já moravam lá. As comunidades em todo o Canadá estavam se transformando de maneira parecida nas últimas décadas, mas o mosaico multicultural de Papineau era bem mais complicado. Eu amava a vivacidade do distrito, mas estava preocupado com as tensões que vinham se desenvolvendo.

Eu enfrentava outros dois candidatos pela indicação do Partido Liberal em Papineau: a opção preferida dos líderes do partido, Mary Deros, e o editor de um jornal em italiano, Basilio Giordano, que também contava com o apoio de liberais influentes. Ambos tinham máquinas políticas bem organizadas, que recrutaram com sucesso grandes grupos de integrantes do partido por meio do trabalho com líderes comunitários locais. Sem esse

1.

2.

3.

4. Meu primeiro retrato oficial, com a minha mãe, Margaret.

5. Só agora consigo imaginar como minha mãe e meu pai se sentiram ao se tornarem pais de primeira viagem.

6. Aqui está a prova de que todos aqueles que supõem que meu pai era o único a fazer acrobacias conosco estão claramente enganados.

7. Papai nunca perdia uma oportunidade de brincar conosco, especialmente durante as tardes em que reuníamos a família.

8. Mamãe amava sair de casa, e a residência do governador--geral, localizada do outro lado da Sussex, 24, era o lugar perfeito para dar uma caminhada.

9. Meus pais não conseguiram resistir à tentação de tirar uma foto engraçada quando tive caxumba.

10. Nós e vovô Jimmy em nossos clássicos trajes OshKosh B'gosh.

11. Sacha e eu passávamos muito tempo perto da lareira no lago Harrington. Quando o fogo não estava aceso, nós adorávamos ficar brincando com a fuligem, para desespero dos nossos pais e prejuízo dos nossos móveis.

12. Lembro-me de pensar que essa bicicleta era a melhor coisa que eu já tive na vida. Basicamente, ela era indestrutível. Nossas bicicletas nos deram liberdade para perambular pela vizinhança da Sussex, 24.

13. Sacha e eu conhecemos o ex-presidente americano Ronald Reagan em uma de suas viagens para Ottawa, em 1981.

14. Mamãe posando alegremente com seus filhos do lado de fora de sua nova casa, no número 95 da rua Victoria. Dá para ver pelo seu sorriso o quão orgulhosa ela estava do seu novo endereço e da presença da família.

15 e 16. Meu pai me levou à *piazza* San Marco, em Veneza, no ano de 1980. Eu estava mais ou menos com a mesma idade que ele tinha quando viajou para lá com meu avô décadas antes.

17. Mais uma das memórias incríveis que recordo das viagens com meu pai em sua época de primeiro-ministro. É difícil identificar quem é que estava se divertindo mais nessa foto, enquanto meu pai dirigia um tanque na CBF Lahr, Alemanha Ocidental, em 1982. Nessa foto também estão o tenente Jon MacIntyre de Charlottetown (embaixo, à esquerda) e Roy MacLaren, da polícia militar de Toronto (no topo, à direita).

18. A Praça Vermelha vista vazia. No dia seguinte, ela estava lotada de militares soviéticos e milhares de pessoas de luto durante o funeral de Brezhnev, em 1982.

19. As coisas mudam...

20. Até mesmo depois do divórcio dos meus pais, nós selamos o compromisso de manter os jantares em família — frequentemente no Sakura, que ainda é nossa primeira opção de restaurante japonês. É lá que estamos nessa foto, com Mama Ichi.

21. A nova família da minha mãe — a família aumentada, na verdade — os Kemper e os três irmãos Trudeau.

22. A casa de campo dos Kemper no lago Newboro, onde eu passava vários fins de semana e férias de verão com Fried, Ally e Kyle, ainda é uma parte significativa da minha vida.

23. Eu e Gerry Butts nos degraus do prédio de artes da universidade McGill — um ótimo lugar para curtir com os amigos, com vista para o campus e a cidade.

24. Este trailer foi nossa casa durante a viagem pela África em 1994 — não há melhor maneira de conhecer o continente.

25. Sorridente na noite do referendo de 1995, depois de ter meu braço empurrado ao tentar colocá-lo em volta do policial.

26. Com estudantes na West Point Grey Academy, em Vancouver, na minha época de professor, entre o final dos anos 1990 e início dos anos 2000.

27. Andando de caiaque com Miche, na mesma rota que fiz com meu pai pelo rio Rouge, mostrada anteriormente.

28. Junto com seu cachorro Makwa, Miche passou o verão seguinte ao seu acidente de carro reconectando-se e reconstruindo as relações com todos da família. Mais tarde, entendemos que essa foi sua chance de se despedir. Ele faleceu no outono.

29. A única vez em que meu pai conseguiu visitar o lago Kokanee. Aconteceu em setembro, logo após o falecimento de Michel, e ele ficou admirado pela beleza que agora rodeia seu filho mais novo.

30. Eu e Sophie amamos explorar e praticar atividades ao ar livre. Por mais que ela seja cuidadosa comigo politicamente, ela também é bastante competitiva, não importa qual seja o esporte.

33. Eu sou um cara de muita sorte por ter os amigos que tenho, e sou ainda mais sortudo por eles terem acolhido tão bem a Sophie. Nesta foto, da esquerda para a direita, estão Ian Rae, Gregory Ohayon, Marc Miller, Mathieu Walker, Tom Pitfield, Gerry Butts, eu, Seamus O'Regan, Allen Steverman, e Kyle Kemper. Outros que estavam no casamento, mas não saíram na foto, são Navid Legendre e Sacha.

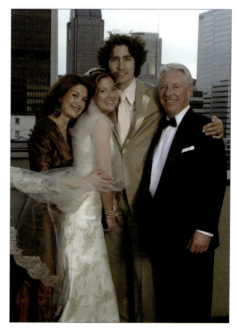

34. Fui igualmente bem recebido pela incrível família da Sophie.

35. A nomeação em Papineau, no ano de 2007, foi meu primeiro grande comício no papel de político. Sempre sinto que ter a Sophie ao meu lado me dá sorte, mas dessa vez senti que foi ainda melhor, pois ela estava grávida de nosso filho Xavier na época.

36. A família reunida no casamento de Sacha e Zoë, em 2007. Nesta foto, da esquerda para a direita, estão: Sophie, Alicia, minha mãe, eu, Zoë, Sacha e Kyle.

37. Aqui estávamos levando Xavier para casa pela primeira vez. Esta foto registrou o momento da vida de todo pai e mãe em que percebemos que somos totalmente responsáveis por um pequeno ser, sem qualquer ajuda de enfermeiras — é estressante, porém incrível.

38. Ella-Grace nasceu menos de dois anos após Xavier, trazendo com ela ainda mais alegria para a nossa família.

39. Não costumamos levar nossos filhos para eventos políticos, mas, quando o fazemos, buscamos sempre equilibrar o tempo que passamos com eles enquanto trabalhamos.

40. Tempo em família é essencial para o que faço, pois ajuda a pôr meus pés no chão e me faz lembrar dos meus objetivos quando estou fora. Aqui, Sacha e eu reunimos nossas famílias e os pais de Sophie, Estelle Blais-Grégoire e Jean Gregóire.

41. Mamãe muito contente, mostrando para as crianças uma revista com uma matéria sobre a gente. Elas sempre ficam encantadas com a ideia de que nossa família aparece em jornais e revistas de vez em quando.

43. Meu pai fazia malabarismos parecidos conosco, acho que isso é hereditário. Meus filhos não parecem se importar.

43. Nesta foto estou mostrando aos meus colegas de partido que a Yoga pode ser praticada em qualquer lugar e a qualquer momento.

44. A diversidade de Papineau nunca deixa de me impressionar. A melhor oportunidade de vivenciar isso de perto é no período de campanha eleitoral, como pode ser visto aqui, em um clube português local, durante a eleição federal de 2011. Com muitas discussões políticas e diversos eventos culturais, Papineau é um verdadeiro exemplo da diversidade canadense.

45. A campanha em Papineau definiu minha forma de ver a direção que o partido deveria tomar depois das eleições de 2011, com maior participação corpo a corpo da minha parte e o apoio comunitário em cada empreitada.

46. Dia de eleição não significa somente conseguir votos, mas ir a cada zona eleitoral para agradecer a todos os mesários e funcionários pelo seu trabalho.

47. Pensei que seria engraçado posar em uma dessas placas de campanha sem rosto. Não podemos levar a sério atos de vandalismo e ataques, é mais simples levar na brincadeira.

48. Ali Nestor Charles, que faz *spar* comigo nessa foto, é um lutador de boxe que conheci por conta de seu trabalho com jovens de rua e da sua relação com a comunidade.

49. Reuniões e conferências podem acontecer em qualquer lugar, como podemos ver aqui, nesse híbrido entre camarim e banheiro, antes de lançar minha campanha — com Gerry Butts, Katie Telford e outros.

50. Sophie tem forte influência em grande parte dos meus discursos. Do tom de voz à maneira de abordar os tópicos, ela é uma parceira indispensável, que assegura que eu alcance o meu melhor, tanto em essência quanto em linguagem. Ela é brilhante e uma ouvinte inestimável.

51. Os debates foram minha primeira oportunidade de me aprofundar na troca de ideias. Eu desfrutei da chance de desafiar os outros candidatos quase tanto quanto apreciei ser desafiado por eles.

52. Uma parada da campanha eleitoral em uma biblioteca em Bradford, Ontário.

53. Bancando o palhaço durante uma luta de espadas com as crianças, alguns minutos antes do meu discurso na mostra da liderança liberal em Toronto, enquanto Gerry monitorava o fluxo do Twitter.

54. Esta foto ocorreu graças a Alex Lanthier, que estava dançando próximo de nós, antes do discurso na mostra da liderança. Ele sempre foi um ótimo dançarino e soube bem como nos ajudar a relaxar antes do grande evento.

55. Os últimos momentos de calma antes do discurso, enquanto Sophie me tranquilizava e me ajudava a colocar os pés no chão.

56. Depois de vários rascunhos que vão e voltam, Gerry e eu colocamos minhas últimas alterações nos discursos, assim como fazemos aqui, enquanto esperávamos o resultado da eleição.

57. As crianças ficaram a noite toda esperando o resultado, mas, diante do fato de não conseguirem ler o resultado e da minha falta de reação, demorou um tempo até que elas entendessem. Uma foto de família de verdade, com meus filhos, Sophie, os pais dela, minha mãe, e minha irmã, Ally.

58. Minha primeira coletiva de imprensa como o novo líder do Partido Liberal.

59. No primeiro dia de mandato, contatei os governadores das províncias liberais, diretamente do meu novo escritório.

60. É mais fácil se conectar com crianças se você lê para elas histórias que as façam esquecer a multidão de pessoas que entraram e interromperam a sua aula. Esse foi um grande grupo de crianças em Brandon, Manitoba.

61. Trabalhar no Hill é mais do que o período de Sabatina Oral e as reuniões de partido. Encontrar visitantes e eleitores é sempre um bom lembrete de por que estou ali em primeiro lugar.

62. É importante que constituintes sejam capazes de se conectar com seus parlamentares e ver seu trabalho. Nesta imagem temos habitantes de Papineau me visitando em Ottawa para conhecer o outro lado do meu trabalho, além do mandato.

63. Longe de Ottawa, trabalhando com voluntários em High River, Alberta, depois das enchentes de 2013.

64. Dirigir um trailer não fazia parte dos planos da minha equipe para a nossa turnê de verão em 2013, especialmente considerando que Sophie estava grávida de oito semanas. Porém, esse acabou sendo o jeito perfeito de mostrar para meus filhos a Colúmbia Britânica e conectar-nos com o público ao longo do percurso.

65. Enquanto o trailer avançava pela Colúmbia Britânica, fizemos questão de fazer uma parada em Nelson para mostrar às crianças o lago Kokanee, onde o tio Miche vive. O lago está ao fundo e é verdadeiramente um dos lugares mais belos e tranquilos do planeta.

66. Cada parada ao longo da turnê proporcionou oportunidades para grandes debates com diversas comunidades da Colúmbia Britânica, pequenas ou grandes. Dirigir o caminho todo possibilitou que tirássemos maior proveito da nossa viagem pela província.

67. Na tradição canadense, as melhores festas sempre terminam na cozinha. Esse trabalho me acostuma mal, porque me permite participar ativamente das diversas culturas que constituem a identidade do Canadá — apesar de que talvez eu precise melhorar o preparo do meu roti antes de voltar para a próxima celebração de Diwali.

68. Isso não é apenas um comício liberal; é um comício liberal na parte sulista rural de Alberta. Não importa quantos votos uma candidatura obteve (ou não) na última eleição, acredito que o importante é sair por aí e entrar em contato com as pessoas.

69. Victoria estava na sua terra natal para um dos comícios de mais de oitocentas pessoas que tivemos no Oeste. Eu permaneci até o final porque fiquei muito tocado pela distância que alguns viajaram até a parte sul da ilha de Vancouver só para comparecer.

70. Após a eleição do ano anterior, a convenção liberal de 2014 em Montreal foi minha primeira oportunidade de falar diretamente com nossos membros. O local pode até mudar, mas o processo de preparação de um discurso continua passando pelas mesmas etapas — incluindo o lembrete de desacelerar minha fala.

71. Quando estou longe de casa, tenho costume de ligar para as crianças para desejar boa-noite e, na manhã seguinte, para checar como estão as coisas. Nesse caso, fizemos isso durante um discurso meu em uma convenção em Montreal.

72. Hadrien não tinha nem uma hora de vida quando seu pai, avô e irmão começaram a competir para ver quem iria segurá-lo.

73. Em Ottawa, no primeiro encontro do Conselho Econômico de Consultores. Nessa sala podemos ver Scott Brison, John McCallum e Chrystia Freeland, junto com uma galera mexendo no celular.

74. Irwin Cotler foi um amigo e mentor excepcional durante o tempo que passei no Hill, entre minhas idas e vindas. Qualquer chance de ter seu feedback é de valor inestimável para mim.

75. Momento de celebração com os atletas olímpicos do Canadá no parlamento.

76. Não há nada que eu aprecie mais do que uma boa discussão e um bom desafio — aqui em Scarborough, Ontário, deixo nas mãos de uma mãe de nacionalidade grega que fala o que pensa.

77. Uma das melhores partes do meu trabalho é conhecer e recrutar pessoas incríveis, assim como Adam Vaughan. Aqui estávamos celebrando sua vitória na eleição de 2014 em Trinity-Spadina, Toronto.

78. Como pai, sinto que sou muito sortudo e abençoado por poder compartilhar com meus filhos as mesmas experiências que meu pai compartilhou comigo.

79. Foi ótimo apresentar Xavier e Ella-Grace para o senhor Harper. Ele foi extremamente gentil.

80. Hadrien nos braços da irmã, Ella-Grace.

81. Assim como meu pai, preciso ter um pouco de diversão ao lado dos meus filhos. Eu e Hadrien nos divertimos no churrasco do Partido Liberal na Colúmbia Britânica, no verão de 2014.

tipo de conexões, eu precisava trabalhar para conquistar integrantes aos poucos enquanto meus competidores os juntavam às dúzias.

Para dificultar ainda mais a minha campanha, o presidente da seção de Quebec do Partido Liberal anunciou para a mídia francesa que eu não deveria me candidatar, pois não tinha nada a oferecer. E não foi apenas a classe dominante liberal que me descartou antes mesmo de começar: especialistas e colunistas políticos anunciaram ao mundo que eu já tinha mostrado meu despreparo ao escolher um distrito no qual não tinha chance alguma de vencer nem a indicação, que dirá uma eleição contra uma estrela como Barbot do Bloc Québécois. Meu fracasso inevitável, explicaram eles, provava que eu era jovem, tolo e obviamente nem metade do político que meu pai tinha sido.

A matemática realmente não parecia estar a meu favor, e faltando dois meses para a indicação, ficou claro que eu precisava de ajuda. Ela chegou em meados de março, quando minha grande amiga Reine Hébert concordou em se juntar à nossa equipe de duas pessoas. Reine era uma veterana em campanhas políticas que vivia em Quebec e tinha trabalhado com o Partido Liberal em nível federal desde o tempo do meu pai. Também recrutei Franco Iacono como diretor de campanha e, juntos, eles ajudaram a maximizar minha exposição aos moradores de Papineau. Com a ajuda deles, consegui localizar todos os liberais do distrito que não renovaram a filiação. Nós os visitamos em casa para encorajá-los a voltar ao partido, e embora alguns não estivessem interessados, muitos gostaram do que eu tinha a dizer e embarcaram no projeto. Em 29 de abril nós tínhamos vendido quase 1.200 carteirinhas de filiação ao Partido Liberal, quase a mesma quantidade dos outros dois candidatos. Ainda era uma corrida que poderia ser vencida por qualquer um. Ficou claro que o ganhador na noite da indicação seria o candidato cujo discurso atraísse mais integrantes que tinham sido recrutados pelos outros dois indicados.

Quanto mais a data da indicação se aproximava, mais otimista eu ficava. No fim de abril conquistei alguns críticos, basicamente porque eles reconheceram a pura teimosia com a qual trabalhei no distrito. Também acredito que tinha mais discernimento que meus concorrentes em relação à natureza mutável da política e dos meios de comunicação. Quando um blogueiro local fez uma série de perguntas a todos os candidatos sobre pobreza, política identitária, imigração e outros assuntos, dei respostas longas e pessoais baseadas em minhas experiências no distrito. Os outros candidatos escolheram não responder, provavelmente supondo que poucos eleitores se importariam em ler blogs políticos. Já em 2007 eu sabia que a internet estava virando uma ferramenta crucial para expandir o alcance de um partido político, especialmente entre os jovens.

Para minha felicidade, o blogueiro que antes me considerava destinado ao fracasso fez comentários respeitosos no blog por eu ter me dado ao trabalho de responder às perguntas dele. Foi algo pequeno e duvido que tenha rendido mais de um punhado de votos, mas reforçou minha crença de que os ativistas e apoiadores de hoje esperam e merecem o engajamento direto por meio das mídias digitais.

A reunião para decidir a indicação à candidatura aconteceu no Collège André-Grasset, bem no limite do distrito. Apesar da imprevisibilidade da disputa, eu estava calmo quando entrei no auditório, sentindo-me confortado pela presença das pessoas que mais amava na vida. Minha mãe estava lá com Sophie e meu irmão chegou com o filho de 4 meses, Pierre. Sacha andava ocupado com a família e a carreira de documentarista, então eu valorizei imensamente o apoio dele.

Desde o início eu tinha sido identificado como o azarão da corrida, o que ajudou a aliviar a pressão sobre mim. Eu tinha entrado em uma disputa apertada contra dois candidatos experientes. Se eu chegasse à segunda rodada de votação, muitos observadores previam que as pessoas apoiando Deros e Giordano uniriam forças para me derrotar, o que parecia bem provável. Afinal, essa era a escola dura de política. Eu queria vencer, mas naquelas circunstâncias perder não seria vergonha alguma.

Olhando para a multidão aquela noite, fiquei mais uma vez impressionado com as diferenças entre mim e meu pai em relação a isso. Ele não tinha passado muito tempo encontrando eleitores em estacionamentos de supermercados ou participando de batalhas por indicações em auditórios de escolas. Claro que a política era diferente. Naquela época, os candidatos famosos vinham das elites e eram banqueiros ou advogados. Eles ganhavam a confiança dos eleitores por meio do status na comunidade, com uma perspectiva que se estendia bem além do próprio distrito, englobando todo o Canadá. Meu pai se encaixava perfeitamente nessa descrição. Ele se considerava antes de tudo uma pessoa que representava os canadenses e seus valores em termos nacionais amplos, ao contrário de representar apenas um distrito. Ele foi um bom parlamentar e as questões pelas quais ele lutava eram consistentes com os interesses dos eleitores de seu distrito, Mount Royal, mas ele não procurava ter a conexão *pessoal* com os eleitores que eu estava determinado a buscar nas ruas de Papineau.

Tendo isso na cabeça, havia planejado evitar qualquer menção a meu pai no discurso que faria aquela noite, pois temia ser prejudicado se os integrantes suspeitassem de que eu tentava seguir os passos dele.

Reine aconselhou o contrário. Ela lembrou que partes do moderno distrito de Papineau costumavam ficar nos limites do distrito vizinho de Mount Royal, significando que pelo menos alguns eleitores ali presentes tinham sido representados no Parlamento por meu pai. Se eu não reconhecesse esse fato, corria risco de parecer desrespeitoso em relação a ele. Além disso, ela me disse que se eu fizesse isso direito, levaria um longo tempo até precisar citá-lo novamente. As palavras dela me guiaram durante a preparação do meu discurso.

Comecei com uma breve menção histórica: "No outono de 1965, os moradores de Parc-Ex ajudaram a mandar Pierre Elliott Trudeau, que preenchia sua profissão com 'professor', à Câmara dos Comuns pela primeira vez. Os tempos mudam e os limites dos distritos também, mas esse evento, do qual vocês fizeram parte há quarenta anos, transformou o Canadá para sempre."

Eu lembrei à plateia que havia 25 anos meu pai tinha dado ao Canadá uma das ferramentas mais valorizadas do mundo para garantir a proteção e o exercício total dos direitos humanos, a Carta de Direitos e Liberdades. E continuei: "Agora somos todos filhos dessa Carta, da qual temos um imenso orgulho. Então vocês podem entender o tamanho do meu orgulho de dizer que o primeiro-ministro Trudeau também era meu pai."

Continuei falando de coração sobre Papineau, citando e cumprimentando os líderes comunitários que eram o coração e a alma de seus bairros e grupos culturais. Depois foi a hora de citar as políticas do governo conservador às quais eu me opunha como parlamentar liberal. "Os conservadores querem nos dividir em relação à justiça social. E também querem nos dividir em relação ao meio ambiente e Kyoto, colocando em risco o futuro de nossos filhos. Eles querem nos dividir em relação ao papel do Canadá no mundo, com posições copiadas da direita norte-americana."

Por dois meses eu percorri todas as ruas do distrito, visitando cada shopping e loja, apertando mãos de milhares de pessoas e ouvindo incontáveis histórias. Consegui conhecer as pessoas do distrito e suas preocupações. Não importa quem fosse o vencedor naquela noite, ninguém poderia dizer que eu não tinha trabalhado para conquistar a indicação.

Contudo, enquanto fazia meu discurso para a multidão, algo começou a acontecer. Para todo lugar que olhava, eu via rostos familiares, pessoas com quem tinha parado para conversar nas calçadas de Saint-Laurent, Saint-Hubert e Christophe-Colomb ou que eu havia encontrado nas varandas ao longo da Rue Everett e da Avenue de Chateaubriand. Eu tinha me conectado com aquelas pessoas. Elas sorriram para mim. E o mais importante: elas me apoiaram quando a votação começou.

Ganhei a primeira votação da noite, obtendo 690 de 1.266 votos, contra 350 para Deros e 220 para Giordano. Quando os números foram anunciados, dei um imenso abraço em Reine, depois olhei ao redor e vi Sacha tentando conter as lágrimas de alegria pela minha vitória.

No meio da celebração, Stéphane Dion telefonou para oferecer seus cumprimentos. Ele e sua equipe podem ter preferido Mary, mas quando a decisão foi tomada ele não hesitou em oferecer seus cumprimentos sinceros e eu disse que apreciava muito o gesto. Nosso relacionamento nunca foi caloroso nem hostil durante a luta pela indicação. Stéphane me tratou com muito respeito, e durante o ano e meio politicamente turbulento que veio após essa vitória, tive o cuidado de mostrar o mesmo respeito em relação a ele.

Ao COMEMORAR NAQUELA noite, eu sabia que minha luta havia acabado de começar. Afinal, aquele tinha sido um combate entre amigos. A verdadeira batalha aconteceria quando enfrentasse a parlamentar candidata à reeleição, Vivian Barbot. Ela construiu uma carreira impressionante como educadora, feminista e líder da comunidade haitiana local até ganhar o distrito de Papineau derrotando Pierre Pettigrew, um proeminente ministro do gabinete liberal. Ela era uma oponente política mais do que digna e eu sabia que não poderia perder tempo se quisesse derrotá-la na próxima eleição.

O primeiro passo que tomei foi criar uma organização, uma rede de pessoas com experiência e discernimento para gerenciar uma campanha eficaz. Reine e Franco tiveram papel fundamental na campanha pela indicação à candidatura, mas tinham outros compromissos. Minha família e meus amigos ajudaram muito nas últimas semanas da disputa pela indicação, mas eu não podia esperar que estivessem disponíveis ao longo da maratona que é uma eleição federal.

O primeiro cargo que eu precisava preencher era o de gerente de campanha em tempo integral, e descobri que a pessoa ideal estava no mesmo recinto que eu quando venci a indicação. Louis-Alexandre Lanthier tinha sido trazido por Reine para fiscalizar a votação. Eu o encontrei brevemente em Ottawa quando trabalhava para Katimavik. Ainda na casa dos 30 anos, Alex era veterano de várias campanhas políticas e seguia os passos da mãe, Jacline Lanthier, que trabalhou para Jean Chrétien. Gostei do currículo de Alex e do compromisso dele em fazer da eleição um sucesso para nós. E gostei particularmente da forma utilizada por ele para resumir a estratégia de campanha em uma frase, dizendo: "Justin, até a próxima eleição você vai agir como se *já fosse* o representante de Papineau no Parlamento."

Era uma extensão da estratégia que buscamos com sucesso durante a batalha pela indicação. Em cada festival religioso, inauguração de restaurante, festa ao ar livre, evento para arrecadação de fundos, parada, desfile de moda, exposição de arte, bazar, reunião na prefeitura ou qualquer outro evento público ocorrido em Papineau, eu estava lá apertando mãos e falando com pessoas. Eu não pedia votos, pois a data da eleição ainda não havia sido definida, mas estava lá para me apresentar às pessoas de modo que elas ligassem o rosto e a voz à pessoa cujo nome eles viram no material de campanha e depois veriam na urna. Quando chegasse a hora de decidir o voto, os eleitores se lembrariam do cara que apertou a mão deles, perguntou como estavam e quis ouvir suas preocupações. Talvez esse fosse o ápice da política de varejo, e eu mal podia esperar para começar.

O avô de Alex gerenciava uma lavanderia em Papineau havia vários anos. Muita gente no bairro não conseguia comprar máquinas de lavar, então a empresa virou uma espécie de instituição local onde as pessoas se reuniam para conversar, tricotar, ler e, quase incidentalmente, lavar a roupa da família. Eu não podia pensar em uma base melhor para alguém que buscava familiarizar os votantes comigo e se familiarizar com eles.

Da primavera de 2007 até a eleição geral em outubro de 2008, meus dias foram consumidos aparecendo em eventos e falando com pessoas. Não posso dizer que encontrei todos os eleitores de Papineau naquele ano e meio, mas não foi por falta de tentativas.

Em todos os lugares aonde ia e independentemente da pessoa com quem falava, eu tomava decisões estratégicas sobre a forma de transmitir minha mensagem. A política identitária poderia ser uma forma de estabelecer conexão com eleitores, na estratégia do tipo "dividir e conquistar" preferida pelos outros partidos, mas eu não tinha intenção de seguir esse caminho. Tentei construir um denominador comum em torno de valores que eu acreditava serem partilhados amplamente pelo distrito. Não importava de onde as pessoas viessem, o idioma que falavam ou como rezavam, eu acreditava que todos nós tínhamos determinados valores em comum e queria enfatizar essa conexão.

O maior ponto de impasse que enfrentei, especialmente no bairro de Villeray, lidava com a questão do status de Quebec dentro do Canadá. Volta e meia batia em uma porta e via um rosto visivelmente pálido ao me reconhecer, que já começava dizendo: "Não vou votar em você. Eu não concordo com você." Ao que eu respondia com um sorriso amigável: "Ah... Você não concorda comigo em relação ao meio ambiente? Ou aos programas sociais, à educação, à saúde? Em relação a uma economia que forneça oportunidade para todos? Ou a discordar do Sr. Harper?" "Não, não, nós concordamos quanto a tudo isso. Só discordamos em relação a Quebec!", dizia o morador. "Tudo bem, exceto que na verdade nós, *definitivamente*, não discordamos em relação à necessidade de proteger o idioma e a cultura francesa aqui em Quebec. Onde eu suspeito que possamos discordar é na melhor forma de fazer isso: acredito em fortalecer e partilhar nossos idioma e cultura. Não acredito em se voltar para dentro e construir muros", eu respondia.

Independentemente do rumo que a conversa tomasse, eu deixava claro que estava feliz por ter conhecido a pessoa e esperava ser uma voz forte para ela em Ottawa sobre questões importantes, mesmo que ela não votasse em mim.

Sempre tive o cuidado de não depreciar a parlamentar do Bloc, Vivian Barbot. Eu tinha muito respeito pelo que ela conquistou na vida. Usar ataques pessoais não é o melhor jeito de ganhar a confiança do eleitor.

Eu me convenci de que a única forma de lutar pela perspectiva soberanista a longo prazo é defender o Canadá em termos positivos. Como outras forças desagregadoras do país, a atitude soberanista consiste basicamente em enfatizar o pouco que nos divide em vez do muito que temos em comum. Quando você vai além da superfície nas ruas de comunidades em Quebec, logo descobre esses valores e aspirações comuns. Como diria alguns anos depois ao lançar minha campanha pela liderança, eu partilho desses valores, mas acredito fortemente que o Canadá (e não apenas Quebec) é o melhor lugar para traduzir isso em realidade.

Fui capaz de me dar bem com praticamente todos que conheci em Papineau, soberanistas ou não, ao discutir minha oposição à agenda de Stephen Harper. No curto período desde que assumiram o poder como governo minoritário em 2006, os conservadores de Harper conseguiram afastar a maior parte de Quebec. Em Papineau, o apoio aos conservadores era incrivelmente baixo.

Meu estilo político começou a ser muito influenciado por Sophie, que, além de ter uma compreensão profunda e intuitiva de Quebec, também cuidava do material de campanha e de minhas aparições nos meios de comunicação. Sempre que me via tendendo para um estilo negativo ela rapidamente me alertava, e também deixou claro que não ficaria parada vendo as disputas e os atritos insignificantes da vida política envenenarem minha personalidade. Ela me lembrava de que o motivo pelo qual entrei na política era promover a imagem de um Canadá melhor, e não apenas emplacar as melhores frases no noticiário do dia seguinte. Às vezes é fácil para quem vive da política ceder ao calor da batalha e esquecer seus valores pessoais. Sophie jamais cometeu esse erro, e, não importa quanto a situação fique intensa, ela faz questão que eu também não cometa.

Mesmo assim, houve momentos em que foi preciso falar diretamente sobre Vivian Barbot. Nesses casos, eu enfatizava que não importava quanto Barbot fosse admirável como pessoa, o fato era que como parlamentar do Bloc Québécois, ela representava um partido cujo objetivo era dividir as pessoas. E o distrito e o mundo precisavam de políticos concentrados em uni-las.

Ao discursar em eventos comunitários, aprendi a deixar tudo claro e simples ao falar das políticas do Partido Liberal. Não porque os eleitores se mostrassem desinteressados nos detalhes, mas várias interações com os votantes eram necessariamente breves e eu precisava usar o "discurso de elevador". Sophie era fundamental nesses momentos. Antes de qualquer grande evento, ela me pedia que repassasse os pontos que eu desejava abordar, explicando cada um deles em linguagem direta e simples, e sempre me fazia mudar tudo que soasse complexo ou confuso. A estratégia deu certo. Eu acabei explicando até políticas complexas, como o malfadado Green Shift de Stéphane Dion, em trinta segundos ou menos.

Os problemas sociais geralmente surgiam em discussões com moradores de Papineau, especialmente entre os imigrantes mais novos que se opunham ao casamento gay, ao aborto e à reforma jurídica sobre a maconha. Eu não podia simplesmente defender a posição deles. Precisava aderir à minha visão, o que poderia ser um desafio quando eu fosse questionado sobre esses assuntos durante uma sessão de perguntas e respostas em uma mesquita ou igreja. Nesses casos, eu dizia: "Nós discordamos em relação a isso, e como estamos argumentando a partir do que consideramos nossos princípios básicos, provavelmente há pouco espaço para ceder. Mas, espero que haja um denominador comum suficiente em relação às outras questões para que vocês cogitem votar em mim."

A reação a essas palavras frequentemente me surpreendia. No mínimo, a plateia apreciava o fato de eu ter dado respostas diretas a perguntas difíceis, mesmo que nem sempre fossem as respostas que eles desejavam ouvir.

Lembro-me de um episódio no início da campanha, em uma mesquita canadense-paquistanesa da Rue Jean-Talon, no qual enfrentei uma situação que seria bastante frequente: novos canadenses que me apoiavam muito, mas eram bastante conservadores socialmente. Alex tinha sugerido que eu evitasse falar em casamento gay, mas isso só fez aumentar o meu desejo de falar em casamento gay. Então eu disse à multidão: "Sei que todos neste recinto apoiam a nossa Carta de Direitos e Liberdades. É o documento que forma a base dos direitos usufruídos por todos, incluindo a livre prática da religião. Mas veja só: esses direitos que protegem vocês também dão aos gays o direito de se casar e dão a sua filha o direito de se casar com um homem não muçulmano. A Carta de Direitos protege a liberdade de todos. Não é possível escolher os direitos que você deseja manter e deixar para trás os que o desagradam."

A plateia era difícil, composta por homens mais velhos, sérios e barbudos, mas eles aquiesceram e se envolveram favoravelmente em uma grande discussão sobre a visão em comum que tínhamos para nossos filhos e nosso país.

Fazer campanha em Papineau me obrigou a pensar muito sobre o que nós, canadenses, queremos dizer com o termo *multiculturalismo*. O conceito está embutido na Carta, mas continua sendo muito mal compreendido. Ao ouvir apenas programas de rádio que recebem ligações de ouvintes e ler somente as páginas editoriais dos jornais, você pode pensar que multiculturalismo é uma espécie de competição livre na sociedade, uma desculpa para fazer vista grossa a práticas culturais que do contrário seriam consideradas repugnantes ou até criminosas. Minha experiência em Papineau ensinou que isso é basicamente alarmismo. A maioria dos imigrantes que conheci estava ciente das normas culturais prevalentes em nosso país, do pluralismo religioso até a atitude em relação à igualdade entre os sexos e a rejeição ao discurso de ódio, e as aceitou completamente. E essa maioria também percebeu que o Canadá tem um conjunto de leis que vale para todos. Quando se trata de aplicar o Código Penal e os princípios do Direito de Família, não oferecemos tratamento especial de acordo com raça ou religião. Muitas famílias imigrantes que encontrei em Papineau trouxeram animosidades latentes do país de origem, mas aceitaram que o Canadá era um lugar ao qual as pessoas vêm para fugir dos conflitos do velho mundo, não para nutri-los.

Então o que o multiculturalismo significa para essas pessoas e para mim? Presumir que a sociedade vai acomodar formas de expressão cultural que não violem os valores básicos de nossa sociedade. Eles incluem o direito de um judeu usar seu quipá, de um *sikh* usar turbante, uma muçulmana usar véu ou um cristão usar pingente de cruz. Quando comecei minha campanha em 2007, os liberais de Jean Charest estavam no poder em Quebec e o Parti Québécois ainda ia lançar os planos para a Carta de Valores de Quebec, chamada de carta secular, mas essas táticas de medo em relação aos imigrantes já faziam parte do discurso público. Em janeiro de 2007, quando a questão da "acomodação razoável" estava a todo o vapor em Quebec, a pequena cidade de Hérouxville aprovou uma resolução banindo o apedrejamento ou a imolação de mulheres. O incrível em relação à decisão era o fato de a cidade em si não ter imigrantes entre seus residentes e jamais ter testemunhado qualquer conflito relacionado a práticas culturais minoritárias.

Eu rejeitava esse tipo de alarmismo na época e continuo rejeitando até hoje. Na verdade, tenho orgulho de dizer que em 2013 fui o primeiro líder de partido federal a falar diretamente contra a carta secular proposta pelo PQ. Que tipo de objetivo poderia ser cumprido ao proibir uma mãe solteira de Papineau de trabalhar no setor público porque ela tenta equilibrar seu compromisso com a fé com o papel de sustentar a casa? Se os residentes de Papineau tivessem sido apresentados a essa escolha pelo PQ, muitos optariam por não tirar os trajes religiosos. Essas pessoas seriam afastadas da vida na arena pública, o resultado exatamente oposto àquele pelo qual todos devemos lutar. Precisamos que os novos canadenses — na verdade, que todos os canadenses — participem da construção do país e não se abstenham.

A melhor forma de pensar no multiculturalismo é imaginá-lo como uma espécie de contrato social. Sob esse contrato, os recém-chegados ao Canadá prometem obedecer a nossas leis, ensinar seus filhos as habilidades e a fluência no idioma necessárias para se integrar em nossa sociedade e respeitar, se não adotarem imediatamente, as normas sociais que governam o relacionamento entre os indivíduos e grupos canadenses. Em troca, nós respeitamos aspectos culturais que podem ser importantes para eles e não façam mal a mais ninguém. Obrigar um jogador de futebol de 9 anos de idade a tirar o turbante, demitir uma trabalhadora de creche por ela usar um hijab ou tirar um cardiologista do centro cirúrgico porque ele usa quipá são gestos que descumprem esse contrato social.

Talvez o Canadá seja o único país da Terra que é forte devido às diferenças e não apesar delas. A diversidade é fundamental para nossa identidade, além de fazer de nós um país bem-sucedido. Nós a vivemos em toda parte, em pequenas e grandes cidades de todo o país, sendo uma de nossas contribuições mais importantes e singulares ao mundo. É por isso que defendo tão prontamente os direitos das minorias e promovo a Carta de Direitos e

Liberdades. Acredito que esta abertura está no cerne de quem somos como canadenses, pois fez do Canadá o país mais livre e o melhor lugar do mundo para se viver.

FAZER CAMPANHA é tanto arte quanto ciência. Algumas pessoas são naturalmente boas nisso, já outras nem tanto. É preciso aprender e praticar certas habilidades básicas para ter sucesso.

Precisei aprender a ser mais assertivo ao falar com os eleitores em Papineau. Ser educado é ótimo, mas não adianta aparecer em um evento e não marcar presença.

Uma grande feira pública à qual compareci no início da campanha encenou uma peça infantil ao ar livre. Várias pessoas estavam sentadas bem na frente do palco e logo atrás havia um grande espaço aberto, onde adultos e crianças circulavam durante a apresentação. Era o lugar perfeito para me conectar com os eleitores, mas eu me contive, porque não queria distrair a atenção da peça. Precisei ser praticamente arrancado da cadeira e empurrado na direção da multidão, após ser lembrado de que a atmosfera ali era casual e de que eu estava lá com um objetivo.

Ninguém fez objeção à minha presença ou aos meus esforços para conversar com eles. Na verdade, ao longo do ano e meio no qual fiz campanha em Papineau, nunca encontrei hostilidade quando me aproveitei de situações para me apresentar às pessoas. Por mais cínicos que os votantes de hoje possam ser em relação à política, a maioria das pessoas recebe bem a oportunidade de avaliar um político com um aperto de mão e uma breve conversa. Após meses de campanha, é natural para um político acreditar que todos sabem quem ele é, sendo preciso lembrar a si mesmo que muita gente *não sabe*. Na verdade, muitos canadenses nem conseguem citar o nome do parlamentar que os representa, que dirá os *candidatos* ao cargo. E, como descobri na prática, ter um sobrenome familiar não ajuda tanto quanto seria de se esperar.

Meu gerente de campanha, Alex Lanthier, tinha uma forma eficaz para defender suas ideias sobre melhorar meu estilo de abordagem. Um dia eu estava passeando por uma multidão em um evento, apertando mãos pelo caminho e dando um rápido "Oi!", "Olá" ou "Bom te ver!" ao cruzar com as pessoas. Alex me observou por alguns minutos até me chamar de lado e dizer lentamente: "Olá, eu sou Alex Lanthier. E quem é você?" Ao que eu respondi: "Sou Justin Trudeau."

Alex sorriu. "Bom. Agora vá lá e diga isso a todos que encontrar. Todo mundo, sem exceção. Deixe que eles ouçam seu nome. Se eles não souberem isso, você vai ser apenas um excêntrico que apertou a mão deles aleatoriamente", disse.

A comunicação verdadeira com as pessoas sempre foi importante para mim, mesmo quando eu era novato na política. Se você vai encontrar eleitores, precisa ser paciente o bastante e passar um tempo aprendendo seus nomes, perguntando a opinião deles e ouvindo o que eles têm a dizer. Do contrário, não vale a pena.

Dito isso, não importa quanto você esteja aberto para as pessoas, uma lição dura que aprendi é que não se pode persuadir todo mundo a votar em você. Eu recebi as reações mais negativas de alguns eleitores mais velhos que, por algum motivo, guardavam mágoa em relação a meu pai. Muitos deles estavam pura e simplesmente furiosos comigo por ousar bater na porta deles. Não havia como fazer progresso com essas pessoas, não importa quanto eu tentasse procurar temas em que pudéssemos concordar.

Esse era o outro lado das críticas dizendo que eu tentaria tirar proveito do nome Trudeau. Quando o simples nome de um ex-político gera indignação furiosa em um eleitor, não se pode esperar que esse eleitor sinta-se inclinado a votar no filho do político em questão. Quando encontrava essas situações, eu sempre dizia "Estou feliz em conhecê-lo, mesmo que você não vá votar em mim". E seguia para a porta ao lado.

Por fim, quando você está fazendo campanha como candidato para um grande partido político, é importante lembrar que cada sílaba falada em público será analisada em busca de erros, inconsistências, incorreção política e heresias ideológicas. Não importa quanto suas intenções sejam boas, os adversários serão implacáveis ao procurar qualquer trecho que possam tirar de contexto para desacreditá-lo. Por exemplo, o primeiro anúncio dos conservadores me atacando em 2013 mostrava uma citação completamente fora de contexto de uma entrevista em que eu falava de meu pai, na década de 1990. A única atitude que se pode ter diante desses ataques é acreditar que os canadenses são inteligentes o bastante para identificá-los e vão separar o joio do trigo na hora de colocar o voto na urna.

Isso não significa que você não deva (ou não possa) se defender. Muitas pessoas entram na política pensando que precisam apenas respeitar os outros e falar diretamente do coração, mas isso não basta. Nunca basta. Cada frase que você pronuncia será mal interpretada quando for tirada de contexto e divulgada no Twitter.

Por outro lado, você também pode arranjar problemas desnecessariamente ao facilitar para os críticos. Isso em geral acontece quando eu tento ser muito espirituoso ou sagaz. Durante minha campanha em Papineau, um estudante perguntou em meu site: "Se um extraterrestre viesse ao Canadá e ganhasse a cidadania, ele ou ela — ou seja lá qual for o gênero da criatura — será protegido pela Carta de Direitos e Liberdades?" Achei a pergunta excelente, em parte porque explorava meu amor pela ficção científica, mas principalmente porque eu gostava da ideia e da imaginação do garoto. Ignorando o conselho de não responder, escrevi uma resposta bem detalhada e irônica que enfatizava nosso compromisso com a diversidade dizendo que, sim, qualquer extraterreste que se tornasse cidadão canadense estaria protegido pela Carta. (Aliás, um ex-presidente da Ordem dos Advogados de Ontário escreveu em seu blog que minha resposta era "bastante correta em termos jurídicos" e "levanta a interessante questão dos direitos civis para não humanos".)

Alguns dias depois, o jornal *La Presse* publicou uma charge na qual eu aparecia dizendo ao E.T. que ele tinha os direitos da Carta enquanto o alienígena, que apresentava uma estranha semelhança com Stéphane Dion, fazia um gesto obsceno com seu famoso dedo!

POR MAIS QUE eu batesse em todas as portas e aparecesse em vários eventos em todo o distrito, meu foco principal era conhecer as diferentes organizações e grupos comunitários que atendiam os moradores de Papineau. Foi uma escolha natural, pois o meu envolvimento anterior com a ação cívica e o voluntariado veio por meio de Katimavik, da conscientização sobre segurança em relação a avalanches, da prevenção de ataques sexuais e outras campanhas em prol de questões e causas específicas. Papineau sediava vários grupos da sociedade civil que abordavam quase todos os aspectos da vida, especialmente de novos imigrantes que não tinham meios ou conexões para garantir moradias, creches e oportunidades de emprego adequadas.

La Maison de Quartier Villeray, localizada no coração do bairro de Villeray, é uma dessas organizações cuja missão consiste em ajudar pessoas isoladas, tanto em termos econômicos quanto sociais, a ganhar as habilidades e a confiança necessárias para serem membros produtivos da comunidade. Voluntários da Maison de Quartier levam refeições aos moradores locais, ajudam a marcar consultas médicas, fazem workshops educacionais para pais e procuram impedir os moradores em risco de irem para as margens da sociedade. Os canadenses relativamente bem de vida, que não precisam de ajuda para colocar comida na mesa ou ir ao médico, geralmente desconhecem organizações como essa, mas em Villeray e lugares similares em todo o Canadá elas atuam unindo a comunidade.

Fiquei cada vez mais familiarizado com o trabalho desses grupos. Um dos maiores problemas é que a equipe deles precisa gastar uma quantidade imensa de tempo arrecadando fundos. Essas pessoas entram no campo da assistência social porque desejam *ajudar* pessoas, e não pedir dinheiro o tempo todo para continuar funcionando.

O modelo de financiamento para esses grupos geralmente exige que eles se candidatem para receber dinheiro todo ano, significando que a sobrevivência dessas organizações comunitárias se baseia nas prioridades fugazes dos políticos. Quando esses grupos precisam de dinheiro, geralmente precisam desenvolver algum programa que seja aceito pelo parlamentar local, legislador da província ou vereador. Esses grupos são obrigados a reinventar a roda a cada 12 meses. Disse a eles que se fosse parlamentar por Papineau, eu defenderia um modelo que forneceria um financiamento regular e previsível, liberando a equipe para se concentrar em ajudar as pessoas.

Parte do problema está no fato de muitos que trabalham nessas organizações serem voluntários, palavra que transmite a alguns a ideia que o trabalho é opcional, mas essa descrição é incorreta. O trabalho voluntário passou a ser *essencial* em comunidades como Villeray. Várias atividades no país seriam paralisadas se os voluntários em diversas organizações não trabalhassem mais.

Quando se trata de voluntariado, acredito que políticos devam liderar pelo exemplo. Em 2008, quando um grupo de voluntários chamado Coalition des Amis du Parc Jarry fez a limpeza anual no maior parque do distrito, eu cheguei de jeans e camiseta para fazer minha parte, junto com alguns dos meus voluntários. O prefeito da cidade estava lá, bem como o parlamentar e alguns vereadores, todos de terno. Calçamos as luvas, pegamos algumas pás, ouvimos um discurso feito para os voluntários e posamos para uma foto em grupo. Após a foto, os organizadores viraram para os políticos e disseram: "Obrigado por terem vindo."

A Sra. Barbot, o prefeito e os vereadores interpretaram isso como sinal para irem embora. Para surpresa de todos, contudo, minha equipe foi até o parque e ajudou os voluntários na limpeza por três horas.

No ano seguinte, quando chegou o dia da limpeza anual, todos os políticos apareceram de jeans e camiseta, preparados para trabalhar em vez de apenas posar para as fotos. Nosso exemplo se mostrou contagioso.

Estou convencido de que precisamos ir além da visão estabelecida do voluntariado e adotar o que podemos chamar de voluntariado *comprometido*: atividades voluntárias gerenciadas por organizações equipadas e sustentadas por uma combinação de doações privadas e financiamento governamental de longo prazo. Essa foi a posição que assumi em Katimavik e estou convencido que o mesmo modelo pode ser estendido a uma vasta gama de outros grupos.

Papineau também me ensinou muito sobre o problema dos salários e da desigualdade de renda. Em seu perímetro ocidental, o distrito de Papineau faz limite com Mount Royal e Outremont, dois distritos federais onde ficam alguns dos bairros mais ricos do país. La Maison de Quartier Villeray fica a apenas dez minutos de carro das imensas residências com vários quartos de Hampstead e Outremont, mas em termos de necessidades da comunidade, eles poderiam muito bem estar em planetas diferentes.

Em Papineau eu represento muitas famílias tão pobres que costumam mandar os filhos à escola sem tomar café da manhã. Algumas crianças que mal têm idade para irem sozinhas à escola acompanham irmãos mais novos ao jardim de infância porque os pais trabalham em horários que os impedem de estar em casa quando as crianças saem para estudar. Muitas pessoas que trabalham nos bancos de alimentos locais estão a um contracheque de precisar das cestas básicas que distribuem. São pessoas que praticamente não têm patrimônio e muito menos planos de aposentadoria.

Os ricos e os pobres do Canadá praticamente não interagem, e essa dinâmica da desigualdade de renda configura um círculo vicioso. Uma geração atrás era mais comum que médicos, advogados, pedreiros, professores, donos e funcionários de lojas morassem no mesmo bairro. O tamanho das casas e dos carros podia ser diferente, mas eles tendiam a comprar nas mesmas lojas, andar nos mesmos parques e frequentar as mesmas igrejas. Tudo isso oferecia aos legisladores a oportunidade de entender os problemas enfrentados pela classe média e os pobres, porque em muitos casos essas pessoas eram seus amigos e vizinhos. Isso não acontece mais em várias cidades do Canadá. Em algumas áreas de Papineau é possível andar vários quarteirões sem encontrar alguém que tenha diploma de nível superior ou uma renda de seis dígitos. Em Outremont e Westmount, por outro lado, o desafio consiste em achar um morador que não tenha pelo menos uma graduação universitária.

Em alguns casos, o adágio sobre nascer do lado errado da cidade é mais literal do que metafórico. Parc-Extension, o bairro miserável a oeste de Papineau, é cercado por uma autoestrada e duas ferrovias. O quarto lado, a oeste, é demarcado por uma cerca de arame. Alguns metros depois da cerca fica a verdejante e próspera cidade de Mount Royal. A cerca é considerada uma necessidade para os moradores de Mount Royal e desprezada em Parc-Ex, onde simboliza a expansão do abismo econômico existente em nossa sociedade.

Ao discutir problemas de riqueza e desigualdade de renda com amigos com a mesma criação privilegiada que eu, às vezes tenho vontade de levá-los a meu distrito para que eles vejam de perto os desafios enfrentados por muitos dos meus eleitores. A desigualdade grave não é um mito, como alegam alguns comentaristas conservadores, nem um slogan para promover a luta de classes. É uma realidade dura, que existe para todos os que estejam dispostos possam observar.

A desigualdade é corrosiva ao longo do tempo. Ela se realimenta de incontáveis modos invisíveis e às vezes inconscientes. A menos que você precise enfrentá-la em comunidades como Saint-Michel e Parc-Ex, é fácil demais fingir que ela não existe. Precisamos ficar abertos em relação a dividir a prosperidade do mesmo jeito que somos abertos à diversidade. Nossa resposta à desigualdade e aos problemas que as pessoas comuns enfrentam em todo o país será fundamental para determinar nosso sucesso como nação. A cada dia nas ruas de Papineau eu reaprendo que precisamos fazer muito mais para garantir que todos os canadenses tenham uma oportunidade real e justa de sucesso na vida.

Do FIM DE 2007 à primeira metade de 2008, continuei a fazer campanha em Papineau com empolgação, apesar dos sérios problemas enfrentados pelo Partido Liberal. Stéphane Dion era um líder sério, inteligente e bem-intencionado, mas entrou em um ninho de cobras quando assumiu a liderança do partido, pois estava cercado de pessoas que ainda eram leais a outras facções e líderes em potencial. Um líder mais implacável poderia ter demitido todos os indivíduos ligados aos adversários e trazido pessoas de confiança, mas esse não era o estilo de Dion, e, sinceramente, não sei se isso o teria ajudado.

Jean Chrétien ganhou o último dos três governos majoritários no ano 2000. Sob a liderança de Paul Martin na eleição de 2004, os liberais foram reduzidos ao status de minoria, e, em 2006, o partido se viu fora do poder pela primeira vez desde o breve mandato de Kim Campbell em 1993. Estávamos enfrentando sérios problemas, mas alguns fiéis do Partido Liberal pensaram que o resultado de 2006 tinha sido apenas um pequeno acidente e o país retomaria o juízo a tempo da próxima eleição. Eles ainda precisavam entender que o escândalo do patrocínio afastou muitos eleitores, especialmente em minha província natal. Além disso, havia a ressaca da longa briga entre Jean Chrétien e Paul Martin, a abordagem preguiçosa do partido em relação ao envolvimento com as bases, o fato de negligenciarem eleitores jovens e de grupos étnicos e a ideia geral de arrogância e sensação de direito adquirido. Estava claro para mim, e para vários outros canadenses, que o Partido Liberal tinha desaprendido o que sabia sobre o trabalho árduo necessário para conquistar e manter a confiança das pessoas.

No dia 7 de setembro de 2008, o primeiro-ministro Stephen Harper visitou a residência oficial da governadora-geral e pediu a Michaëlle Jean para convocar uma eleição geral, dando início aos 37 dias mais movimentados de minha vida. Foi quando me disseram: "Dê um beijo de despedida em sua esposa, pois você não vai vê-la nas próximas cinco semanas."

Meu dia começava às sete da manhã em frente a uma das nove estações de metrô do distrito entregando panfletos a pessoas que estavam correndo para ir ao trabalho de manhã. Quando a hora do rush matinal terminava, eu andava pelas ruas, por lojas e restaurantes em todo o distrito. Muitas lojas estavam vazias quando eu passava por lá, mas isso não importava. Eu passava um tempo falando com o dono e os funcionários, pessoas importantes que podiam ser convencidas a colocar minhas placas de candidato e, quem sabe, falar bem de mim para os clientes.

Eu tentava conversar com o máximo possível de grupos, incluindo a Associação Profissional dos Motoristas de Táxi de Québec, um grupo muito influente, como seria de se esperar. (Quantas vezes você já não se viu falando de política com o motorista do seu táxi?) O almoço geralmente era dividido com voluntários na sede da campanha para ajudar a motivá-los. À tarde era um bom momento para visitar os centros comunitários de idosos antes de voltar para as estações de metrô e cumprimentar os passageiros que voltavam para casa no fim do dia de trabalho. As noites eram preenchidas com telefonemas para líderes comunitários a fim de convidá-los para os eventos do dia seguinte. Após algumas horas de sono, eu me levantava e fazia tudo de novo.

Era um trabalho árduo, mas eu amava cada minuto: a rotina, a disciplina, o aprendizado e, acima de tudo, a interação com o povo de Papineau. Boa parte da política é fugaz, efêmera, e a maior parte dela é mesmo uma *merde*. As conexões feitas com as pessoas que depositam esperança e confiança em você são o que me fazem suportar todo o resto. É o que faz tudo isso valer a pena.

O resultado na noite da eleição produziu uma vasta gama de emoções. Eu vivenciei a alegria pura quando consegui a indicação pelo Partido Liberal 18 meses atrás e fiquei exultante ao vencer em Papineau por uma margem estreita, conseguindo 17.724 votos contra 16.535 de Vivian Barbot. Apesar disso, eu e outros liberais não estávamos no clima para comemorar: o partido como um todo levou uma surra, ganhando apenas 26% do voto popular em todo o país, enquanto o Partido Conservador aumentou a representação de seu governo minoritário de 127 para 143 cadeiras. Fiz um discurso animado para agradecer a meus voluntários por todo o esforço, mas o resultado geral foi decepcionante.

Encontrava-me tão concentrado em minha comunidade que o contraste entre os resultados local e nacional me surpreendeu e chocou. Eu era um dos poucos novos parlamentares liberais a conquistar uma cadeira que não tínhamos na dissolução. Quase imediatamente fui tirado do trabalho real na comunidade do qual tanto gostava para entrar nas intrigas insignificantes e na estratégia temerária da política.

Naquela noite o famoso jornalista de Quebec Bernard Derome me entrevistou como parte da cobertura das eleições feita pela Radio-Canada. Eu apareci em um vídeo transmitido diretamente da sede da campanha, usando um fone de ouvido em um ambiente cheio de voluntários alegres ao fundo. Após me cumprimentar, Derome chegou à pergunta sensacionalista que todos estavam fazendo: Dion deveria continuar sendo o líder do partido?

A aritmética era estranha: a queda do partido de 95 para 77 cadeiras era decepcionante, mas não tão desastrosa a ponto de fazer com que o destino de Dion fosse assim tão óbvio. Muitos liberais, incluindo eu, acreditavam que ele tinha tido azar e teria sido impossível para qualquer líder superar os graves problemas estruturais do partido em apenas um ciclo eleitoral. Por isso, minha resposta foi: "Dion é um homem de inteligência e integridade, que tem uma visão profunda e sábia para este país, e tenho muito a aprender com ele." Derome retrucou: "Então o senhor está me dizendo que vai defender a liderança dele e está disposto a dar uma segunda chance a Dion?" Respondi: "Não estamos falando de liderança. O Partido Liberal tem um líder e estou muito contente em servi-lo."

Derome ironizou: "Ah, vejo que você aprendeu bem seu ofício, porque esta não é uma resposta muito clara." "Então me faça uma pergunta clara", respondi. Derome riu. "Você me lembra o seu pai! O Sr. Dion deveria continuar como líder do partido?" Eu disse a ele que Stéphane Dion deveria continuar como líder do Partido Liberal. "Ótimo. Bom, isso foi bem claro. Bravo!", comentou Derome com um floreio antes de encerrar a entrevista.

Aquela tinha sido uma conversa relativamente tensa. Os repórteres adoram histórias sobre lutas internas partidárias, e o meu partido forneceu material para eles por muito tempo. Nada teria agradado mais aos jornalistas do que ouvir o jovem Trudeau atacar o líder de um Partido Liberal diminuído, mas eu me recusei a fazer isso. Dion é um homem extremamente perspicaz e decente, que serviu ao partido e ao Canadá em cargos fundamentais por mais de uma década. Ele não merecia ter o futuro influenciado por uma conversa fiada sobre o resultado decepcionante de uma eleição.

Além disso, eu tinha mais o que pensar. Afinal, tinha passado quase dois anos nas ruas de Papineau, convencendo as pessoas de que eu estava me candidatando pelos motivos certos, e estava nisso por eles. Agora, eu mal podia esperar para ir a Ottawa e representar o povo cuja confiança lutei tanto para conquistar. Eu esperava, talvez um tanto ingenuamente, que o sucesso dessa abordagem de base para a política serviria de exemplo modesto para meu partido.

Minha esperança mais forte para o Partido Liberal na eleição de 2008 era de que a derrota nos ensinaria uma lição valiosa: nossa ligação com os canadenses tinha ficado muito fraca e precisava ser reconstruída do zero por meio de muito trabalho árduo.

Capítulo sete

A vida como parlamentar novato

Em fevereiro de 2007, quando estava me preparando para disputar a indicação em Papineau, Sophie me chamou para conversar e disse: "O que você está fazendo este ano em Papineau vai mudar nossa vida, mas aqui está algo que vai gerar uma mudança ainda maior."

Ela me mostrou um teste de gravidez caseiro (e depois admitiu ter sido o quinto feito naquela tarde), claramente mostrando um pequeno sinal de somar na cor azul. Fiquei em êxtase. Sempre quis ser pai acima de tudo. Fui inspirado pelo pai extraordinário que tive e pelo exemplo que ele deixou. Sophie e eu queríamos filhos praticamente desde o dia em que nos casamos. Senti empolgação e expectativa.

Tudo estava dando certo. Eu tinha encontrado em Sophie a parceira com a qual dividiria a vida e encontrei minha vocação no serviço público por meio da política. Agora estávamos começando uma família, que seria a motivação para todo o resto.

Xavier James Trudeau nasceu em 18 de outubro de 2007, o dia em que meu pai teria feito 88 anos. O nome do meio foi uma homenagem a meu avô Sinclair. Ele foi um bebê gordo e feliz, com os olhos verdes e a disposição franca e gentil da mãe. Ele cresceria forte e atlético, sem medo nos campos e na água, mas tímido em situações envolvendo gente nova.

Dezesseis meses depois, no dia 5 de fevereiro de 2009, Ella-Grace Margaret Trudeau veio ao mundo. Ella nasceu iluminada e tranquila, mas com uma vontade, determinação e sagacidade que logo levaram-na a correr em círculos pela casa. E o pai? A resposta não surpreende: fiquei completamente apaixonado e faço de tudo por ela.

Quando Xavier nasceu, eu era o candidato liberal a uma eleição que aconteceria quase dali a um ano. Tirei algumas semanas de folga e nos primeiros meses estava em casa ajudando quase o tempo todo. Quando Ella-Grace veio ao mundo, eu era um parlamentar novato. Ela nasceu em uma quinta-feira, nós fomos para casa no sábado e na tarde da terça-feira seguinte eu estava voltando para Ottawa de carro para votar. Minha licença-paternidade durou quatro dias e meio, sendo dois em um fim de semana.

Eu busquei a aprovação de Sophie antes de concorrer a um cargo público por saber, pela infância que tive, como a política podia ser difícil para famílias e relacionamentos, mas vivê-la como pai e marido era uma questão bem diferente.

Uma semana normal em minha vida significava sair de Montreal na segunda de manhã, passar quatro dias no Parlamento em Ottawa e voltar a Montreal na quinta-feira à noite, geralmente para um evento no distrito. Na sexta-feira eu participava de reuniões no escritório de Papineau, enquanto o sábado era preenchido com eventos no distrito e o domingo era quase sempre reservado para a família.

Em meu primeiro ano de mandato parlamentar, Sophie e eu alugamos um apartamento mobiliado de dois quartos a 15 minutos de caminhada de Parliament Hill, pensando que em algumas semanas a família poderia ir para Ottawa. Isso acabou não acontecendo, visto que meus dias de trabalho eram longos e imprevisíveis devido às votações, e todo o sistema de apoio de Sophie, com família e amigos, estava em Montreal. Em meu segundo ano, preferi ficar em hotéis quando estava em Ottawa.

Estar longe de minha esposa e dos filhos pequenos por tanto tempo era muito difícil, mas também útil para me dar perspectiva. Toda semana quando vinha de Ottawa para casa de carro, eu me fazia algumas perguntas simples. O tempo que passava longe da família valia a pena? Eu estava construindo um futuro melhor para eles, concentrado em servir o mundo no qual eles cresceriam, ou estava apenas participando do jogo da política, somando pontos e tentando vencer? Não vou fingir que sempre consegui responder a essas perguntas, mas o simples hábito de fazê-las era uma forma de manter em primeiro lugar na cabeça o que realmente importava.

Sinceramente, as respostas vieram com mais facilidade do que se pode imaginar. O Parlamento é repleto de pessoas boas, concentradas em servir bem aos canadenses, enfrentar questões difíceis e tentar descobrir a melhor forma de levar nosso país ao progresso. Quase nada disso chega às manchetes ou aos telejornais noturnos. Meu objetivo para o primeiro ano de mandato era descobrir um truque simples: ser discreto e orgulhoso ao mesmo tempo.

Alex Lanthier, que na época gerenciava meu escritório em Parliament Hill, ajudou imensamente nisso. O orçamento para o gabinete de um parlamentar novato não era muito grande, permitindo apenas um funcionário em tempo integral e um em tempo parcial em Ottawa e dois funcionários em tempo integral e um em tempo parcial no escritório do distrito. Os anos de experiência de Alex com gabinetes de ministros liberais nos ajudaram a fazer muito com pouco dinheiro. Ele confiou em algumas pessoas quase aposentadas para acertar tudo e trouxe jovens brilhantes e trabalhadores que rapidamente aprenderam os truques do ofício.

Meu foco era Papineau. Entre o muito que eu tinha a aprender, representar bem o povo do meu distrito era de longe o mais importante. Não só esse era meu papel como parlamentar, como eu sabia que os vários desafios enfrentados pelas pessoas do meu distrito representavam os desafios que muitos canadenses enfrentavam em todo o país. Portanto, servir a meus eleitores acontecia em dois níveis: diretamente, por meio de meu escritório em Papineau, atuando em questões como imigração, pedidos de visto, problemas relacionados a emprego, atrasos em aposentadorias e outras situações em que as pessoas precisavam da ajuda de seu representante federal para resolver. Depois, quando estava em Ottawa, fazia o melhor para ver a legislação e a política através das lentes das prováveis ramificações para os habitantes do meu distrito.

Às vezes me perguntam como ter sido professor me ajudou a ser um bom parlamentar. Um bom professor não é apenas a pessoa que tem todas as respostas e as fornece aos alunos. Um bom professor entende as necessidades dos alunos e cria as condições para que eles encontrem as respostas. O objetivo é ajudá-los em momentos de dificuldade, mantendo o foco e dando independência a eles para que tenham sucesso por conta própria. Da mesma forma, considero que o objetivo de um bom parlamentar é ajudar o governo a criar uma estrutura para uma sociedade na qual as pessoas possam ser cidadãos engajados e bem-sucedidos, oferecendo um auxílio extra para quem precisa.

E no meu distrito essas necessidades exigiam a presença ativa e forte do parlamentar. Quando andava pelas ruas de Papineau, as pessoas me abordavam com todo tipo de problema, sendo que alguns nada tinham a ver com a jurisdição federal. Ouvi reclamações sobre garis que acordaram um bebê fazendo muito barulho ao coletar o lixo, vizinhos que escutavam música alto demais ou cuja comida espalhava aromas em todo o edifício. Ouvi reclamações sobre regras de estacionamento que levavam muita gente a ter uma despesa de cinquenta dólares que não podia pagar com tanta frequência, bem como pessoas confusas sobre os requisitos exigidos para obter seguro-desemprego e aposentadoria. Eu tentava, mas óbvio que não conseguia ajudar todas essas pessoas diretamente. Quando eu não conseguia, sempre tomava o cuidado de indicá-las a alguém que poderia oferecer assistência.

O tema que continua a render o maior número de pedidos dos eleitores em Papineau é cidadania e imigração. Quem deseja se informar sobre as implicações na vida real da política feita pelo Canadá nessa área deveria falar com as pessoas que visitam o escritório distrital de um parlamentar. Muitos pedidos estão relacionados a vistos de turista ou pedidos de imigração para reunificar famílias. Em um caso típico, um imigrante teve um filho e gostaria de trazer um avô ou avó do país de origem para ajudar com o recém-nascido, talvez apenas por alguns meses. Nossa abordagem consiste em entrevistar o casal para avaliar a veracidade da solicitação antes de escrever uma carta de apoio aos agentes de imigração.

Em casos nos quais o pedido de residência permanente já foi preenchido, o escritório de um parlamentar não pode acelerar o processo. Esses casos podem levar anos para passar pela burocracia, deixando quem fez o pedido no limbo. A única ajuda que podemos fornecer é perguntar aos agentes de imigração o status do pedido, algo que cidadãos comuns têm dificuldade de fazer.

Os vários encontros que tive com eleitores frustrados me convenceram de que as reformas sensacionalistas na imigração feitas pelos conservadores são muito mais admiradas em Ottawa do que eficazes na prática. Começamos a perder algo vital no país com a abordagem de Harper. Desde o início de 1980, quando Wilfrid Laurier implementou a expansão imigratória mais ambiciosa que o país já viu, sempre entendemos que a imigração é basicamente uma política econômica. O argumento de que esta seria uma inovação conservadora costuma ser feito por quem não conhece muito bem a história do país. O valor econômico da imigração sempre foi reconhecido. Não teríamos crescido tanto sem ela. Contudo, as pessoas não são meras produtoras de coisas e acredito que a política atual perdeu de vista o papel crucial da imigração para o Canadá: é a ferramenta para construir uma nação. Da restrição míope à política de reunificação familiar até o gerenciamento inadequado do Programa de Trabalhadores Estrangeiros Temporários, estamos acabando com a singular ideia canadense de que as pessoas vêm de fora em busca de uma vida nova, não apenas de um emprego melhor. Devemos ver os recém-chegados como criadores de uma comunidade e cidadãos em potencial, não apenas como funcionários.

Toda essa diversidade apresenta desafios interessantes para um novo parlamentar em um distrito urbano, e entre os maiores está a suposição errônea que muitos eleitores têm sobre o poder que os parlamentares canadenses podem exercer em seu nome. Em muitos países em desenvolvimento, os políticos conseguem driblar o sistema quando desejam. Eles podem perdoar dívidas de impostos de uma pessoa, tirar o parente de alguém da cadeia ou agilizar o processo em um caso de imigração com apenas um telefonema. O principal obstáculo nesses países é obter uma consulta com o político local. Como seu problema será resolvido assim que você entrar no escritório dele, ter acesso a esses políticos geralmente exige amigos poderosos, dinheiro ou ambos.

Isso explica por que imigrantes de alguns países frequentemente se mostravam surpresos por conseguirem entrar em meu escritório e falar diretamente comigo em quase todas as sextas-feiras. Como os políticos em seus países de origem geralmente estavam cercados por guarda-costas, às vezes os eleitores vinham ao escritório com um padre, imã ou um séquito de líderes comunitários proeminentes para dar o aval em relação a eles, obviamente uma etapa desnecessária no Canadá.

Interagir com eleitores ao longo dos anos mostrou qual é a aparência do governo para o cidadão comum. A maior reclamação dos canadenses com o governo é que eles consideravam a forma de lidar com o indivíduo impessoal e burocrática. De certa forma, isso é inevitável. Um governo federal que trata das necessidades de 35 milhões de pessoas precisa se basear em processos computadorizados, formulários e menus telefônicos, mas também deve haver um espaço para o contato pessoal direto entre cidadão e servidor público. Sempre que não podemos ajudar um eleitor, ele ao menos reconhece que *alguém* no governo está disposto a conversar pessoalmente sobre a situação dele. Ottawa pode fazer melhor em termos de comunicar e ajudar os cidadãos. Na verdade, *precisa* fazer melhor.

Esse é um dos motivos pelo qual eu levava tão a sério a responsabilidade de responder às cartas enviadas a meu escritório. E a maioria dos parlamentares se dedica bastante a isso, mas no meu caso, pôr a correspondência em dia, oferecia um desafio a mais. Como não é preciso selar uma carta endereçada a Parliament Hill, os canadenses costumam enviar a mesma carta ao seu parlamentar, ao primeiro-ministro, ao líder da oposição e a qualquer outro político que eles acreditem ser favorável à causa ou estar em posição de oferecer ajuda. Sendo assim, considerei um bom sinal que, desde o primeiro dia, meu escritório recebeu uma enorme quantidade de cartas de todo o país sobre uma gama de assuntos incrivelmente vasta.

Simplesmente havia mais correspondência do que a pequena equipe do escritório no Parlamento conseguia lidar e a equipe de Papineau já estava totalmente envolvida com as questões relacionadas ao distrito, até que Alex veio com a solução: começamos a recrutar jovens voluntários e estagiários, a maioria composta por estudantes, que iam ao escritório algumas horas por semana para ajudar a responder às pilhas de cartas em troca da experiência de trabalhar em um ambiente parlamentar e da oportunidade de ver a política de perto.

Nos eventos aos quais eu comparecia, se algum jovem vinha falar comigo demonstrando interesse em política, eu dizia que ele ou ela era bem-vindo para ajudar em meu escritório. Como resultado, em poucos dias todos os locais possíveis do meu pequeno escritório de três salas estava ocupado por jovens voluntários enchendo envelopes ou digitando em um computador, incluindo a minha mesa. Eu adorava isso: ter jovens idealistas ao redor também aplacava um pouco o cinismo que era muito comum no Parlamento.

Outro desafio extra com o qual eu precisava lidar era uma atenção da mídia muito maior do que a recebida pelos meus colegas parlamentares novatos. Aqui, mais uma vez, o trabalho que fiz nas bases do meu distrito naquele ano e meio antes de ser eleito se mostrou fundamental. Em primeiro lugar, quanto mais eu falasse sobre o desejo de ser uma voz válida para as pessoas de Papineau, melhor eu falava com a imprensa. Eu conhecia bem as necessidades, preocupações, esperanças e os sonhos do povo do meu distrito. Quanto mais eu me referia a eles, menos eu era atraído para a intriga e especulação que os repórteres amavam explorar em suas entrevistas do tipo "Um novo Trudeau no Parlamento".

Mais do que isso, o trabalho árduo em Papineau ajudou imensuravelmente como parlamentar. Eu me lembro de ver uma entrevista com um jovem ator que tinha ficado famoso recentemente na qual perguntaram sobre o sucesso e ele respondeu que se sentia tão incrivelmente sortudo por fazer o que amava que se perguntava quando alguém iria bater em sua porta para dizer que havia acontecido um erro e tirar tudo dele. Acho que todos nos sentimos dessa forma de tempos em tempos na vida.

No entanto, desde o primeiro dia em que entrei em Parliament Hill como parlamentar, eu nunca me senti assim. Nem uma vez. Considerando meu sobrenome e o que meus adversários dizem sobre mim, poderia ser compreensível que eu *talvez* me sentisse assim, mas eu sabia quanto tinha trabalhado para ser eleito e obter a confiança de meus eleitores. Eu tinha conquistado o direito de ocupar uma cadeira na casa e ninguém poderia tirar isso de mim. As competições duras que enfrentei tanto pela indicação quanto na eleição me deram a certeza de que eu estava onde deveria estar. E essa perspectiva me ajudou a sorrir e descartar os ataques sujos e negativos feitos contra mim.

Quando se trata dos meios de comunicação, talvez o maior desafio tenha sido aprender a lidar com as sessões rápidas de perguntas e respostas que ocorrem quando um político é cercado por repórteres nos corredores do Parlamento. Sendo uma pessoa educada que foi bem-criada, meu primeiro instinto era de realmente responder ao que me perguntavam. Sendo professor, eu geralmente tentava explicar o raciocínio e a justificativa para minhas respostas, fornecendo exemplos úteis para ajudar na compreensão e garantindo que estava sendo compreendido enquanto falava.

Só que esse tipo de sessão não é uma entrevista e muito menos um discurso. Os repórteres não estão ali para ouvir explicações detalhadas; eles basicamente procuram uma frase incisiva que possam jogar em seus textos ou um clipe de quatro segundos para usar nos programas de TV. E quanto mais um político fala de forma incoerente, maior a probabilidade de que o clipe mais interessante não seja o mais pertinente. Por isso, o desafio consiste em abordar a vasta gama de assuntos que os repórteres perguntam em uma sessão de dez a 15 minutos de modo cuidadoso e conciso.

O problema é que eu realmente acho as conversas com a maioria dos jornalistas interessantes e agradáveis. E uma conversa interessante em geral passa por vários assuntos, então os melhores jornalistas geralmente tentavam me envolver em linhas oblíquas de debate (como faziam meus alunos), mas quanto mais eu fugia da mensagem principal que precisava transmitir, menor a probabilidade de essa mensagem alcançar os canadenses.

Essas sessões fornecem estranhos momentos de poesia de vez em quando. Todo canadense adulto conhece a famosa frase do meu pai: "Apenas me observe." Ela foi dita em uma sessão de perguntas e respostas desse tipo. Era 1970 e ele respondia à pergunta de um repórter sobre até onde estava disposto a ir para proteger os canadenses da ameaça do Front de Libération du Québec. O FLQ tinha assassinado um ministro provincial e sequestrado um diplomata britânico. O repórter da CBC Tim Ralfe estava com um microfone na mão esperando o carro do meu pai e o interceptou enquanto ele entrava nos prédios do Parlamento. Em nossa época agressivamente roteirizada, o vídeo dessa conversa é maravilhoso (está disponível no YouTube). Nele, vemos o primeiro-ministro do Canadá se envolvendo em um debate espontâneo sobre uma questão grave de segurança nacional com um repórter agressivo cuja linha de questionamento indicava que, na opinião dele, o primeiro-ministro estava infringindo as liberdades civis dos cidadãos canadenses. Não é apenas a resposta direta, inequívoca e desafiadora de meu pai que é tão surpreendente, e sim o fato de que a pergunta de Ralfe foi respondida e com detalhes.

Essa troca livre e aberta entre jornalista e político era o exemplo que eu tinha em mente quando cheguei a Ottawa, mas os tempos mudaram. Nessa era de Twitter, sectarismo exacerbado e trechos de entrevistas, poucos políticos — e certamente não o nosso atual primeiro-ministro — se permitiriam ser atraídos para uma discussão tão franca com um repórter. Em vez de fornecer respostas diretas e sinceras, os políticos de hoje geralmente usam as perguntas dos repórteres como plataformas para reiterar a mensagem *du jour* de seus partidos. Não há espaço para o estilo de meu pai na Ottawa de hoje. Pelo menos por enquanto.

Um de meus primeiros atos formais no Parlamento foi apresentar a proposta de um cidadão sobre o serviço voluntário juvenil. Todos os parlamentares novatos têm sua oportunidade, de acordo com um sorteio aleatório, para apresentar um projeto de lei ou proposta sobre o assunto de sua escolha para que o Parlamento vote. Um projeto de lei apresenta ou modifica a legislação enquanto uma proposta geralmente leva a um estudo por parte do comitê que resulta em um relatório.

Meu objetivo era simplesmente fazer com que a Câmara dos Comuns percebesse a importância do serviço voluntário juvenil. Quando trabalhava em prol de Katimavik, eu vi quanto era difícil fazer os parlamentares entenderem como esse serviço era bom para dar independência não só aos jovens, como também a organizações e comunidades em todo o país. Eu não queria marcar pontos nem envergonhar os outros partidos, queria apenas obter um estudo sobre o voluntariado juvenil e como o governo poderia estimulá-lo por meio da estrutura para um serviço desse tipo em âmbito nacional. Por isso apresentei a M-299, propondo a criação de uma política nacional voltada a essa causa.

Quando a proposta foi amplamente derrubada pelo Partido Conservador e o Bloc Québécois, entendi naquele momento o beco sem saída enfrentado por quem defende as questões dos jovens na política. Como os jovens não acham que os políticos se importam com seus problemas, não ficam especialmente ofendidos quando os políticos votam contra eles. E como jovens não costumam votar, os políticos não se preocupam em gastar tempo ou energia nas questões importantes para eles, o que dá mais incentivo para que os jovens não se envolvam na política. E assim o ciclo se perpetua. Seria preciso um compromisso pessoal de liderança política para acabar com isso.

Toda essa experiência fortaleceu minha determinação de falar alto e claro para os jovens em todo o país. Eu iria garantir que pelo menos um político forte estava usando sua voz para lutar pelos jovens do Canadá.

O trabalho no comitê também me ensinou muito sobre o verdadeiro funcionamento da política parlamentar. Um comitê é um grupo de parlamentares encarregados de analisar a legislação ou realizar um estudo sobre uma determinada área. Um projeto de lei é inicialmente enviado para a Câmara dos Comuns e, caso seja aprovado, é enviado ao comitê específico para análise. Nessa etapa, integrantes de todos os partidos examinam o projeto, ouvem a opinião de especialistas, testemunhas e partes interessadas, propõem emendas e aperfeiçoamentos e o enviam novamente à Câmara para a votação final.

Pelo menos é assim que deveria funcionar. Em minha experiência, o que as testemunhas dizem, os especialistas recomendam ou os oposicionistas propõem importa muito menos do que a visão e a política em torno de um assunto específico. Nos primeiros anos de mandato eu estava no comitê de meio ambiente e depois atuei no de cidadania e imigração. No primeiro comitê, o governo só se importava em parecer que se preocupava com o meio ambiente, fazendo apenas o mínimo necessário para mostrar isso. No segundo, parecia que todas as respostas já estavam prontas e quem discordasse só podia ser um partidário raivoso da oposição.

Lembro-me de fazer perguntas profundas a testemunhas, envolvendo-as em discussões detalhadas sobre várias medidas ou recomendações e desafiando regularmente — com algum sucesso, acredito — as ideias presunçosas dos conservadores sobre o histórico deles em termos de liderança ambiental. Após algumas conversas específicas, percebi que dei uma contribuição modesta, porém significativa, para melhorar a forma pela qual o governo age ou pelo menos chamar atenção para o fato vergonhoso de eles não terem se preocupado com o bem-estar da terra que nos sustenta. Mas a verdade é que naquela época a maioria dos procedimentos em comitês eram golpes de espada em um rio, criando apenas pequenas ondulações que rapidamente desapareciam.

No INÍCIO DO meu primeiro mandato como parlamentar, a paisagem política do Canadá mudou dramaticamente. Seis semanas após a eleição de outubro de 2008, os partidos de oposição assinalaram a intenção de derrubar o governo conservador minoritário com um voto de desconfiança sobre a mudança absurdamente inadequada feita no orçamento governamental. Fazendo isso, nós estabeleceríamos um governo de coalizão formado pelo Partido Liberal, com 77 cadeiras, e o Partido Novo Democrático (NDP, na sigla em inglês), com 27 cadeiras. O Bloc Québécois concordou em apoiar a coalizão com votos de confiança, mas antes que pudéssemos agir o primeiro-ministro pediu à governadora-geral Michaëlle Jean para prorrogar o Parlamento até janeiro de 2009, evitando o voto de desconfiança de modo eficaz.

Em tese, a coalizão proposta poderia ter sobrevivido bem naquele ano. Na prática, ela se desintegrou quase imediatamente.

Em nosso sistema parlamentar, o governo é formado pelo partido (ou partidos) que consegue obter e manter a confiança da Câmara dos Comuns. Os cidadãos colocam pessoas na Câmara dos Comuns com seus votos e a Câmara decide quem tem o poder. Em um governo majoritário, se um partido tem mais da metade das cadeiras, ele vira o governo e ganha todos os votos, mas em uma situação minoritária nenhum partido comanda a Câmara. Isso faz com que o governo geralmente seja formado pelo partido com o maior número de cadeiras, que consequentemente vai precisar de apoio para conquistar votos e governar. A minoria conservadora perdeu esse apoio e os outros partidos estavam prontos a se unir para formar um governo que teria o apoio da maioria dos parlamentares da Câmara. Isso era perfeitamente legítimo em tese, mas na prática a legitimidade também exige apoio público.

Os conservadores estavam lutando pela sobrevivência política, e usaram sua poderosa máquina de comunicação para corroer esse apoio público de duas formas. Primeiro, eles interpretaram pessimamente a forma pela qual o governo parlamentar de fato funciona e o que seriam práticas aceitáveis dentro dele. Foi fácil (e convincente) dizer: "Stephen Harper ganhou a eleição e agora os perdedores querem tomar o governo." Era difícil revidar a esse argumento descrevendo como a legitimidade governamental é garantida pela Câmara dos Comuns. Um trecho gravado de entrevista vale mais que uma lição de civismo.

Em segundo lugar, eles enfatizaram que a coalizão exigiria o apoio dos soberanistas para governar. Não importava o fato de o próprio Partido

Conservador, em governo minoritário e na oposição, ter pedido e se baseado no apoio do Bloc para ganhar alguns votos. Naquele momento, quando era vantajoso, eles usaram o argumento fácil de que "os soberanistas controlariam o Canadá". O primeiro-ministro Harper até disse na Câmara que não havia bandeiras canadenses na cerimônia de assinatura da coalizão, o que era uma inverdade fácil de desmascarar.

Em política, contudo, a percepção usualmente ganha da realidade. Nós simplesmente não estávamos transmitindo muito bem nossa mensagem. O principal exemplo disso veio no auge da crise, pouco depois de Harper aparecer na televisão para explicar sua situação ao público. A resposta de Stéphane Dion ao discurso de Harper deveria ser exibida logo em seguida, mas a equipe dele não conseguiu cumprir o prazo da emissora, e, quando o produto final foi ao ar naquela mesma noite, a resposta de Dion foi tão confusa e pouco profissional que parecia ter sido gravada em um telefone celular barato. Não era culpa de ninguém em particular, mas Dion, por ser líder do partido, foi responsabilizado. Então não tinha mais volta, e quando a governadora-geral atendeu ao pedido de prorrogação feito por Harper no dia seguinte, o jogo estava acabado.

A mensagem para mim e outros liberais naquela noite foi clara. Ser um partido de valores e ideias não bastava. Era preciso comunicar esses valores e ideias com profissionalismo e rigor.

Stéphane Dion renunciou ao posto de líder do partido quatro dias depois. Isso levou a outra convenção pela liderança, ocorrida em maio de 2009, em Vancouver, com Michael Ignatieff, Bob Rae e Dominic LeBlanc interessados no cargo. Algumas pessoas sugeriram que eu deveria buscar a liderança, mas nunca tive intenção alguma de correr atrás disso. Na verdade, eu estava tão desinteressado na briga pela liderança que logo no começo assumi papel neutro como um dos organizadores da convenção. Como as manobras de bastidores rapidamente levaram Dom e Bob a sair da disputa, Michael Ignatieff tornou-se o líder do Partido Liberal do Canadá.

Ignatieff trouxe um conjunto familiar de qualidades, pois era um intelectual público cuidadoso, viajado, carismático e preparado para adaptar suas filosofias ao mundo bruto da política. Muitos diziam que o perfil dele era similar ao do meu pai. Na verdade, era possível argumentar de modo persuasivo que Michael tinha sido muito bem-sucedido antes de entrar para a política. Então por que um deles foi um primeiro-ministro de muito sucesso enquanto o outro levou os liberais a uma derrota significativa?

A falta de intuição de Michael sobre a política do Canadá, talvez uma consequência dos vários anos em que viveu fora do país, foi um ponto de vulnerabilidade. Além disso, a ocasião não poderia ter sido pior para ele, que voltou ao Canadá para liderar o Partido Liberal em seu momento mais fraco desde o início do século XX e teve como adversários os conservadores de Harper, que dominaram a arte de explorar essas fraquezas com os ataques mais sujos e negativos vistos no Canadá. Os conservadores atacaram Michael de modo muito eficaz, em parte porque os liberais, na época, não tinham a capacidade de arrecadar fundos que nos permitiria retaliar com igual volume às mensagens de ataque.

Contudo, o principal motivo foi o Partido Liberal ter perdido o contato com os canadenses, e nós estávamos ocupados demais com brigas internas para perceber. Acabamos pagando caro pelo erro.

Apesar disso, nenhum liberal poderia ter previsto o tamanho da derrota na eleição de maio de 2011. Quando os últimos votos foram contados, ficamos reduzidos a apenas 34 cadeiras na Câmara. O Partido Conservador de Stephen Harper finalmente conquistou a maioria com 166 cadeiras, e as 103 cadeiras restantes foram conquistadas pelo emergente NDP de Jack Layton, o que nos jogou para o status de terceiro partido.

Fui reeleito em Papineau, mas a noite da apuração com a equipe e os voluntários foi fúnebre. Nós, liberais, sofremos a pior derrota nos 144 anos do partido. Eu me lembro de pensar que o caminho para isso estava pavimentado havia muito tempo e foi causado por vários erros graves. De certa forma, não fiquei tão surpreso assim, pois sentia que a ligação do partido com o país tinha ficado tão perigosamente fraca que aquela era a conclusão inevitável de um longo período de desconexão e declínio.

Na noite da apuração, alguns observadores questionaram seriamente se o partido sobreviveria à derrota. Não era exagero. Em apenas sete anos nós tínhamos passado de partido governista com forte maioria a um distante terceiro lugar. Nosso líder perdeu o cargo e os liberais em todo o Canadá temiam o futuro.

Capítulo oito

O caminho para a liderança

No dia seguinte à eleição de 2011, eu pensava mais na sobrevivência do Partido Liberal do Canadá do que na eventual possibilidade de liderá-lo algum dia. Não há como dizer de outra forma: fomos nocauteados. Não foi tão dramático quanto o que houve com os Progressistas Conservadores em 1993, quando passaram da maioria confortável a apenas duas cadeiras no Parlamento, mas chegou bem perto disso.

Na verdade, de certa forma foi até pior. Os Progressistas Conservadores sofreram um choque súbito e calamitoso e o que aconteceu ao Partido Liberal foi mais como o famoso sapo na água fervente. O partido começou nas águas confortáveis de um governo majoritário após a eleição de 2000, com 172 cadeiras, e acabou reduzido a uma minoria de 135 cadeiras em 2004, antes de ser enviado à oposição com 103 cadeiras em 2006. Depois disso, ganhamos apenas 77 cadeiras em 2008, minha primeira eleição. Visto dessa forma, não poderíamos considerar o resultado de 34 cadeiras em 2011 como uma anomalia ou algum tipo de acidente bizarro. Ele continuava uma tendência de longo prazo na qual o Partido Liberal perdia regularmente quase metade de seus eleitores ao longo de uma década. Fiquei convencido de que, exceto se algo crucial mudasse, nossa história acabaria exatamente como a do sapo.

Todos têm uma teoria sobre a derrota de 2001. Alguns culpam o ataque negativo feito pelos conservadores, outros apontam os esforços organizacionais e de arrecadação de fundos agressivos e muitos estavam convencidos que tinha sido consequência da liderança de Michael Ignatieff. Acho que todas essas teorias são simplistas demais e erradas. A verdade era (como geralmente é) muito mais dolorosa e difícil de enfrentar: os canadenses deram ao Partido Liberal a surra que ele merecia. Sei que é algo difícil de ouvir para muitos liberais, mesmo hoje, mas é essencial nos lembrarmos disso.

Ao longo de uma década no poder enfrentando uma oposição dividida, o partido se concentrou em si mesmo em vez de nos canadenses que o apoiaram, elegeram e tiveram fé nele. A ideia de que éramos o partido governista natural do Canadá era axiomática para muitos liberais, mas para mim capturava perfeitamente tudo o que tinha dado errado no partido. Chegamos ao ponto em que era comum que um liberal ou outro dissesse a velha frase, como se fosse uma verdade inquestionável: "O Partido Liberal criou o Canadá." Como eu disse quando lancei minha campanha pela liderança 17 meses depois, o Partido Liberal não criou o Canadá, o Canadá criou o Partido Liberal.

Como várias organizações bem-sucedidas, o partido aceitou o sucesso como fato consumado e passou a vê-lo como natural. Ele se esqueceu de como isso tinha sido conquistado. O Partido Liberal foi bem no século XX porque estava profundamente conectado aos canadenses em comunidades grandes e pequenas de todo o país. Ele se tornou a plataforma para as ideias, as esperanças e os sonhos que essas comunidades tinham para a nação. Nós fomos perdendo essa conexão aos poucos. Provavelmente tudo começou durante a liderança de meu pai. Ele (para ser generoso) talvez tenha passado menos tempo do que deveria alimentando a base do partido. Isso culminou na década passada, quando, por sermos oposição a um governo conservador minoritário, muitos acharam que estávamos apenas a um ou dois passos de voltar ao poder. Esses foram erros cruciais, mas nada disso importa; atribuir culpa não leva a nada. A questão é que nossa derrota de 2011 não foi prevista. Nós fizemos isso a nós mesmos. Na separação entre o povo canadense e o Partido Liberal, o problema era o partido, não o povo.

A verdadeira pergunta que eu tinha em mente naquela primavera era: agora que chegamos ao fundo do poço, será que meu partido aprendeu a lição?

Como um dos sobreviventes mais conhecidos do Partido Liberal (fica difícil usar o termo *vencedor* no contexto de 2011), era minha responsabilidade aparecer nos meios de comunicação após aquele resultado terrível. Sabia que me perguntariam se eu iria lutar pela liderança do partido. Eu não tinha intenção de fazer isso e temia que qualquer ambiguidade nessa resposta pudesse desencadear outra rodada da dinâmica negativa na qual alguns liberais se enganavam imaginando que havia um atalho para voltar à popularidade e ao poder. Minha mensagem nessas entrevistas foi extremamente direta. Eu disse que só havia um jeito de sairmos do buraco que nós mesmos cavamos: trabalho árduo. Acreditava na época (e continuo acreditando) que os canadenses julgariam se nós entendemos o recado mandado por eles e também se estávamos mostrando de modo consistente a ética de trabalho disciplinado exigida para reconquistar a confiança deles.

Como o gongo que salva um boxeador cambaleante, o verão trouxe alívio logo após a autópsia da eleição de 2011. Passei boa parte daquele período com Sophie e as crianças: fomos à Colúmbia Britânica recarregar as baterias com a família e os amigos, e Xavier e Ella-Grace puderam explorar as espetaculares praias da costa oeste. Deixamos a eleição para trás e passamos muito tempo falando sobre o futuro.

Aquele verão também foi um período para outros tipos de reflexão. Eu estava em meu quadragésimo ano e queria celebrar isso com uma espécie de declaração permanente e pessoal. Quando eu era muito jovem (com apenas 5 ou 6 anos de idade), meu pai nos levou a Haida Gwaii, na costa do Pacífico. O povo Haida vivia há milênios naquele lugar verdadeiramente especial, que estava entre os mais lindos do planeta. Eles medem a história de sua cultura em uma escala de tempo incompreensível para os canadenses descendentes de colonizadores que vieram após o contato com os europeus.

Em uma cerimônia de homenagem a meu pai, os Haida também deram a meus irmãos e a mim um privilégio reservado a poucos, que obviamente nada fizemos para conquistar. Eles nos nomearam Filhos do Corvo honorários, em um gesto comovente de abertura, boa vontade e amizade. Então quando passei aquele verão com meus filhos na costa oeste do Canadá refletindo sobre meu futuro e acossado pela constatação do quanto a vida pode ser fugaz e transitória, havia algo reconfortante na permanência da presença nativa naquele lugar. Eu pensei nessa gentileza direcionada a mim havia três décadas e meia e retribuí com um gesto bastante moderno: uma tatuagem do corvo Haida no ombro esquerdo, baseada no design de Robert Davidson. Ela fica ao redor do globo que tatuei anos antes.

Não estou contando essa história para romantizar as Primeiras Nações. Passei tempo demais em comunidades situadas em reservas distantes e obtive uma visão perspicaz sobre os desafios enfrentados por muitos povos Métis, Inuítes e das Primeiras Nações. Meu gesto falava tanto do futuro quanto do passado. É um lembrete de um fato crucial na vida canadense: não conseguimos obter um relacionamento respeitoso e funcional com as Primeiras Nações. Essa é uma das maiores questões não resolvidas do Canadá.

Na verdade, vou além. A situação das Primeiras Nações e nossa disposição como não aborígenes de tolerar a pobreza e injustiça abjetas que afligem tantos integrantes desses povos é uma grande mácula moral no Canadá. Pegando o exemplo talvez mais pungente de nossa falta de disposição para encarar esses desafios, mais de 1.100 mulheres aborígenes estão desaparecidas ou foram assassinadas no Canadá. O governo se recusa a abrir inquérito sobre essa questão, e isso é vergonhoso.

Dito isso, o que me aflige mais em relação à resposta governamental é que os conservadores claramente percebem a existência de um ambiente político que não vai puni-los pela falta de ação. Essa nem era uma questão simplesmente relacionada ao Sr. Harper. Com a notável exceção de Paul Martin, que por meio do Acordo de Kelowna criou uma estrutura e princípios para lidar com muitos desses problemas, a maioria de nossos primeiros-ministros passou longe de fazer progressos significativos nessa área.

O eventual progresso veio basicamente por meio dos tribunais, pois os povos das Primeiras Nações entraram na justiça para serem incluídos na Carta e conseguirem outros meios constitucionais de proteger seus direitos. Isso precisa mudar. O relacionamento do Canadá com seus primeiros povos define o caráter nacional e atualmente é um obstáculo prático que atrasa nosso país. Os tribunais estão dizendo o que já deveríamos saber desde sempre: as comunidades das Primeiras Nações em todo o Canadá têm direito a uma oportunidade justa e real de sucesso. Elas não podem ficar em segundo plano enquanto utilizamos os recursos de suas terras.

* * *

Estávamos na ilha de Vancouver quando recebemos a trágica notícia da morte de Jack Layton. Era impossível não gostar de Jack. Mesmo sendo um adversário político, eu não conseguia deixar de admirá-lo pelo que conseguiu em minha província natal de Quebec. Para muitos observadores a Onda Laranja foi um sucesso da noite para o dia, mas levou anos para se concretizar, como todos os projetos desse porte. Desde o início de sua liderança, Layton definiu o progresso de Quebec como uma de suas maiores prioridades. Tenho certeza de que muitos em seu círculo mais próximo achavam que não daria certo, mas ele se manteve fiel à ideia. Como era teimoso e disciplinado, Layton foi avançando aos poucos ao longo de muito tempo até conseguir a oportunidade. Quando ela chegou, ele estava pronto. Essa foi uma das lições mais importantes a serem aprendidas com o sucesso dessa empreitada. O fato de ter sido derrotado pelo câncer tão pouco tempo após essa conquista acrescentava pungência à tragédia de sua morte. Conversamos poucas vezes, mas como acontece com quase todos que o conheciam, sempre fiquei tocado pela sua generosidade e cordialidade.

A vida pública do Canadá ainda sente falta de Jack Layton.

Talvez esta notícia triste tenha contribuído para aumentar minha determinação em não concorrer à liderança do partido. Não sei ao certo. O que posso afirmar com certeza é que estava 100% em paz com essa decisão. Eu tinha me convencido de que muitos liberais veriam minha entrada na briga pela liderança como outro atalho para a monumental tarefa que tinha pela frente. Contudo, estava decidido a ter um papel ativo nesse trabalho e disse a meus colegas na primeira reunião dos parlamentares do Partido Liberal em setembro que não buscaria a liderança, mas estava empolgado com o futuro e ansioso para arregaçar as mangas e colocar a mão na massa.

Nesse período, muita gente teve dúvidas quanto ao futuro do Partido Liberal. Autores sérios escreveram livros sobre o fim iminente. Nós, moradores de Quebec, estávamos particularmente cientes do perigo que o partido corria. Fora de Quebec, poucos canadenses entenderam os resultados da Comissão Gomery em minha província natal. Independentemente do que você pense sobre as disputas internas dos liberais, a integridade básica do partido foi questionada na cabeça de milhões de moradores de Quebec. Não tinha como fazer aquilo sumir, fingir que não havia acontecido, e muito menos um jeito de tirar o corpo fora com uma nova liderança. Estávamos em um buraco profundo e a única forma de reconquistar a confiança dos habitantes de Quebec e dos outros canadenses era trabalhar arduamente ao longo do tempo.

Apesar desses problemas sérios, nunca duvidei de que o Partido Liberal pudesse ter um futuro. Acredito que os canadenses desejam um partido verdadeiramente nacional, não ideológico e pragmático, que esteja conectado e mantenha o foco neles. Além disso, o partido tem que se concentrar nas esperanças e nos sonhos que eles têm para si, suas famílias, comunidades e o país. Nem sempre conseguimos, mas, em nossos melhores momentos, o Partido Liberal pode ser a força nacional construtiva e unificadora que, desde Wilfrid Laurier, tentou manter o foco na construção de um denominador comum entre povos cujas diferenças são facilmente exploradas por um estilo mais cínico de fazer política.

Entre as muitas vantagens da democracia está a capacidade de autocorreção ao longo do tempo. Se um governo ficar muito egocêntrico ou distante, ele será substituído. Se o povo quiser um novo movimento político, vai criá-lo. Sempre acreditei que os canadenses gostariam que um partido tivesse o papel central que o Partido Liberal já teve. A pergunta era: depois da pior derrota de sua história, será que os liberais conseguiriam ser esse partido novamente? Em outras palavras, poderia o venerável Partido Liberal virar o movimento do século XXI de que os canadenses tanto precisavam?

ALGUNS FATOS CRUCIAIS e auspiciosos ocorreram nos meses após a eleição de 2011. Primeiro, Bob Rae assumiu o posto de líder interino para dar estabilidade e calma ao alto escalão. Nunca é demais enfatizar como a liderança de Bob foi importante ao longo desse período. Ele estabeleceu credibilidade por meio da administração profissional e corporativa de que o partido precisava desesperadamente na época. E o mais importante: ele deu exemplo ao trabalhar muito. Rae não aceitou a ideia então vigente de que o partido estava prestes a ser jogado na lata de lixo da história. Poucos vão reconhecer quanto a atuação implacável de Bob Rae foi importante para garantir que o Partido Liberal não estivesse no funeral que muitos prepararam para ele em 2011.

Em segundo lugar, a base do partido reagiu de modo decisivo. Pessoas de todo o país enfrentaram o desafio com louvor. A tão desprezada base do Partido Liberal compareceu em massa a Ottawa para a convenção de janeiro de 2012. Preciso confessar que até eu fiquei agradavelmente surpreso com o entusiasmo inequívoco demonstrado naquele fim de semana. Essa lição me lembrou da experiência que tive em Papineau. É fácil se envolver no que as pessoas estão pensando, escrevendo e falando na bolha de Ottawa quando você não está lá. Os ventos predominantes podem criar uma atmosfera própria. A convenção de 2012 foi a primeira oportunidade para os liberais de todo o Canadá se reunirem desde a eleição, e a resistência contra esses ventos foi animadora.

De certa forma, a gravidade daquela derrota preparou o caminho para o nosso renascimento. Como terceiro partido, tínhamos liberdade para discutir assuntos polêmicos que jamais teríamos abordado como partido governista. E fatos interessantes começaram a acontecer. Quando 77% dos delegados da convenção de 2012 votaram a favor de proposta para legalizar a maconha, nós nos sentimos confortáveis com a ideia. Fizemos do Partido Liberal um partido verdadeiramente liberal quando os delegados decisivamente apoiaram uma proposta defendendo o direito de escolha para a mulher que deseja fazer um aborto.

Tomamos decisões igualmente importantes, embora menos visíveis, para modernizar a administração e o *modus operandi* internos. Nós também elegemos Mike Crawley presidente do partido. Ele tinha concorrido com o slogan "Um vermelho novo e ousado" e tinha a meta ambiciosa de profissionalizar a arrecadação de fundos do Partido Liberal. E o mais importante: nós remontamos a estrutura do partido para acomodar uma nova classe de "apoiadores" que não pagavam taxas, recrutando canadenses que partilhavam nossos valores e teriam voz na escolha do próximo líder. O contingente de apoiadores também criaria uma ampla base para arrecadar dinheiro e espalhar a mensagem liberal. Isso nos ajudou a utilizar a natureza conectada dos movimentos políticos modernos. Por décadas, os partidos políticos se comunicaram com os cidadãos através dos meios de comunicação de massa, mala direta e telefonemas. A vitória presidencial de Barack Obama em 2008 mudou tudo. Agora, a comunicação política mais importante é feita pelas mídias sociais. As pessoas que criam páginas liberais no Facebook ou atraem milhares de seguidores no Twitter para o partido podem não ter tempo ou vontade de ir a uma convenção partidária, mas reagem com empolgação quando descobrem que têm lugar na estrutura do partido.

O nível de rejuvenescimento ocorrido no Partido Liberal após a convenção de 2012 foi impressionante, não importa que parâmetro você utilize para avaliá-lo. Falando como participante e observador muito interessado, isso me deu a certeza de que o partido finalmente começava a aprender sua lição e estava disposto a fazer o trabalho árduo necessário para reconquistar a confiança dos canadenses. Os Jovens Liberais particularmente vieram aos montes. Como geralmente acontece em momentos cruciais, a juventude viu o que estava em jogo e assumiu o controle do futuro. Muitos desses jovens canadenses comprometidos com a política viraram figuras de destaque em minha campanha pela liderança e agora estão se transformando em líderes comunitários em todo o país. Alguns serão candidatos na próxima ou em futuras eleições, enquanto outros vão praticar o civismo em trabalhos voluntários. Todos eles estão imbuídos de uma atitude positiva em relação ao serviço público e aos interesses da população. Eles eram a lufada de ar fresco e o empurrão de que o Partido Liberal tanto precisava e vieram no momento certo. Naquele mês de janeiro, a juventude deixou claro que nosso partido não desistiria tão facilmente da batalha.

Acima de tudo, eu gostei de estar presente na convenção de 2012. Ela teve um espírito inegavelmente positivo, pois estava livre de partidarismos e lutas internas, lamúrias e acusações sobre o passado. Embora as dores do desastre de 2011 ainda fossem sentidas, tive a impressão de que as pessoas estavam refletindo sobre isso a fim de aprender lições para o futuro. Algo importante aconteceu ao partido, e o evento de 2012 cristalizou isso. O choque de chegar ao fundo do poço em 2011 foi a sacudida que convenceu os liberais em toda parte de que era hora de reconstruir o partido do zero.

Essa ética partilhada por todos era o sinal mais promissor de que os liberais aprenderam a lição que os canadenses tentaram nos ensinar por boa parte da década: o Partido Liberal não tem direito inerente de existir, quanto mais de governar. Esse direito precisa ser conquistado. Para isso, será necessário um esforço imenso, e o país não aceitaria menos.

Finalmente parecia que tínhamos uma quantidade crítica de pessoas capaz de entender isso.

QUANDO ESTAVA SENTADO no centro de convenções em Ottawa ouvindo os jovens e velhos de todos os cantos do Canadá falarem apaixonadamente sobre o país que desejavam construir, comecei a pensar seriamente que poderia liderá-los. É extremamente irônico, mas acho que não teria concorrido caso não tivesse descartado a ideia tão categoricamente alguns meses antes. Esse período me deu o distanciamento e a serenidade necessários para refletir sobre as possibilidades do partido e pensar como seria um movimento político liberal melhor, sem as distrações necessariamente egoístas que acontecem quando se planeja uma campanha para a liderança. Se o outono de 2011 tivesse sido preenchido com intrigas do tipo "Ele vai ou não vai se candidatar?" que afligem os potenciais aspirantes à liderança, duvido que eu estivesse no comando do partido hoje.

Mesmo assim, àquela altura a ideia estava apenas começando a germinar. Eu não estava nem perto de tomar uma decisão definitiva. Logo após a convenção, tive uma longa conversa com meu velho amigo da McGill, Gerry Butts, que foi secretário do governador da província de Ontário por muito tempo. Ele tinha abandonado a política e virou CEO da World Wildlife Fund do Canadá. Eu contei a ele sobre a convenção e o quanto fiquei agradavelmente surpreso pelo fato de as pessoas terem aparecido em massa, cheias de esperança e prontas para trabalhar. Também disse a Gerry que pela primeira vez eu estava começando a revisitar minha decisão de não concorrer à liderança, e perguntei como seria uma campanha para líder do partido. Deixei claro que ainda não tinha decidido, só queria pensar nas opções.

Logo depois, abordamos Katie Telford, que conheci como gerente da campanha para a liderança de Gerard Kennedy em 2006. Depois disso, ela trabalhou no escritório de Stéphane Dion como chefe de gabinete. Eu gostava e confiava nela, pois Katie é trabalhadora, forte, honesta e incrivelmente inteligente, além de já ter gerenciado uma campanha de liderança em nível federal. Fiquei feliz ao obter a avaliação dela sobre a tarefa que tínhamos pela frente.

Gerry e Katie, juntamente com Daniel Gagnier, a quem recrutamos alguns meses depois, ainda são meus assessores mais próximos. Dan, um orgulhoso federalista morador de Quebec, pode ser a única pessoa na história do Canadá a ter servido como chefe de gabinete para governadores tanto de Quebec quanto de Ontário. Eu o conheci quando trabalhava com iniciativas ambientais em Montreal, mas ele me reconheceu de quando eu era funcionário público sênior ajudando meu pai a repatriar a Constituição no início dos anos 1980.

Assim começaram cerca de seis meses de conversas tranquilas. Eu acredito firmemente que um dos atributos mais importantes de um líder forte é a capacidade de recrutar pessoas excepcionais para sua causa. Dizem que é melhor contratar líderes do que seguidores, e estou convencido de que, tendo as pessoas certas na equipe, você pode conquistar tudo o que deseja. Eu utilizei essa abordagem em minha campanha pela liderança, com a intenção de recrutar pessoas para a equipe e treinar voluntários. Os líderes frequentemente pensam que a presença de integrantes fortes na equipe indica alguma falha ou deficiência pessoal. Especialmente na política, esse pensamento levou a um modelo de liderança que beira a autocracia. Se a melhor pessoa que você consegue recrutar para sua causa é a que você vê no espelho de manhã, isso é um sinal de fraqueza e insegurança, e não de força. Se eu tiver o privilégio de servir como primeiro-ministro, quero ser julgado pela qualidade das pessoas que recruto em todo o Canadá para servir ativamente ao nosso país.

Contudo, às vezes é preciso seguir o instinto, mesmo quando todos ao redor pensam que você está errado. A luta de boxe para caridade com o senador Patrick Brazeau foi um desses momentos: nenhum dos meus amigos, confidentes ou colegas achou que era uma boa ideia.

O caminho para o ringue começou em junho de 2011, quando alguém me falou de um evento amador de boxe envolvendo profissionais de escritório que acontece em Ottawa chamado Fight for the Cure, em prol da Ottawa Regional Cancer Foundation. Eu pensei: ali está uma oportunidade.

O conceito por trás de uma luta amadora desse tipo é pegar pessoas que trabalham em escritório e estejam em boa forma física (geralmente mais habituadas a jogar squash ou fazer spinning), treiná-las como boxeadoras amadoras por seis meses e depois colocá-las para lutar umas contra as outras diante de mesas ocupadas por amigos, vizinhos e clientes para quem eles venderam ingressos. Todos se divertem e muito dinheiro é arrecadado para caridade.

Eu treino como boxeador amador desde os 20 e poucos anos de idade e sempre gostei da ideia de entrar no ringue para uma luta de verdade. Pensei que depois de entrar na política, esse item ficaria para sempre desmarcado em minha lista de tarefas a cumprir, mas ali estava uma oportunidade de testar minhas habilidades em uma luta de boxe real por uma boa causa. Com o bônus de que eu poderia chamar um conservador ferrenho para ser meu adversário.

Quando me inscrevi oficialmente em outubro, o partido ainda estava cambaleando e ferido. Eu sabia que os liberais precisavam de algum tipo de distração para levantar o moral coletivo, pois o NDP e o Partido Conservador estavam se divertindo horrores atacando os outrora poderosos liberais na Câmara. Constatei que, se tudo o mais falhasse, eu poderia fornecer essa distração.

A luta quase não aconteceu. Apesar de todos os ataques pesados feitos pelos conservadores, tive dificuldade para encontrar um que estivesse disposto a subir no ringue. Abordei uma série de parlamentares, incluindo o representante de Calgary, impetuoso e sem rodeios, Rob Anders, além de Peter McKay e do ministro da Defesa Nacional, mas eles recusaram. Conforme brinquei com Dom LeBlanc na época: "Quem diria que seria tão difícil encontrar um conservador disposto a socar minha cara!"

Por fim, Patrick Brazeau, que depois se envolveria no escândalo das despesas no Senado, aceitou o desafio. Quem o conhece pode atestar: Brazeau é grande, musculoso e cheio de arrogância. Seria um bom adversário. Sou alguns centímetros mais alto que ele e tenho envergadura maior, mas ele era muito mais parrudo no peito e nos bíceps. Brazeau tinha sido treinado pelas Forças Armadas Canadenses, era faixa preta 2º dan de karatê e tão ameaçador fisicamente que, após o anúncio da luta, a pergunta feita por todos não foi "Quem vai vencer?" e sim "Quantos segundos vai levar até que Trudeau beije a lona?".

Obviamente, Sophie tinha sentimentos confusos em relação a tudo isso. Ela sabia quanto a ideia de estar em uma luta de boxe honesta me agradava e viu como eu estava adorando o regime pesado de treinamentos. Mas, ela estava de fato preocupada com minha segurança, especialmente considerando a natureza do meu adversário. Expliquei meu plano de treinamento e estratégia de luta, compartilhei minha análise dos pontos fortes e fracos de Brazeau e acalmei a maioria de seus medos com uma frase que já tinha usado antes e usaria de novo: "Sophie, eu sei o que estou fazendo."

A luta foi marcada para 31 de março de 2012, no Hampton Inn de Ottawa, e eu treinei arduamente pelos seis meses seguintes. Trabalhei muito mesmo.

Em Ottawa, a academia organizadora do evento, chamada Final Round, ensinava o básico do boxe a todos os lutadores amadores, mas eu sabia que havia muito mais em jogo para mim e que meu oponente era mais difícil, então pedi uma ajuda extra a um amigo querido em Montreal. Ali Nestor Charles gerencia uma academia de artes marciais mistas e boxe na região leste do meu distrito. Passei a conhecê-lo e respeitá-lo graças ao ótimo trabalho feito por ele para manter os jovens na escola e longe das gangues de rua. Eu tinha passado algumas horas com as crianças em sua academia e podia atestar: de manhã elas estudavam para completar o ensino médio em uma sala de aula no andar de cima do ringue e de tarde elas treinavam. Sei que os alunos se divertiram quando o parlamentar local se juntou a eles nas duas etapas do dia.

Ali não só é técnico e mentor, mas também boxeador profissional de sucesso. Nós treinamos juntos regularmente ao longo dos seis meses, e quando chegou o dia da luta, eu estava verdadeiramente preparado.

Há algo especial na pureza do boxe à moda antiga. Ele ensina mais do que uma série de habilidades técnicas. O esporte ensina a permanecer concentrado apesar da exaustão e a manter o plano de jogo mesmo quando se está levando uma surra. Acima de tudo, ensina o valor da disciplina e do trabalho árduo. Derrotei Patrick Brazeau no ringue porque tinha uma equipe melhor me ajudando, um plano melhor e treinei mais para transformar esse plano em realidade. (Vou deixar você decidir se essa abordagem se aplica à política ou não.)

Uma semana antes da luta, Matt Whitteker, meu treinador em Ottawa, perguntou qual era meu plano. Disse a ele como imaginei que seria o combate: Brazeau tentaria ir com tudo para cima de mim no início. Eu passaria o primeiro round afastando o adversário com o jab e a envergadura até que ele se cansasse. No segundo round, eu teria mais gás e tomaria a iniciativa, e talvez no terceiro tentaria o nocaute. Matt riu da minha confiança e provocou: "Ah, você vai esperar até o terceiro round para nocautear, não é?"

Nós sabíamos muito bem que nocautes raramente aconteciam no boxe amador de estilo olímpico e, caso acontecesse, todos apostariam em Brazeau como o autor dele.

Acabou que aconteceu exatamente o que eu previra. Brazeau veio como um louco para cima de mim desde o início, e, na primeira metade do primeiro round, ele acertou uma série de diretos por cima do ombro que me deixaram tonto e pensando se tinha cometido um terrível erro de cálculo para a luta. Ele me acertou com muito mais força do que eu já tinha sido golpeado, mesmo tendo lutado com parceiros bem fortes durante o treinamento. Mas, quando estava começando a me perguntar quanto iria aguentar, ele parou de dar os socos mais fortes. Eu podia ouvi-lo arfando, e subitamente meus socos passaram a entrar e eu conseguia desviar dos dele. Acabei o primeiro round com um sorriso no rosto, pois sabia que a luta já estava encerrada. Ele tinha gastado toda a energia, e, como eu tinha conseguido absorver os golpes, agora eu iria vencer. A maré virou totalmente no segundo e no terceiro rounds e Patrick Brazeau tinha tido o bastante. Ele estava exausto e o olhar levemente em pânico e desnorteado deixou claro que o conservador gostaria de estar em qualquer lugar, menos naquele ringue. Quando o juiz abriu a contagem pela terceira vez no último round, decidiu encerrar a luta. Foi um TKO ou nocaute técnico, não um verdadeiro nocaute, mas, de acordo com as regras olímpicas, era o melhor resultado que eu poderia esperar.

Só então olhei ao redor e comecei a absorver tudo o que estava acontecendo. Eu estava tão concentrado na luta que mal tinha notado o clima. O ginásio estava cheio de parlamentares e ministros conservadores esperando ver o colega nocautear um Trudeau. A luta tinha sido transmitida ao vivo em uma pequena rede de TV especializada que favorecia o Partido Conservador. Eles claramente esperavam outro final. Descobri que pessoas em todo o país ligaram a TV na luta em bares e restaurantes dedicados a esportes após os Habs terem perdido feio para o Washington. Como eu esperava, o evento levantou o moral dos meus colegas liberais e minha caixa de mensagens ficou cheia de congratulações.

Eu sabia muito bem que uma luta de boxe estava bem longe da política de verdade. Nenhum distrito foi conquistado e não foi feita política alguma naquela noite em um subúrbio de Ottawa, mas partidos políticos são equipes. Eles são grupos de pessoas com ideias afins e competitivas, que precisam de vitórias para criar e manter a empolgação, especialmente após uma série de derrotas. Aquela luta de boxe foi a primeira vitória clara que nós, liberais, tivemos sobre os conservadores em muito tempo. E foi ótimo.

Como geralmente acontece, muitas pessoas deram várias interpretações para este evento reconhecidamente dramático. Algumas até escreveram nos meios de comunicação nacionais que a luta foi o lançamento não oficial da minha campanha pela liderança! A verdade é que eu ainda estava longe de tomar uma decisão final. E mesmo se estivesse começando a tender mais nessa direção, outros eventos eram bem mais importantes do que eu nocauteando um senador do Partido Conservador.

DEPOIS DA BEM-SUCEDIDA convenção do nosso partido, o NDP se reuniu em Toronto para planejar seus rumos. Eles enfrentaram a tarefa hercúlea de escolher o sucessor de Jack Layton. A morte trágica de Layton veio logo após ele ter levado o partido ao melhor resultado de sua história nas eleições. Pela primeira vez, o NDP escolheria o líder da posição oficial e esperava ardentemente escolher o próximo primeiro-ministro do Canadá. Eu estava bem menos interessado nas personalidades envolvidas do que na escolha final e suas consequências sobre o futuro do partido.

Na época, a ideia de que deveríamos unir o Partido Liberal ao NDP estava surpreendentemente sendo discutida em alguns locais. Até ex-líderes de ambos os partidos estavam falando de maneira aberta do assunto na imprensa. Por motivos que explicarei em detalhes mais tarde, sempre tive minhas dúvidas, mas àquela altura eu estava fazendo tudo para manter a mente aberta. Alguns candidatos à liderança do NDP gostavam da ideia, especialmente Nathan Cullen. Ele defendia uma plataforma de cooperação eleitoral explícita com o Partido Liberal. Como eu gosto de Nathan e o respeito, estava interessado em ver até onde a campanha dele iria.

Tenho vários amigos que já votaram no NDP. Respeito muito a história do partido e o papel construtivo que ele teve na vida pública do Canadá ao longo dos anos. A escolha que os novos democratas precisaram fazer era se eles preferiam ser fiéis às próprias raízes ou tentar fazer a transição para o status de "esperando chegar ao governo". Em termos concretos, era preciso decidir se eles trocariam o idealismo por um caminho mais convencional rumo ao poder. Eles pareciam governados pelo desejo de encontrar um líder forte o bastante para enfrentar Stephen Harper.

No entusiasmo para fazer oposição a Harper e aos conservadores, acho que o NDP entendeu errado os principais fatos que dizem respeito ao país. Por exemplo, a prosperidade do Canadá depende da capacidade de desenvolver nossos recursos naturais e levá-los a mercados mundiais. Todos os primeiros-ministros de nossa história concordariam com essa afirmação. Hoje, isso precisa ser feito de modo mais sustentável em termos ambientais. Contudo, não adianta sugerir que a riqueza de recursos do oeste do Canadá é uma "doença holandesa",* que empaca o resto da economia. Meu partido aprendeu essa dolorosa lição durante a liderança de meu pai. Usar a riqueza de recursos do Oeste para comprar votos do Leste é uma estratégia que acaba empobrecendo todos os canadenses.

Na mesma linha, eu desconfiava da disposição do NDP de cooperar com os soberanistas em minha província natal de Quebec. Essa estratégia acabou em divisão e rancor para os conservadores no governo do primeiro-ministro Mulroney, sem falar no quase desastre para o país. A Constituição canadense e o Clarity Act são importantíssimos. A primeira define o denominador comum sobre o qual concordamos construir o país, enquanto o segundo define as condições (estabelecidas pela Suprema Corte do Canadá) sob as quais podemos escolher dissolvê-lo. Essas são questões fundamentais e não podem ser alvo de brincadeira. O compromisso descuidado do NDP de abrir a Constituição e de repelir o Clarity Act é uma combinação perigosa e o tipo de promessa feita por políticos sem a menor intenção de colocá-la em prática.

Um velho ditado na política diz que se você quiser substituir um governo, precisa fornecer uma escolha e não um eco. Enquanto observava o desenrolar dessa conversa, não podia deixar de pensar que os novos democratas foram intimidados e subjugados pela atuação política de Harper. Eles pareciam ter decidido que a única forma de derrotar os conservadores era criar a imagem espelhada deles, só que à esquerda.

Eu posso estar errado, mas acredito que esse não é o tipo de política desejado pelos canadenses. Sei que não é o tipo de política de que o Canadá *precisa*.

O que me leva à questão crucial. Analisando o quadro geral, eu tinha ótimos motivos para concorrer à liderança do partido em algum momento no futuro. Havia o meu desejo de servir ao Canadá e a crença de que minha criação singular significava uma responsabilidade de devolver ao país o que

---

* No ramo da economia, doença holandesa é referente à relação entre a exportação de recursos naturais e a queda do setor manufatureiro. [N. *da* E.]

recebi. Após virar pai, passei a entender de modo mais profundo e concreto a importância de trabalhar arduamente para dar a nossos filhos um país mais forte do que o recebido de nossos pais. Eu sentia que o Partido Liberal estava finalmente disposto a fazer grandes reformas e realizar o trabalho necessário para reconquistar a confiança dos canadenses. Eu tinha duas eleições vitoriosas no currículo, nas quais enfrentei fortes ventos contrários em nível nacional. Tudo isso deu confiança aos meus instintos e habilidades políticas e influenciou minha decisão de concorrer à liderança do partido, mas uma consideração a mais estava me fazendo hesitar.

Afinal, isso não era "em algum ponto no futuro". Estávamos falando de agora. E em 2012 a força dominante na política do Canadá era o Partido Conservador de Stephen Harper.

Muitos especularam que, após finalmente conseguir o tão almejado governo majoritário, os conservadores de Harper moderariam a visão e a abordagem. Parlamentos minoritários significam que o governo está constantemente em ritmo de campanha, porque uma eleição pode acontecer a qualquer momento caso ele perca a confiança de uma Câmara dos Comuns na qual está em minoria. Argumentava-se que tudo é pautado por uma ideia exagerada de partidarismo nessas circunstâncias, mas, graças ao conforto da maioria, Harper podia se dar ao luxo de buscar o longo prazo e planejar uma estratégia mais cuidadosa para o país.

Era uma boa teoria que acabou se mostrando completamente errada, pois o governo se revelou mais partidário do que nunca. A maioria fez com que o primeiro-ministro e seu pessoal se afastassem da prestação de contas democrática. Sem o controle de um Parlamento forte, os piores instintos vieram à tona. Em vez de se concentrar nos grandes desafios enfrentados pelo país (renda da classe média empacada, mudanças climáticas e erosão da democracia), eles pareciam se concentrar em questões menores e em derrotar adversários políticos. Pior ainda: quando identificavam grandes problemas que precisavam ser resolvidos, como levar os produtos do Canadá a mercados globais, o estilo "tem que ser do meu jeito" piorava esses problemas em vez de resolvê-los.

Em resumo, fiquei mais convicto de que o governo de Harper estava levando o Canadá para um caminho errado, que a maioria dos canadenses não desejava para o país. Esses conservadores não estão interessados em chegar a um denominador comum a partir do qual sempre resolvemos os problemas mais difíceis. A abordagem deles consiste em explorar as divisões ao invés de construir pontes para acabar com elas. Talvez seja uma estratégia política eficiente, mas é uma péssima forma de governar, especialmente quando se trata de um país tão diverso quanto o nosso. Quando você divide as pessoas (Leste contra Oeste, urbano contra rural, Quebec contra o resto do Canadá) para vencer uma eleição, é muito difícil uni-las novamente para resolver os problemas que temos em comum.

Esse é o contexto no qual comecei a pensar mais seriamente em concorrer ao cargo de líder do partido, no fim da primavera de 2012. Eu estava tendendo a isso, mas ainda precisava pensar. Minha primeira tarefa era cumprir o resto do período parlamentar em Ottawa e passar bastante tempo no verão com Sophie e as crianças a fim de garantir que estávamos preparados para isso. Graças a uma experiência pessoal dolorosa, eu sabia que a família de políticos carrega um fardo pesado. Às vezes, como aconteceu com meus pais, é pesado demais para aguentar.

Orientei Gerry Butts e Katie Telford a montar uma equipe juntos a fim de criar um plano de batalha e pensar no que seria uma campanha bem-sucedida, mas sempre soube que a decisão viria de uma discussão profundamente íntima e pessoal entre Sophie e eu. Tivemos muitas conversas longas e honestas naquele verão. A principal força de nosso casamento é que nunca paramos de falar e estamos sempre abertos um para o outro, mesmo quando essas conversas são difíceis. Queria ter certeza de que ela sabia quanto essa vida poderia ser complicada. Eu contei a Sophie que meu pai uma vez disse que eu jamais deveria me sentir obrigado a concorrer a um cargo público, completando com: "Nossa família já fez o bastante."

Meu pai disse isso apesar de nunca ter vivenciado a política incessante e cáustica do século XXI. O envolvimento em táticas sujas e pessoais em qualquer empreitada nunca fez o meu estilo. Gosto de uma boa briga e tenho a casca grossa, mas cresci na realidade da vida pública. Sophie não teve a mesma vivência, e essa decisão poderia afetar nossos filhos mais até do que a nós.

Com toda essa reflexão como pano de fundo, Katie e Gerry marcaram um retiro de três dias para debater estratégias de campanha e planejar a execução delas. Deixei claro que se eu fosse concorrer à liderança, faríamos um novo tipo de campanha envolvendo uma quantidade inédita de canadenses. Precisávamos escancarar as portas do Partido Liberal. Se o partido tinha futuro, seria preciso descobrir um jeito de retribuir o que os canadenses nos deram.

O rito aconteceu no fim de julho em Mont Tremblant. Minha família se reuniu com uma equipe de todo o país, cuidadosamente selecionada pelo talento, pela disposição e a experiência, para decidir se a campanha seria possível e como poderia ser feita.

Nós trouxemos um grupo incrível de amigos novos e antigos. Muitos tinham vasta experiência na política, enquanto outros vieram do mundo corporativo e do terceiro setor. Tínhamos um bom equilíbrio de homens e mulheres, veteranos grisalhos e novatos talentosos, profissionais associados e amigos próximos. O mais importante para mim é que trouxemos nossas famílias. Sophie estava lá, é claro, assim como meu irmão Sacha, mas fiz questão de estimular a equipe a trazer cônjuges e filhos. Eu sabia que se fôssemos realmente levar isso adiante e ter sucesso, todos os membros da equipe precisariam do apoio de seus entes queridos. Cada sessão de estratégia que virava a noite, cada extensão de parada na turnê, cada ocasião em que eu precisava criar um discurso ou conversar sobre um assunto significaria que muitas outras pessoas além de mim passariam horas ou dias longe de suas famílias. Todos nós precisávamos estar cientes desse fato da vida política desde o começo, mas a reunião também serviria para reforçar nossa crença de que a vida política podia ser reformada para acomodar famílias em que ambos os pais trabalham.

Então, como várias aventuras canadenses, minha campanha pela liderança começou em volta de uma fogueira de acampamento.

As pessoas estavam em sofás e sacos de dormir, amontoadas pelos cantos das cabanas que alugamos para o fim de semana. Tom Pitfield, que acabaria projetando a inovadora estratégia de dados utilizada na campanha, trouxe carne defumada de Montreal. Fizemos uma fogueira, as pessoas começaram a surgir e o sol começou a se pôr. Quando todos estavam reunidos, eu disse algumas palavras sobre o que esperava conquistar ao longo do fim de semana. Enfatizei a importância de sairmos daquela reunião com um propósito em comum. Brinquei que se vencêssemos a campanha pela liderança, milhares alegariam ter estado naquele retiro, mas se perdêssemos, Sophie e eu teríamos passado esse fim de semana tranquilo sozinhos.

Para encerrar, pedi a todos que respondessem a uma pergunta simples, porém importante: por que você está aqui?

Uma a uma as pessoas contaram histórias que poderiam ser reconhecidas por qualquer canadense. Alguns fizeram relatos pessoais: Navdeep Bains, jovem e promissor parlamentar de Mississauga que perdeu por pouco a eleição de 2011, destacou que o Canadá deu oportunidades a sua família que ele temia não estarem garantidas para as gerações futuras. Outros tinham questões políticas específicas: falaram de oportunidades econômicas e educação, recursos naturais e mudanças climáticas, imigração e diversidade. E outros, ainda, tinham motivos mais simples para estar lá: o presidente do meu distrito de Papineau, Luc Cousineau, que seria o diretor financeiro da minha campanha pela liderança, alegou que o Canadá estava virando um país muito menos justo no governo conservador. Vários moradores de Quebec expressaram profundo arrependimento pela província ter perdido a voz no cenário político do país. Richard Maksymetz, organizador brilhante que na época era chefe de gabinete do ministro das Finanças na Colúmbia Britânica, expressou uma perspectiva comum entre as pessoas do oeste do Canadá ali presentes: que o partido nunca foi coerente com o próprio discurso quando se tratava de colocar aquela parte dinâmica do país no coração do nosso movimento político.

Foi uma conversa estimulante.

Quando foi minha vez de responder à pergunta, concluí de modo bem simples, dizendo acreditar que este país era melhor que o atual governo. Os canadenses têm mente aberta e coração generoso, são justos, honestos, trabalhadores, esperançosos e gentis. Disse ainda que o Canadá tinha grandes problemas a resolver, mas nenhum maior do que os já enfrentados com sucesso no passado. Contei às pessoas que, para mim, a maior das bênçãos do país é a diversidade, e isso significava que os líderes do Canadá precisam ter a mente aberta e ser generosos em relação a todos, não só aos que concordam com eles e os apoiam. Muita gente estava sendo excluída e deixada para trás na visão de Harper. Eu disse acreditar que a falha básica do governo conservador era a pequenez, a avareza e a incapacidade de se identificar ou trabalhar com pessoas que não partilham as mesmas propensões ideológicas. Enfatizei que a extrema rigidez de Harper e a crença de que a discordância e a divergência eram sinais de fraqueza a serem esmagados teriam um efeito corrosivo na vida pública do Canadá ao longo do tempo.

Em resumo, respondi que estava lá porque o governo precisava ser substituído. Queria descobrir se nós e nosso partido conseguiríamos fazer esse trabalho.

Tivemos muitas discussões e muitos debates naquele fim de semana sobre o tipo de campanha que gostaríamos de fazer, as questões que desejávamos abordar, os problemas que buscávamos resolver. Alguns foram bem técnicos. Vou poupá-los de aturarem meu nerd interior e não falar sobre dados, técnicas *Gotv* (sigla em inglês para "saia e vote"), arrecadação de fundos em pequenas quantias e os detalhes sobre a estratégia nas mídias sociais. Contudo, algumas sessões merecem ser citadas.

Quando digo que tivemos discussões fundamentais, não estou mentindo. O primeiro assunto do fim de semana deixa isso bem claro: o Partido Liberal deveria continuar existindo? Deveríamos unir forças ao NDP para formar uma alternativa mais forte ao Partido Conservador? Ou talvez devêssemos formar um partido totalmente novo, de viés e valores centristas, mas livre do legado, da infraestrutura e do histórico representado pela designação Liberal?

Sei que alguns partidários vão se assustar ao ler isso, mas o debate foi sério. Afinal, aconteceu em uma época em que o partido tinha ficado em terceiro lugar pela primeira vez em sua história. O paciente tinha se estabilizado sob a exemplar liderança de Bob Rae, mas estava longe de sair da condição crítica. Muitos canadenses ainda se consideravam liberais, mas os liberais recebiam um número cada vez menor de votos. Devíamos a nós e ao país fazer as perguntas diretas e com seriedade: o Partido Liberal estava atrapalhando? Nossa existência perpetuava o governo conservador e, portanto, colocava em perigo o que nosso partido tinha lutado para conquistar ao longo dos anos?

Eram questões existenciais sérias. No fim das contas, a balança pendeu para o esforço de reformar e reconstruir o Partido Liberal por vários motivos.

Primeiro, havia preocupações práticas com a formação de um novo partido. Como poderíamos construir a infraestrutura a tempo de ser uma opção viável na eleição seguinte? Se derrotar o governo conservador era uma prioridade urgente, um novo partido não era possível. Além disso, sou um realista pragmático de carteirinha e sabia que qualquer partido liderado por um Trudeau seria visto como Partido Liberal, não importava o nome que déssemos a ele.

A ideia da fusão rendeu análises mais longas. Afinal, a discussão estava bastante viva na esfera pública. Muita gente cuidadosa tinha dado aprovação total à ideia, incluindo o ex-primeiro-ministro Jean Chrétien e o ex-líder do NDP Ed Broadbent. Eram pessoas de substância, que eu conheço e respeito. A visão delas tinha peso e merecia ser levada a sério. Dito isso, sempre achei que o argumento da fusão se baseava em premissas práticas falhas, sendo a maior delas uma abordagem simplificada demais em relação à matemática básica. Como os integrantes de Ontário e do Oeste destacaram, muitos eleitores liberais votariam nos conservadores antes de votarem nos Novos Democratas, baseando-se em termos econômicos. Gerry e Katie argumentaram de modo convincente que era exatamente isso que tinha acontecido em Ontário durante a eleição federal de 2011. Quando nossa intenção de votos despencou na última semana, os eleitores da região metropolitana de Toronto escolheram os conservadores porque não confiavam no NDP para comandar a economia. Outras pessoas alegaram que os dois partidos tinham culturas muito diferentes e tendiam a competir entre si em regiões como as províncias atlânticas do Canadá. Fazer as pazes não seria fácil.

Todos os argumentos a favor se resumiam à conveniência, de uma forma ou de outra. Havia quem alegasse que os conservadores causariam danos irreparáveis ao país se continuassem no poder por mais tempo, e a união seria a melhor oportunidade de derrotá-los na próxima eleição. Outros discordaram, argumentando que o NDP e os liberais concordam em pontos importantes da política e os canadenses de mente liberal estavam ficando impacientes com nossa falta de disposição de trabalhar juntos para vencer os conservadores. Havia algo interessante nesse argumento, que dialogava com minha ideia de que o partido tinha ficado muito egoísta e preocupado com o próprio sucesso em vez de se concentrar nas necessidades do povo cujos votos nós buscávamos.

Apesar dos bons argumentos de ambos os lados, no fim das contas concluí que minha discordância com o NDP em algumas questões de importância crucial era simplesmente profunda demais para que a união funcionasse, pelo menos para mim. Primeiro, eu jamais poderia apoiar a política de acabar com o Clarity Act, uma atitude que efetivamente facilitaria a fragmentação do país. Esse ponto era inegociável para mim. Além disso, havia áreas fundamentais na política econômica (comércio, investimento estrangeiro, desenvolvimento de recursos) sobre as quais eu pensava que o NDP estava profundamente errado. Na verdade, a predisposição do NDP era desconfiar do crescimento e do sucesso econômico, e a orientação política deles revela isso, não importa quanto tentem esconder essas ideias por meio da retórica. Os liberais consideram o crescimento econômico a base para tudo o que desejamos conquistar na política social.

Resumi meu ponto de vista dizendo que não poderíamos deixar a estratégia política e o desejo de poder superarem a política e os princípios. Foi justamente isso o que nos causou tantos problemas, para começo de conversa. O Canadá precisa de um governo *melhor*, não só de um governo diferente. Assim, descartamos a ideia da fusão.

A outra grande discussão daquele fim de semana era sobre o tipo de campanha pela liderança que faríamos. Pensamos em uma campanha fortemente baseada em detalhes e especificidades. A ideia era publicar um artigo sobre uma grande área política a cada trinta ou noventa dias durante a campanha. Acabamos rejeitando essa estratégia, por ser contra o espírito de abertura a novas ideias que tentávamos injetar no partido. Não é possível se comprometer com um jeito mais aberto de fazer política e publicar uma plataforma completa antes de obter a contribuição das pessoas!

Acabamos decidindo expor nossos principais marcadores políticos durante a campanha. Deixaríamos claro que um partido liderado por mim seria pró-crescimento, favoreceria o livre comércio, praticaria a disciplina fiscal e apoiaria o investimento estrangeiro direto. Tivemos uma longa discussão sobre como os liberais adquiriram credibilidade na economia durante a década de 1990, mas não conseguiram manter esse foco na última década. Como aconteceu em tantas áreas, consideramos o sucesso tão duramente conquistado como definitivo, e ele escapou por entre nossos dedos. Construímos nossa política econômica baseados na premissa óbvia (mas frequentemente esquecida) de que uma economia forte criava o maior número de empregos de boa qualidade para o maior número de pessoas possível. Fizemos uma apresentação detalhada sobre o que tinha acontecido à classe média canadense nos últimos trinta anos. As dívidas pessoais estavam aumentando, mas as rendas não acompanhavam. Ninguém no Canadá parecia sensibilizado com as grandes mudanças estruturais que estavam acontecendo na economia e deixando a vida cada vez mais difícil para o povo, que era a base do país.

Tivemos ainda uma discussão estruturada sobre Quebec e por que a sorte liberal mudou tão abruptamente em minha província natal. Eu acreditava na época (e ainda acredito) que nos concentramos em questões existenciais importantes apenas para um grupo restrito. Quando o escândalo do patrocínio fez um estrago na integridade do partido, não tínhamos onde nos apoiar. Desde então, os moradores de Quebec viram um escândalo após o outro, em todos os níveis de governo. A fé nos funcionários públicos em geral foi profundamente abalada, e isso foi antes de a Comissão Charbonneau revelar seus horrores diários. O caminho para o Partido Liberal reconquistar Quebec era voltar às raízes, manter o foco em questões básicas, como emprego, aposentadoria e a perspectiva econômica para o futuro. Em resumo, eu queria pegar o jeito que fizemos política em Papineau e fazer dele um cartão de visita em toda a província.

Isso me leva à decisão final e mais importante tomada naquele fim de semana sobre o tipo de campanha que desejávamos fazer. Aquele grupo tinha muito em comum. Partilhávamos valores, convicções e bastante experiência na política e na vida. Muitos de nós tínhamos filhos pequenos. Também partilhávamos um temor em relação a minha possível candidatura. Para muitos liberais o principal atributo positivo da minha candidatura era a nostalgia. Meu sobrenome aludia aos dias de glória do partido (e deles). Não seria possível concorrer se minha campanha fosse o equivalente político à turnê de reunião de uma banda de rock envelhecida. Todos nós poderíamos encontrar algo mais produtivo para fazer do que se envolver nesse tipo de política.

Deixei claro que eu buscava fazer uma campanha com foco no futuro em vez do passado. Queria criar um novo tipo de movimento político, recrutando centenas de milhares de pessoas. Claro que receberíamos pessoas que se engajaram no passado, mas o futuro pertenceria aos que conseguissem conquistar os corações e as mentes das pessoas que jamais se uniriam a um partido político tradicional. Queríamos construir uma visão positiva e inclusiva para o país e tínhamos fé que os canadenses gostariam de participar dela.

Sabíamos também que haveria opositores. Para os conservadores e a direita em geral, a simples ideia de um Trudeau em campanha já seria repugnante. Eles nos atacariam com tanta intensidade que fariam as campanhas contra os últimos líderes liberais parecerem tapinhas amigáveis. Os ataques seriam nojentos, negativos e pessoais. Eles tinham milhões de dólares para gastar e usariam tudo para nos atacar. Não limitariam os esforços para nos destruir. Olhei por todo o recinto e fiz outra pergunta simples a todos: você está disponível para isso?

Um a um o grupo disse sim. Eles aceitaram, e pelos motivos certos. Eu oficializaria tudo alguns meses depois, mas Sophie e eu decidimos ali mesmo que também aceitávamos. Nós tentaríamos sobrepujar a política do medo e da negatividade com um novo tipo de política, que buscava unir as pessoas para construir a partir de um denominador comum em vez de dividi-las em grupos e explorar suas diferenças para obter ganhos políticos. Queríamos construir uma visão comum baseada no que nos une como canadenses para fomentar o que há de melhor neste país maravilhoso.

Uma política feita a partir da base, calcada na esperança e no trabalho árduo.

CAPÍTULO NOVE

Esperança e trabalho árduo

MEADOS DE 2012 foi um período de especulações. Para uma força
política supostamente derrotada, a disputa pela liderança do Partido Liberal atraía muito. Nos bastidores, Bob Rae pensava seriamente em
concorrer ao posto, assim como Dalton McGuinty, um dos sucessores dele
como governador de Ontário. Boatos diziam que agentes estavam tentando
recrutar Mark Carney, o talentoso e bem-sucedido executivo do Banco do
Canadá, enquanto nomes perenes como Frank McKenna e John Manley
eram citados pela imprensa. Além disso, os colegas de convenções atuais e
anteriores Marc Garneau e Martha Hall Findlay deram fortes sinais de que
estavam reunindo equipes para disputar o cargo.

Logo após eu ter me convencido a concorrer, decidi não gastar muito
tempo pensando em meus concorrentes, seja lá quem fosse. Conheço e respeito todas essas pessoas e também os outros que acabaram concorrendo,
mas havia questões mais importantes em jogo do que a dinâmica interna
competitiva do partido. Eu preferia me concentrar no tipo de campanha
que faríamos e pensar cuidadosamente na agenda que desejávamos promover, tanto na luta pela liderança quanto depois. Por necessidade, nossa definição de sucesso não poderia acabar na conquista do comando do Partido
Liberal como existia na época. Para ter uma chance razoável em uma eleição geral, eu sabia que precisaríamos começar um esforço substancial de
reconstrução enquanto buscávamos a liderança. Não bastava simplesmente

descobrir o que precisávamos fazer para obter o cargo de líder, era fundamental nos concentrar no que era preciso construir para o partido vencer a eleição federal em 2015. A liderança era apenas um passo nesse processo.

Seria um esforço complexo, nós sabíamos. A maioria das campanhas para a liderança é composta por disputas internas para conduzir um trem que já está construído, todos estão nele e, se você tiver sorte, está indo na direção certa em uma velocidade decente. Essa campanha seria muito diferente, talvez até singular na história do meu partido. Teríamos que atrair os passageiros, construir o trem enquanto estávamos nele e colocar boa parte dos trilhos ao mesmo tempo. Foi aí que a ideia da esperança e do trabalho árduo começou a se formar. Precisávamos tanto de um plano de trabalho sólido quanto de uma perspectiva positiva a fim de pegar o embalo que atrairia o tipo de pessoa necessário para fazer esse trabalho. Em anos de magistério e em minhas campanhas em Papineau, descobri que levava jeito para recrutar pessoas de talento excepcional que partilhavam uma visão de mundo positiva, os valores certos e um nível de energia similar ao meu, e sabia que precisava fazer exatamente isso caso fosse líder do Partido Liberal.

Como todos os planos sólidos, o nosso podia ser resumido de modo simples: ideias e pessoas, equipe e planejamento, esperança e trabalho árduo. Queríamos, mais do que tudo, reorganizar o Partido Liberal como força política nacional, tendo uma perspectiva sólida e consistente sobre as principais questões enfrentadas pelo Canadá. Isso exigiria novas ideias e um número inédito de pessoas em todos os cantos do país. Basicamente, sabíamos que essa campanha decidiria se o eventual vencedor teria um partido que no fim das contas valeria a pena liderar.

Paradoxalmente, comecei dizendo aos liberais que a situação era mais grave do que se pensava. O partido estava em uma encruzilhada, mas ao contrário do que os integrantes podem ter lido nos meios de comunicação, votar em mim significava um voto sem atalhos. Significava que estavam dispostos a fazer sua parte, com tudo. Era um equilíbrio delicado. Não queríamos diminuir o entusiasmo de ninguém ou acabar com a esperança, mas precisaríamos de uma grande quantidade de pessoas para atravessar os inevitáveis pontos baixos que ocorrem na vida política. Ao mesmo tempo, era preciso deixar absolutamente claro que só a esperança não bastava, e nós sabíamos disso. Ela precisava ser embasada e transformada em realidade por uma forte crença no valor do trabalho e pela disciplina necessária para provar diariamente que estávamos nisso pelos motivos certos.

O Partido Liberal deu aos canadenses motivos demais para acreditar que estávamos fora de sintonia com as necessidades deles, que dirá das esperanças que eles tinham para o país. Se íamos reconquistar a confiança popular, teríamos de alcançar isso à moda antiga. Em resumo, tínhamos de provar que estávamos ali por eles. Assim, aos 40 anos, etapa da vida apropriadamente batizada por Victor Hugo de "a velhice da juventude", eu me preparei para transmitir uma mensagem ao meu partido que era otimista e também fazia pensar. O sucesso era possível, mas estava longe de ser garantido. Precisávamos de uma nova missão, de novas ideias e novas pessoas. A primeira etapa seria mudar o foco da missão do partido para onde ele deveria estar: nas necessidades, nas esperanças e nos sonhos dos canadenses comuns. E para fazer dessa mensagem algo mais do que um slogan, precisaríamos recrutar centenas de milhares desses canadenses para a causa.

Então, em 2 de outubro de 2012, no que teria sido o 37º aniversário do meu irmão caçula, Michel, em uma sala cheia no centro comunitário que é o coração pulsante de Papineau, lancei minha campanha pela liderança com Sophie e as crianças ao meu lado. Disse à multidão que eu estava lá por acreditar que o Canadá precisava de novos líderes e os canadenses precisavam de um novo plano. A marca da minha campanha e, se eu tivesse sucesso, da minha liderança seria um plano de crescimento econômico que funcionasse para os canadenses de classe média. Disse também que o governo atual tinha perdido o contato com os pontos fortes do país: a justiça, a diversidade, o compromisso de deixar para nossos filhos um país melhor do que o recebido de nossos pais. Acima de tudo, essa discórdia suja que acabou caracterizando o governo Harper era ruim para o Canadá e cabia a nós dar um fim nisso. Aqui, no país mais diverso que o mundo já conheceu, precisamos de líderes que busquem ativamente um denominador comum a partir do qual se pode construir um consenso.

Partindo dessa perspectiva crítica, nossa agenda para a classe média vai muito além da economia. Ela reconhece que a força do país geralmente se refletia em Ottawa em nossos melhores momentos de liderança política, mas nunca foi criada lá. Essa foi outra lição que os liberais precisaram reaprender. Disse em meu discurso que "é a classe média, não a classe política, que une este país". As esperanças dos canadenses comuns, sejam imigrantes recentes morando em Surrey, na Colúmbia Britânica, sejam canadenses da décima geração morando na cidade de Quebec, são a força vital do país. O Canadá precisa de líderes políticos que trabalhem com essa ideia ampla de um objetivo comum em vez de enfatizar as poucas características que nos dividem a fim de promover seus estreitos propósitos.

Eu queria lembrar aos liberais que esse denominador comum poderia ser encontrado em todo o Canadá, independentemente do governo nacional e de quem esteja liderando o país em determinado momento. Ele estava lá para que nós encontrássemos e construíssemos um novo tipo de política a partir dele.

Nos últimos anos, ficou difícil para os liberais definir a diferença entre incorporar valores e criá-los. Foi esse o sentido quando eu falei que "o Partido Liberal não criou o Canadá, o Canadá criou o Partido Liberal". Historicamente, meu partido teve tanto sucesso por tanto tempo porque estava aberto a todos os canadenses e em contato com eles. O partido era apenas o veículo para as aspirações do povo, não a fonte. Mas nosso sucesso fez os liberais se esquecerem disso. Foi um erro imenso, pelo qual o partido pagou um preço alto.

Nada disso tinha o objetivo de subestimar o aspecto econômico dos problemas da classe média. Isso é de importância vital. Um dos principais fatores para a harmonia do Canadá é a dinâmica de progresso que se perpetua. Pessoas de todo o planeta, com todos os históricos culturais possíveis e de todas as crenças, vêm ao Canadá há gerações e costumam ser mais aceitas aqui do que em seus países de origem. O crucial é que elas também encontrem grandes oportunidades econômicas. Isso nos faz acolher melhor os recém-chegados, ser mais altruístas em relação ao país e mais capazes de reconhecer e aceitar as visões de pessoas das quais discordamos. Quando nos sentimos melhor partilhando um denominador comum, nós o procuramos, construímos relações a partir dele e o expandimos para outros grupos.

Não há predestinação ou bênção divina responsável pelo sucesso do Canadá no front econômico ou em qualquer outro. Ele aconteceu e continua a acontecer graças aos canadenses. Quando a prosperidade compartilhada se rompe, os míopes sempre aparecem para destacar as diferenças e se aproveitar delas em interesse próprio. Tenho um orgulho imenso, pois os habitantes de Quebec se uniram e rejeitaram o que talvez fosse o exemplo mais gritante da história moderna de nosso país de um movimento político com visão estreita promovendo a divisão para ganho político. Sempre tive fé que nós conseguiríamos essa vitória. Apesar disso, é preciso reconhecer que algumas sementes da Carta de Valores do Parti Québécois foram semeadas pela ansiedade econômica, especialmente nas regiões fora das grandes cidades. Precisamos de um plano mais inclusivo de crescimento econômico e geração de empregos, ou vamos ver esse tipo de política ganhar cada vez mais espaço.

É verdade que o Canadá escapou até agora do forte declínio vivido pela classe média nos Estados Unidos e em economias desenvolvidas menos diversas. Os recursos naturais abundantes e a população pequena nos protegem do pior. Também vimos uma geração de mulheres canadenses talentosas entrando na força de trabalho, em parte devido a políticas inteligentes que as apoiam, e chegando ao ápice de seus ganhos, dando um impulso significativo, porém único, ao crescimento econômico do país. Devemos ser gratos por esses fatores positivos. Devemos fazer tudo para entendê-los e fomentá-los, mas não devemos permitir que eles escondam a realidade do problema. A tendência é inequívoca. A renda média dos canadenses pouco mudou desde 1980. Isso significa que o canadense médio e comum não teve um aumento real em trinta anos. Ao longo do mesmo período, a economia quase dobrou de tamanho. A luta da classe média no século XXI é um grande problema, que não vai se resolver com facilidade. E não vai ser resolvido de forma alguma se fingirmos que ele não existe ou culparmos um grupo de pessoas, uma região do país ou um setor da economia pela situação econômica atual.

Muita gente me disse que esse problema é grande demais para ser enfrentado e devo escolher problemas menores para colocar no centro da campanha. Eu só consigo balançar a cabeça negativamente para quem está no governo e na direita negando o problema, acusando nosso partido de incitar a multidão e criar intrigas para conseguir votos, e também para os que aceitam a existência do problema, mas lavam as mãos por acharem que é culpa das forças globais e nada podemos fazer para evitá-las aqui no Canadá. Esse primeiro argumento mostra como os conservadores ficaram desconectados com o que está realmente acontecendo na vida dos canadenses comuns após quase dez anos no poder. O segundo argumento reflete a falta de ambição para o país. Nós já resolvemos problemas maiores com menos recursos na história desta grande nação e podemos resolver esse também, com o plano certo e as pessoas ideais para colocá-lo em prática. Isso é o que significa construir algo a partir de um denominador comum.

Armado com essa mensagem de esperança, eu me propus a demonstrar o lado do "trabalho árduo" da equação por meio do exemplo. Na primeira semana de campanha, após pousar em Quebec, visitei Alberta, a Colúmbia Britânica, Ontário e as Províncias Marítimas. Antes do fim da campanha eu visitei 154 distritos e 155 comunidades diferentes. Nos lugares aonde não consegui ir, usei todas as tecnologias contemporâneas imagináveis para estar presente, do Skype ao Google Hangouts, passando por chats no Twitter até o SoapBox. Minha candidatura chamava atenção, sem dúvida, mas eu sabia que essa atenção era apenas uma porta aberta. Se os canadenses não gostassem do que vissem, essa porta se fecharia rapidamente.

E em alguns lugares, a porta se abriria só um pouquinho.

Escolhi fazer a minha primeira parada em Calgary por um bom motivo. Embora quisesse concentrar a campanha no futuro do Canadá, também gostaria de mostrar aos canadenses que eu não tinha medo de enfrentar os fantasmas do passado do meu partido. Isso era particularmente verdade em relação aos fantasmas ligados a meu pai. O Programa Nacional de Energia, de mais de trinta anos atrás, ainda é lembrado pelos liberais em Alberta, mais do que qualquer liberal chamado Trudeau. Então eu queria abordar isso diretamente, deixar claro que eu reconheci as consequências negativas dessa iniciativa. Por mais bem-intencionado que tenha sido o Programa Nacional de Energia, ele acabou incitando exatamente o tipo de separação que meu pai tinha lutado a vida toda para evitar em Quebec e em toda parte. Naquele dia em Alberta eu firmei um compromisso: o Partido Liberal liderado por mim jamais usaria a riqueza de recursos do Oeste para comprar os votos do Leste.

O Programa Nacional de Energia era um problema real e um símbolo mais forte ainda. Ele dizia a toda uma geração de canadenses do Oeste que na hora do teste de caráter real, as prioridades liberais estarão em outro lugar. Isso ajudava os nossos adversários políticos, de Brian Mulroney a Stephen Harper, a nos transformar em vilões e fomentar desconfiança entre a nova geração de que nosso partido não é *para* eles, nos dois sentidos da frase: nós não os defenderíamos e eles não seriam bem-vindos entre nós. Por isso, mais de três décadas depois, muitas pessoas com predisposição liberal em vários temas jamais pensariam em apoiar e muito menos se filiar ao Partido Liberal do Canadá.

O Programa Nacional de Energia e suas consequências nos ensinaram várias lições, nenhuma delas inéditas, mas três são mais visíveis para mim. A primeira e mais óbvia: o desenvolvimento de recursos e as políticas que criamos para gerenciá-los continuam sendo algumas das maiores questões que definem nosso sucesso como país. Isso é ainda mais verdadeiro agora do que no tempo de meu pai. Certamente trata-se de uma questão econômica e ambiental, mas é também uma questão básica de unidade e justiça regional. A natureza não julgou conveniente dispersar *commodities* valiosas por esta terra de modo igualitário. Consequentemente, sempre haverá debates difíceis sobre o desenvolvimento de recursos no Canadá. É um bom problema para ter, convenhamos. Muitos países trocariam os problemas deles pelos nossos. Mesmo assim, trata-se do cerne de uma verdade imutável sobre o Canadá: a diversidade regional sempre exigiu que nós mantivéssemos demandas competindo em um equilíbrio justo. Quando o governo federal inclina a balança para o lado de uma região em um assunto importante, as consequências podem durar uma vida inteira.

Em segundo lugar, o Programa e seus resultados são lembretes de que a natureza representativa da política beira o tribal, de certa forma. Não falo isso em sentido pejorativo, de maneira alguma. Em um país diversificado, no qual as ligações nacionais complementam identidades locais fortes e variadas, acertar esse equilíbrio é vital. Você pode passar semanas em cafeterias de Ponoka, Wynyard e Neepawa argumentando até perder o fôlego que esta ou aquela política é boa para o oeste do Canadá, mas se as pessoas certas não estiverem dispostas a defender sua bandeira, você não vai longe e terá menor probabilidade de desenvolver essa boa política, para começo de conversa. Por isso nós enfatizamos tanto o recrutamento de líderes autenticamente locais de alta qualidade para entrar na equipe de campanha como organizadores e conselheiros seniores e depois para concorrer ao Parlamento sob a bandeira liberal. Por mais avançada que fosse a nossa capacidade de pesquisa e comunicação na política, ainda não há substituto para gente boa e intimamente ligada à sua comunidade.

Por fim, o Programa ensinou uma lição mais específica e positiva sobre o Oeste. A resposta estava no grito de guerra imortalizado por Preston Manning: "O Oeste quer entrar." É profundamente otimista em relação às pessoas do Oeste e estimulante sobre o Canadá que o slogan não tenha sido "O Oeste quer sair". No estilo empresarial que caracterizava essa região, a resposta local a um movimento político que os excluía foi criar um que não podia prescindir deles e expandi-lo até que esse movimento governasse todo o país. Quando você para e avalia, percebe que isso foi uma conquista incrível e talvez sem precedentes em nossa história política.

Sei que esta vai ser uma alegação controversa, mas acredito que os conservadores de Harper esqueceram o elemento básico que levou o Partido Conservador ao sucesso.

A MAIOR PARTE da campanha pela liderança em 2012-2013 aconteceu durante um inverno canadense longo e tipicamente frio. Passei boa parte daquela estação no oeste do país. Entre vários eventos memoráveis, nenhum foi mais marcante do que uma noite particularmente gélida que passei em Kamloops. Era um daqueles dias em que o sol parecia ter se posto logo após ter nascido. Estávamos bem longe de qualquer lugar que pudesse ser descrito como território liberal. Após um longo dia em Okanagan, saímos com voluntários da campanha em uma minivan de Osoyoos e Kelowna e seguimos a direção norte, rumo a Coquihalla. Reservamos uma salinha na Universidade Thompson Rivers esperando que um grupo modesto, porém sincero, de liberais locais aparecesse. Pouco antes de chegarmos ao evento, Gerry Butts, que viajava comigo nessa parte da turnê, recebeu um telefonema do nosso organizador no local. Havia um problema do melhor tipo possível: mais de cinco mil pessoas apareceram e precisávamos de uma sala maior.

Muita gente naquela multidão veio tanto por decepção quanto por curiosidade. Curiosidade em relação a um partido que não conheciam bem, e boa parte do que conheciam não era bom. Fiz piada com isso durante a sessão aberta de perguntas e respostas que sempre acontecia nos meus eventos públicos de campanha. Um aluno perguntou o que eu tinha aprendido com meu pai sobre fazer política. Eu respondi: "Quando estiver em Salmon Arm, sempre acene com os cinco dedos."*

Em algumas ocasiões meu senso de humor um tanto árido me causou problemas, mas nesse caso eu recebi uma gargalhada ampla e irrestrita.

Falando mais sério, as pessoas apareceram por estarem decepcionadas com o fato de o partido que escolheram para representar suas visões em Ottawa ter parado de fazer exatamente isso. O Partido Conservador deve seu sucesso à devoção ardente das bases, mas Harper transformou isso em um veículo para a perpetuação de seu governo. É verdade que nenhum governo nas últimas décadas fez um bom trabalho no sentido de fortalecer os parlamentares ou, de modo mais geral, descobrir como trazer nossa democracia parlamentarista para a modernidade. Dito isso, o governo atual alcançou um grande nível de controle das mensagens transmitidas e de disciplina partidária. Quem conhece bem as raízes dos conservadores como Partido Reformista do Canadá vai achar isso particularmente irritante. Durante a campanha pela liderança e depois, eu ouviria essa constatação repetidamente: algo aconteceu em Kamloops naquela noite. De improviso, eu disse uma frase que repetiria muitas vezes nos próximos anos no oeste do Canadá: "Vocês elegeram boas pessoas para ser a voz de sua comunidade em Ottawa, mas acabaram recebendo a voz de Stephen Harper."

Nunca vi tantas pessoas aquiescendo ao mesmo tempo.

Os canadenses querem saber que seus votos importam. "Como o Parlamento funciona" não é um assunto que vai tirar o sono de muitos canadenses. O importante *mesmo* é se as visões deles estão sendo levadas a sério por alguém que possa fazer algo em relação a elas caso seja eleito. Se o político se dedicar e fizer o esforço necessário para manter contato com as visões da comunidade *após* ser eleito, melhor ainda.

As pessoas sentiram o efeito da queda democrática ao longo do tempo e sabem quando o parlamentar está falando com convicção ou apenas recitando uma frase mandada pelo líder do partido. A extrema rigidez de

---

* Justin Trudeau se referia ao notório incidente em que seu pai, Pierre Trudeau, fez um gesto obsceno com o dedo médio para manifestantes em Salmon Arm no dia 8 de agosto de 1982, quando era primeiro-ministro. [N. *da* T.]

Harper nesse sentido faz um desserviço tanto aos integrantes do Partido Conservador quanto aos canadenses que confiaram no partido com seus votos. Acho que é uma abordagem errada para a liderança e por isso fiz um compromisso muito específico de resolver esse problema.

Há um equilíbrio a ser obtido, é claro. As pessoas precisam saber que ao votar em um parlamentar liberal, vão apoiar os valores e a plataforma do partido. Contudo, a disciplina partidária deve ficar confinada a um pequeno número de votos envolvendo itens que contradizem a Carta de Direitos e Liberdades e itens de orçamento e plataforma política.

Acertar esse equilíbrio significa ser consistente, dedicado e apaixonado em relação aos temas verdadeiramente cruciais para o Canadá. Ter disposição para ceder costuma ser uma virtude na vida, e, na política, a capacidade de ceder sem trair seus valores básicos é determinante para o sucesso. Durante a campanha pela liderança, provei que muitos canadenses não sabem o que o Partido Liberal defende. A única forma de resolver isso era deixar os valores do partido explícitos e segui-los à risca, mesmo quando levam a posições que podem ser polêmicas ou impopulares em alguns locais.

Deixei claro na campanha que o Partido Liberal precisa fazer jus ao nome. Com isso eu quis dizer que os valores básicos do liberalismo — igualdade de oportunidades econômicas e diversidade de pensamento e crença, que vejo como bases da liberdade individual, da igualdade e da justiça social — precisam ser as pedras angulares do Partido Liberal e suas políticas. Disse também que precisávamos ser um partido que defendesse o direito das pessoas de terem uma oportunidade real e justa de sucesso, independentemente de terem nascido ricas ou pobres, de sua origem ou da fé que professem, caso tenham alguma.

Contudo, a teoria é bem diferente da prática. Por exemplo, acho que a maioria dos canadenses, independentemente de como votem, concorda que a diversidade é uma das maiores histórias de sucesso do Canadá. Pessoalmente, acho que é a maior. Como eu já disse, podemos ser o único país na história do mundo que é forte devido às nossas diferenças, e não apesar delas. Por meio do trabalho árduo e da generosidade nós conseguimos construir uma sociedade próspera e harmoniosa no território mais multicultural da Terra. Isso é crucial para nossa identidade desde antes da fundação do país, e está em nosso DNA. O instinto de superar as diferenças, buscar o denominador comum e encontrar uma causa que nos une foi tão importante para manter antepassados como Samuel de Champlain vivos ao longo dos primeiros invernos quanto para ajudar nossas grandes cidades modernas a serem o sucesso que as sociedades multiculturais do mundo procuram imitar.

Você pode acreditar em tudo isso e ainda não perceber que esses valores correm sérios riscos no Canadá de hoje. Pouco antes do Natal de 2012, aconteceu algo que deixou claro quanto a diversidade canadense precisa do máximo de apoio e afirmação possíveis. Fiz um grande discurso sobre essa questão (que está incluído no apêndice deste livro, com outros discursos selecionados) enquanto sofria ataques ferozes da direita por ousar falar do assunto. O evento era a convenção Revivendo o Espírito Islâmico em Toronto, um encontro extraordinário com mais de vinte mil jovens canadenses muçulmanos. Eles se reuniram para conversar sobre maneiras de participar totalmente de uma sociedade pluralista e multicultural como o Canadá sem perder o que era notável e singular em relação a suas crenças religiosas e vida cultural.

Minha mensagem foi direta: eu não poderia pensar em uma discussão mais fundamentalmente canadense do que esta. Como virar cidadãos genuínos do Canadá sem dar as costas a nossas comunidades de origem é uma luta que a maioria dos canadenses enfrentou ao longo da nossa história. Eu usei um exemplo famoso para ilustrar minha ideia. No fim do século XIX, o catolicismo e o liberalismo eram amplamente considerados sistemas de crença irreconciliáveis. A liberdade de consciência e o pluralismo religioso eram vistos como desafios diretos à autoridade da Igreja, especialmente em minha província natal. Como acontece hoje, o argumento mais persuasivo que os defensores da diversidade tinham ao seu dispor eram os fatos. Tudo se resumia a: ideais abstratos são ótimos, mas no fim das contas precisamos viver juntos e não temos as mesmas crenças. Podemos seguir o caminho dos nossos países e culturas ancestrais (rancor, conflito e violência) ou podemos tentar descobrir uma forma mais produtiva e generosa de viver juntos.

O porta-voz mais articulado deste ponto de vista foi um jovem de Quebec chamado Wilfrid Laurier, que na época era parlamentar novato de um partido político surgido do nada. Ele acreditava profundamente que seu povo, como minoria linguística e religiosa dentro de um novo país onde a maioria era inglesa e protestante, deveria dar um exemplo positivo de abertura e aceitação em relação aos que não partilhavam suas crenças. Diante dos argumentos filosóficos persuasivos do lado contrário, Laurier deu sua cartada: estamos todos aqui, ninguém vai a lugar algum e temos crenças diferentes. Como vamos nos unir para construir um país se nos concentramos no que nos divide em vez de priorizarmos nossos interesses em comum?

Acredito que a lógica de Laurier seja tão poderosa hoje como era na época, se não for mais. A realidade vivida nas comunidades canadenses grandes e pequenas talvez seja a maior prova do mundo contra quem alega que a harmonia não pode vir da diversidade. Como aconteceu tão frequentemente na história do nosso país, o pragmatismo sempre vence uma ideia deslocada de pureza ideológica ou cultural. Esse foi o ponto de vista que defendi na convenção: o dogmatismo, a rigidez e a intolerância são as antíteses do que somos como canadenses. Isso é tão verdadeiro para um jovem muçulmano em Mississauga hoje como era para aquele jovem católico na cidade de Quebec em 1877. Sempre construímos prosperidade nos unindo, aprendendo a partir de nossas perspectivas distintas, mas indo além dessas diferenças para encontrar um denominador comum. É assim que trabalhamos rumo a um país justo e próspero.

Eu voltaria a essas questões principais e básicas muitas vezes: crescimento para a classe média, oportunidades econômicas justas para todos, respeito e promoção da liberdade e diversidade e um governo mais democrático que represente todo o Canadá. Esses objetivos inter-relacionados eram os pilares a partir dos quais gostaríamos de construir a campanha, um Partido Liberal renovado e um programa para governar o país. E continuam sendo. As políticas que vão nos aproximar desses objetivos vêm tomando forma e vão evoluindo à medida que chegamos perto da próxima eleição. Após articular nossos objetivos, estamos em posição de criar as políticas para ajudar a conquistá-los. No fim da campanha, eu disse em Ottawa que os liberais escolheram em mim um líder que vai "começar, preencher e terminar cada dia" pensando em como deixar o país melhor para os canadenses comuns.

Obviamente, sem as pessoas para conseguir isso não iríamos muito longe. Partindo de uma imensa campanha de recrutamento de voluntários, iniciamos o que seria, talvez, o maior esforço na história do Canadá para envolver pessoas na política. Nós nos orgulhamos muito de a nossa jornada ter sido abastecida por voluntários. Perto do fim da campanha, havia mais de vinte mil pessoas trabalhando conosco em todo o país, e a grande maioria nunca tinha se envolvido com o Partido Liberal. Nós criamos uma estrutura organizacional plana, permitindo que as pessoas se encaixassem facilmente de qualquer ponto do Canadá. Nosso grito de guerra era o desejo de criar um movimento que fosse além do partido e privilegiasse os resultados em vez de cargos. Não importava para nós se você já tinha se envolvido com o partido havia muitas décadas ou cinco minutos. Nossa abordagem era que se você cumprisse suas tarefas, receberia mais tarefas para cumprir. Era algo simples, direto e universalmente entendido dentro da campanha. E funcionou.

Quando cheguei à convenção de Toronto em abril, tínhamos registrado mais de 250 mil apoiadores para o Partido Liberal, dos quais 115 mil votaram naquela semana. Assim, quando fui anunciado vencedor em Ottawa, eu podia afirmar que tinha o apoio de mais de cem mil canadenses.

Algumas pessoas fizeram de tudo para minimizar a importância desses números, argumentando que essas pessoas não estavam realmente ligadas ao partido, tinham tratado a liderança como uma novidade ou moda e desapareceriam assim que a eleição terminasse. A posição delas era de que se essas pessoas não estavam dispostas a gastar a modesta quantia de 10 dólares canadenses (cerca de 25 reais) exigida para entrar no partido, como poderiam estar realmente comprometidas? Da perspectiva delas, a campanha pela liderança foi um fracasso.

Não precisa ser ph.D. em comportamento político moderno para saber o quanto essa visão teimosa estava errada. Ela vai contra todas as tendências contemporâneas em empresas que vão de organizações de caridade e ONGs a partidos políticos e igrejas. As pessoas não se filiam a organizações do mesmo jeito que entravam em equipes de boliche ou clubes de coral na década de 1950. Isso não significa que as pessoas não estejam comprometidas em servir a causas de interesse público ou não tenham interesse em se engajar politicamente. Quem conviver com os canadenses de hoje, especialmente os jovens, vai encontrar um espírito de interesse público que compete com o de qualquer outra geração. As pessoas hoje exigem mais das organizações às quais escolhem se afiliar. Elas querem mais voz, mais envolvimento e um número maior de pontos de entrada. Se você vai criar uma organização do zero com o único propósito de *afastar* um grande número de canadenses comuns, nada melhor do que a rigidez enfadonha de um partido político tradicional.

Em todo caso, os números falam por si. Quando lancei minha campanha, o Partido Liberal tinha menos de trinta mil integrantes. Em julho de 2014, temos mais de 160 mil, e o número está aumentando rapidamente. Graças à sobreposição entre as pessoas que manifestaram interesse durante a campanha e aos novos integrantes que entraram no partido desde então a ideia dos "apoiadores" foi um imenso sucesso. Pensada, criada e aprovada pelas bases do partido, a classe dos apoiadores foi crucial para rejuvenescê-lo.

O TRABALHO ÁRDUO está só começando, é claro. Saímos da convenção de liderança com um partido forte, unido e empolgado. Estabelecemos uma perspectiva liberal clara sobre as principais questões enfrentadas pelo país e criamos uma rede de voluntários em todo o Canadá que trabalha diariamente para reconectar o partido às comunidades que desejamos servir. Apesar disso, sei que os canadenses mantêm a ideia saudável de ceticismo em relação à política e aos políticos. Eles esperam que nós conquistemos a confiança deles todos os dias. Entendo isso.

Embora provavelmente aconteça daqui a um ano, os contornos da próxima eleição já estão tomando forma. Acredito que será uma escolha clara entre perspectivas concorrentes sobre a construção deste país. Após dez anos no poder, o Partido Conservador está muito carente de ideias novas. Eles estão alternadamente em negação ou exacerbando os principais problemas do nosso tempo. Para os canadenses comuns, preocupados com a estagnação de renda, o governo diz: vocês nunca viveram tão bem. Os canadenses que desejam uma abordagem mais responsável para mitigar e se adaptar às mudanças climáticas recebem apenas ataques e desculpas, enquanto os impactos das mudanças climáticas ficam mais graves e as eventuais respostas necessárias ficam mais caras. A incapacidade de construir uma infraestrutura estratégica é um indício da incompetência gerencial dos conservadores. A abordagem míope sobre a imigração prejudicou essa ferramenta crucial para construir uma nação na época em que mais precisamos dela. Os ataques precipitados às nossas instituições públicas, do Parlamento à Suprema Corte e até a Elections Canada deixaram o país mais fraco, e não mais forte.

O ponto central, contudo, é que todas essas deficiências vêm de uma causa comum: o governo autocrático estilo "tem que ser do meu jeito" que se apoderou do Partido Conservador atual. Eles parecem se alegrar em isolar inimigos e derrotá-los em vez de estender a mão e encontrar um objetivo maior em comum. Não consigo pensar em um estilo de liderança mais inadequado a um país forte, de mente aberta e coração generoso. Os canadenses respeitam líderes que não têm medo de discordar deles quando as discordâncias são sinceras e mostradas com respeito. Uma das consequências mais perniciosas do governo Harper é a forma raivosa de partidarismo, a ideia de que a política é uma guerra e os adversários políticos devem ser tratados como combatentes inimigos. No fim das contas, temos que nos unir como canadenses se quisermos realizar algo. Como disse a meu partido durante a primeira convenção após ter conquistado a liderança: nossos oponentes políticos não são nossos inimigos, são nossos vizinhos.

Como espero ter deixado claro ao longo deste livro, minha abordagem para a liderança não poderia ser mais diferente disso. Estou trabalhando arduamente para conquistar a confiança deste país. Eu não espero carta branca e não vou pegar atalhos. É assim que deve ser, e acho que você vai concordar. Quero ser primeiro-ministro do Canadá porque acredito ter uma ideia melhor sobre o país e melhores ideias *para* o país do que meus adversários políticos, embora eu não acredite que eles sejam menos canadenses ou menos seres humanos porque nós discordamos. Tenho uma forte percepção em relação ao Canadá, sobre onde esteve, como se tornou grande e como pode ser ainda melhor no futuro. Temos problemas a enfrentar, mas eles não são maiores do que tudo o que já resolvemos em nosso passado em comum. E vamos resolvê-los como sempre fizemos: criando um denominador comum.

Uma palavra final: entendo bem os desafios que eu e minha família temos pela frente. Será uma estrada difícil. Tiro forças dos meus amigos, da minha família e das experiências que formaram o homem que sou hoje. A prece das Primeiras Nações que li no memorial de Miche continua me guiando e não consigo pensar em uma reflexão final melhor para deixar com vocês. Obrigado por me acompanharem nesta jornada.

Ó Grande Espírito cuja voz eu ouço nos ventos e cujo fôlego dá vida ao mundo, por favor me ouça.

Estou diante de ti, um de seus muitos filhos.

Sou pequeno e fraco. Preciso de sua força e sabedoria.

Deixe-me caminhar na beleza e fazer com que meus olhos sempre contemplem o pôr do sol vermelho e púrpura.

Faça com que minhas mãos respeitem o que você fez e meus ouvidos fiquem aguçados para ouvir sua voz.

Faça com que eu seja sábio para que possa entender o que você ensinou a meu povo.

Deixe-me aprender as lições que você escondeu em cada folha e pedra.

Busco força, não para ser maior que meus irmãos, e sim para lutar contra meu maior inimigo: eu mesmo.

Faça com que eu esteja sempre perto para ir até você com as mãos limpas e olhos abertos.

Para que quando a vida se esvaia como o pôr do sol, meu espírito possa ir até você sem desonra.

APÊNDICE

Discursos selecionados

Discurso de indicação à candidatura pelo distrito de Papineau no Partido Liberal

MONTREAL, 29 DE ABRIL DE 2007

CAROS AMIGOS LIBERAIS, *bonjour, kalimera sas, buongiorno*. Que ótimo dia para ser liberal!

Quero começar agradecendo sinceramente a vocês por estarem aqui e por me permitirem dividir com vocês o desejo, o sonho que tenho de representar o distrito de Papineau.

Também preciso começar agradecendo a minha bela Sophie, a minha família e a minha família estendida, pessoas de todas as idades e classes sociais que se dedicaram a este sonho por vários meses. Sem o trabalho incansável desta nova "família do distrito" eu não estaria aqui hoje diante de vocês.

Mas aqui estou hoje graças à inspiração, ao exemplo e ao apoio de vocês. Embora eu precise compartilhar com vocês que também tenho outra fonte de inspiração. No outono de 1965, os moradores de Park Ex ajudaram a enviar Pierre Elliott Trudeau, que listava sua profissão como "professor", à Câmara dos Comuns pela primeira vez. Os tempos mudam e as fronteiras dos distritos também, mas aquilo de que vocês fizeram parte há quarenta anos mudou o Canadá para sempre. Há 25 anos este mês, esse homem deu ao Canadá uma das ferramentas mais evoluídas que o mundo já viu para garantir a proteção e o exercício total dos direitos e liberdades humanas. Agora somos todos filhos daquela Carta e temos imenso orgulho disso.

Então vocês podem entender o quanto eu tenho orgulho de poder dizer que seu primeiro-ministro Trudeau também era meu pai.

Mas sou eu que estou diante de vocês hoje.

Meu nome é Justin Trudeau e preciso de vocês, dos liberais de Papineau.

Vocês, os voluntários de nosso distrito, como a grande dama de Villeray, Lucille Girard, que une os jovens e velhos todos os dias na Maison des Grands-Parents, como Giovanni Tortoricci, que une amigos em seu clube em Nicolas-Tillemont e até me deixou ganhar uma rodada de escopa, e como Joanna Tsoublekas, que todos sabem que luta muito por sua comunidade por meio da Associação Filia. É você quem define a qualidade de vida do distrito. É você que me fala de sua vida diária e de suas esperanças para o futuro. Quero trabalhar com você e partilhar de seus desafios e sucessos.

Quero parabenizar Mary e Basilio pelo compromisso com o Partido Liberal do Canadá. Obrigado a vocês dois. Olhem como o Partido Liberal está forte nesse distrito hoje. Com nosso líder, Stéphane Dion, e o dinamismo dos apoiadores ardorosos desse distrito, sei que na próxima eleição vamos retomar Papineau.

Para nos colocar nessa estrada, eu preciso de vocês.

Quero ser seu porta-bandeira ao enfrentar nossos verdadeiros adversários, o Bloc e o Partido Conservador.

O Bloc quer dividir e destruir nosso Canadá. Os conservadores querem nos dividir em questões de justiça social. Eles querem nos dividir em relação ao meio ambiente e Kyoto, colocando em risco o futuro de nossos filhos. Eles querem nos dividir em relação ao papel do Canadá no mundo, com posições copiadas da direita norte-americana.

Eles querem nos dividir... Eu quero nos unir.

E quem sou eu? Sou Justin Trudeau. Sou um homem que tem um sonho para nosso distrito, nossa província e nosso país, e sou um homem que sabe como nos unir para realizar esse sonho. Vejo no Canadá um lugar onde nossas famílias são fortes e têm apoio, nossos idosos são saudáveis e respeitados, nossos jovens são independentes e cheios de esperança e nossos novos canadenses são aceitos e estimulados a se unir para construir o Canadá que este mundo precisa tão desesperadamente que sejamos. Para conseguir isso, precisamos trabalhar juntos e precisamos começar aqui, agora, nesta tarde, com seus votos!

Discurso anunciando a intenção de concorrer à liderança do Partido Liberal do Canadá

MONTREAL, 2 DE OUTUBRO DE 2012

"NÃO TENHA SONHOS pequenos, eles não têm o poder de mover a alma." — Goethe

Vamos precisar de coragem. Mais do que isso, vamos precisar de trabalho árduo e honesto. Então deixe-me começar falando sobre as pessoas que me ensinaram o melhor aqui em Papineau.

Em um lado do distrito fica Park Ex. Gente de todos os países vive aqui e faz esse bairro ser vibrante. Do outro lado de Jarry Park, o parque favorito de Xavier e Ella-Grace, fica Villeray, um dos bairros solidamente francófonos que definem Montreal. Artistas e intelectuais vivem lá, assim como várias famílias.

Na região leste do distrito, fica Saint-Michel, onde se encontram pessoas como meu bom amigo Ali Nestor, um boxeador que nos ensina a lutar contra a pobreza, a exclusão social e, de tempos em tempos, senadores conservadores.

Esta comunidade não é extraordinária apenas pela diversidade de ideias, culturas e crenças. O verdadeiramente extraordinário é que tal diversidade floresce em paz.

Aqui, nós confiamos uns nos outros e olhamos para o futuro juntos.

Essa confiança que nos une aqui em Papineau é a confiança que une o país.

Meus amigos, eu amo Montreal. Eu amo Quebec. E estou apaixonado pelo Canadá.

Escolho de todo o coração servir ao país que amo. É por isso que estou tão feliz de anunciar aqui, hoje à noite, minha candidatura à liderança do Partido Liberal do Canadá.

Então eu estou aqui para pedir sua ajuda, porque esta estrada vai ser uma longa autoestrada canadense. Teremos altos e baixos, paisagens de tirar o fôlego e alguns trechos entediantes. E com o inverno chegando, trechos com gelo.

Mas vamos igualar o tamanho do desafio com trabalho árduo e honesto, pois o que se exige é trabalho árduo. Sempre foi.

O sucesso do Canadá não aconteceu por acidente e não vai continuar sem esforço. Este país magnífico e improvável foi fundado com base em uma premissa nova e ousada: que pessoas de crenças e classes sociais diferentes e de todos os cantos do mundo poderiam se unir a fim de criar uma vida melhor para si e seus filhos. Uma vida que jamais poderiam ter sozinhas.

Apoio essa nova ideia de que a diversidade é força. Não é um desafio a ser superado ou uma dificuldade a ser tolerada. Esse é o coração e a alma da história de sucesso do Canadá.

A diversidade e também a ideia fora de moda de progresso. A ideia de que temos um dever sagrado com os canadenses que virão depois de nós: o dever de trabalhar arduamente e de construir um país que lhes ofereça ainda mais do que tivemos. Mais oportunidades, escolhas e sucesso, assim como nossos pais e avós fizeram por nós.

Esses são os valores que nos definem e nos unem.

Eu vi muito deste país. E posso dizer que esses valores estão vivos e passam bem, de costa a costa.

Meus colegas liberais, esses valores não são propriedade do Partido Liberal do Canadá. Eles não são valores liberais, são valores canadenses.

Frequentemente ouvi dizerem em círculos liberais que o Partido Liberal criou o Canadá. Isso, meus amigos, é errado. O Partido Liberal não criou o Canadá. O Canadá criou o Partido Liberal. Os canadenses criaram o Partido Liberal.

A grande, crescente e otimista classe média do século passado criou um consenso generoso e de mente aberta e construiu um país melhor. Para eles mesmos, sim, mas o mais importante: para seus filhos e para todos.

Os canadenses construíram a saúde pública.

Os canadenses construíram uma economia aberta e dinâmica.

Os canadenses receberam os recém-chegados de todo o mundo em suas comunidades e empresas.

Os canadenses desenvolveram uma política externa independente e, quando necessário, derramaram sangue por nossos valores em terras distantes.

Os canadenses trouxeram a Constituição para casa.

Os canadenses exigiram que seus direitos e liberdades inalienáveis fossem colocados além do alcance da política.

E os canadenses equilibraram o orçamento.

O Partido Liberal foi o veículo escolhido por eles. Foi a plataforma para suas aspirações, não a fonte.

Em nossos melhores momentos, nós estávamos em contato e abertos aos nossos colegas cidadãos e confiamos o bastante neles a ponto de ouvir suas ideias e trabalhar com eles para criar um país bem-sucedido.

Se houver uma lição a ser tirada do passado do nosso partido, esta não diz respeito ao lugar onde pousamos, e sim a como chegamos lá. Nós estávamos profundamente conectados aos canadenses. Fizemos dos valores deles os nossos, os sonhos deles passaram a ser os nossos, as lutas deles são as nossas lutas.

Chegou a hora de escrever um novo capítulo na história do Partido Liberal.

Esta será uma campanha voltada para o futuro, não para o passado. Quero liderar um movimento de canadenses que deseja construir, não reconstruir. Criar, não recriar.

Afinal, vivemos em um mundo muito diferente, meus amigos. Vinte anos atrás, eu fazia parte da primeira turma de formandos da minha universidade a ter e-mail. Fiz parte do último grupo de professores de ensino médio antes do Google. E agora meus filhos não sabem que havia um mundo antes dos BlackBerrys.

Mas se a forma pela qual nós o construiremos é nova, o que temos a construir é eterno.

Sabemos o que famílias canadenses querem: bons empregos, uma economia dinâmica e crescente que permita educar nossos filhos enquanto eles crescem e cuidar de nossos pais na velhice.

Queremos uma sociedade compassiva, que trabalhe unida para ajudar os vulneráveis e dê aos menos afortunados uma oportunidade de sucesso.

Sabemos que o Canadá é a sociedade mais livre da Terra porque confiamos uns nos outros. Então queremos um governo que olhe para os canadenses com respeito, não com desconfiança. É a celebração da Carta Canadense de Direitos e Liberdades. É a crença nas escolhas, nos valores e na liberdade do povo canadense.

Alguns dizem que a juventude carrega o futuro. Eu digo que os jovens são um recurso essencial para o presente. Precisamos fortalecer todos os jovens canadenses por meio de educação de primeiro nível, experiências de trabalho ricas e relevantes e oportunidades para servir a suas comunidades e ao mundo. As vozes e escolhas dos jovens importam profundamente, assim como suas ações. Eles já são líderes hoje.

E diretamente para nossas Primeiras Nações, a realidade canadense não foi e continua não sendo fácil para vocês. Precisamos virar um país que tenha a coragem de confessar francamente seus erros e resolvê-los juntos, povo a povo. Seu lugar não é nas margens da sociedade. Resolver isso está no coração de quem somos e do que ainda vamos nos tornar.

Queremos uma política externa que nos dê esperança no futuro e que ofereça soluções para o mundo.

Queremos líderes que fomentem e celebrem o sucesso econômico em todas as regiões do país. Não queremos líderes que semeiem o ressentimento entre províncias.

Precisamos associar a beleza e a produtividade dessa grande terra a um novo compromisso nacional de administrá-la bem. Minha geração entende que não podemos escolher entre uma economia forte e próspera e um meio ambiente saudável. A abordagem conservadora pode funcionar para alguns e por um tempo, mas sabemos que não podemos criar prosperidade de longo prazo sem um gerenciamento ambiental.

Precisamos reaprender o que esquecemos: que a chave para o crescimento, a oportunidade e o progresso é uma classe média próspera. Bons empregos para as pessoas. Famílias que consigam lidar com os desafios da vida moderna.

Uma classe média próspera oferece uma esperança realista, uma escada de oportunidades para os menos afortunados, um mercado robusto para nossas empresas e um sentido de interesse comum para todos.

As grandes histórias de sucesso econômico do passado recente são na verdade histórias do crescimento da classe média. China, Índia, Coreia do Sul e Brasil, para citar alguns, estão crescendo rapidamente porque acrescentaram centenas de milhões de pessoas à classe média global.

As notícias nesse âmbito não são tão boas em casa. Não preciso explicar isso a vocês porque, como nossos colegas canadenses em todo o país, vocês vivem isso todos os dias. Famílias canadenses viram a renda estagnar, os custos subirem e as dívidas explodirem nos últimos trinta anos.

Qual foi a resposta do NDP? Semear ressentimento regional e culpar os bem-sucedidos. E a resposta conservadora? Privilegiar um setor em detrimento de outros e prometer que a riqueza vai surgir em algum momento.

Ambas são respostas ideológicas fáceis para questões complexas e difíceis. E têm apenas um ponto em comum: ambas estão igualmente erradas.

Precisamos acertar. Precisamos abrir a mente para novas soluções, ouvir os canadenses e acreditar neles.

E enquanto enfrentamos esses desafios, as únicas ideologias que devem nos guiar são as evidências. Fatos e dados diretos e científicos. Pode parecer revolucionário na Ottawa de hoje, mas em vez de inventar fatos para justificar políticas, vamos criar políticas baseadas nos fatos. As soluções podem vir da esquerda ou da direita, o importante é que funcionem e nos ajudem a viver e a prosperar, sempre fiéis aos nossos valores.

Porque o crescimento da classe média é muito mais do que um imperativo econômico.

A chave para a unidade canadense é a ideia partilhada de propósito. Algo difícil de definir, mas que sentimos com profundidade. A ideia de que estamos todos juntos nisso, e quando as pessoas de Alberta vão bem, criam oportunidades para quem é de Quebec. E quando as pessoas de Quebec criam e inovam, isso ecoa por todo o país e pelo mundo. E independentemente de você estar em Saint-Boniface ou St. John's, Mississauga ou Surrey, temos lutas e sonhos em comum.

É a classe média, não a classe política, que une este país. É a classe média que faz este país ser grande.

Sabemos que alguns moradores de Quebec querem um país próprio. Um país que reflita nossos valores, que proteja nosso idioma, nossa cultura e respeite nossa identidade.

Meus amigos, eu também quero construir um país. Um país digno dos meus sonhos. Dos seus sonhos. Mas, para mim, esse país vai do Atlântico ao Pacífico, dos Grandes Lagos ao Grande Norte.

Os moradores de Quebec sempre escolheram o Canadá, pois sabemos que é a terra dos nossos ancestrais que construíram o país do leste a oeste. Eles estavam aqui para escrever os primeiros capítulos da grande história canadense de coragem, liberdade e esperança. Deixamos nossas pegadas por toda parte.

Agora vamos deixar a história de lado porque pessoas que falam outros idiomas vieram depois de nós com o mesmo sonho de construir um país melhor? Claro que não. Nossa contribuição para o Canadá está longe de ter acabado.

Quero que o Partido Liberal seja mais uma vez o partido que promove e valoriza a realidade francófona deste país. Quero que meu partido apoie comunidades francófonas em todo o país. E quero que o Partido Liberal seja mais uma vez o veículo para que os moradores de Quebec contribuam para o futuro do Canadá.

Minha candidatura vem sendo fonte de algumas especulações nos últimos meses. Artigos de jornal estranhos foram escritos sobre isso. E alguns eram *realmente* estranhos.

Mas eu disse aos liberais após a última eleição que precisamos superar a ideia de que uma simples mudança de líderes poderia resolver nossos problemas. Ainda acredito nisso. Minha candidatura pode lançar algumas luzes a mais sobre nós e colocar algumas pessoas nas arquibancadas para assistir, mas o que fazer com essa oportunidade cabe a nós. A todos nós.

E quando os canadenses se envolverem, precisaremos provar que nós, liberais, aprendemos com o passado, mas estamos 100% concentrados no futuro.

Não no futuro do nosso partido, e sim no futuro do nosso país.

Estou concorrendo porque acredito que este país quer e precisa de novos líderes. E de uma visão para o futuro do Canadá que não se baseie em políticas de inveja e desconfiança. Uma visão capaz de entender que, apesar de todas as bênçãos embaixo dos nossos pés, nossa grande força está acima do chão, no povo. Em todos os canadenses, unidos, determinados a construir uma vida melhor, um Canadá melhor.

Para milhões de canadenses, o governo ficou irrelevante, afastado da vida diária, que dirá de suas esperanças e seus sonhos. Para eles, Ottawa é apenas um lugar onde as pessoas fazem política como se fosse um jogo aberto a poucos, e isso atrai menos gente ainda.

Eles não se veem refletidos em Ottawa, nem seus valores.

Meus amigos, nós vamos fazer melhor.

Esta não é uma acusação pessoal ao Sr. Harper ou ao Sr. Mulcair. Pelo contrário, eu honro o comprometimento e o serviço feito por eles, mas acredito que ambos estão completamente errados em relação a este país. E quero dizer a vocês que, juntos, nós podemos provar isso.

Haverá muitos altos e baixos entre agora e abril. E se trabalharmos muito e tivermos sucesso, sei que haverá outros tantos entre abril e 2015.

Eu não me apresento como um homem com todas as respostas. Na verdade, acho que já tivemos o bastante desse tipo de política.

Mas eu realmente sei que tenho uma forte noção do país. Sei onde estivemos, onde estamos e para onde queremos ir. E acredito que posso trazer novas forças para lidar com problemas antigos. Posso convencer uma nova geração de canadenses de que o país precisa deles, que valoriza a disposição, a criatividade e a visão deles. Juntos, podemos convencer os jovens canadenses que servir a este grande país é uma recompensa em si.

Prometo o seguinte: se você me confiar o privilégio da liderança, vou fazer um trabalho árduo e incansável. Aprendi na prática com o povo de Villeray, Saint-Michel e Park Extension que não existem atalhos, não há caminhos fáceis para conquistar confiança e apoio. É preciso trabalhar nisso diariamente.

Pois é isso que precisa ser feito e é isso que os canadenses merecem.

Pense por um instante: quando foi a última vez que você teve um líder em que realmente confiou? E não apenas a nebulosa "confiança para governar com competência", mas confiança mesmo, do jeito que você confia em um amigo para buscar seus filhos na escola ou em um vizinho para ter uma cópia da chave da porta da frente? Confiança de verdade? É um respeito que precisa ser conquistado, passo a passo.

Eu me sinto extremamente privilegiado por ter o relacionamento que tive, a minha vida inteira, com este país, com sua terra e seu povo.

Dos meus primeiros e determinados passos quando criança aos meus primeiros e determinados passos como político, nós viajamos muitos quilômetros juntos, meus amigos.

Vocês sempre estiveram presentes. Vocês me inspiraram e apoiaram nos bons tempos e nos momentos mais difíceis, e fizeram de mim o homem e pai no qual me transformei.

Escolho o dia de hoje para lançar esta campanha porque é o aniversário de meu irmão mais novo. Michel morreu em uma avalanche, fazendo o que amava, no país que amava imensamente. Michel teria 37 anos hoje. Todo dia eu penso nele e me lembro de não considerar nada como garantido, de viver minha vida plenamente e sempre ser fiel a mim mesmo.

No funeral de Michel, meu pai leu um trecho da primeira carta de são Paulo aos coríntios. Paulo escreveu: "Quando eu era menino, falava como menino, sentia como menino, pensava como menino; desde que me tornei homem, dei de mão as coisas de menino."

É hora de nós, desta geração de canadenses, acabarmos com as coisas de menino. Mais que isso, é hora de nos unirmos e irmos direto ao assunto muito sério e adulto de construir um país melhor para nós, para nossos colegas canadenses e para nossos filhos.

Nós, canadenses, vivemos em um país abençoado. Somos o povo mais diversificado da Terra, mas somos pacíficos. Somos fortes, mas somos compassivos. Somos confiantes, mas trabalhamos arduamente e conquistamos. Temos recursos que fazem inveja no mundo.

Vamos prometer uns aos outros que uniremos esses recursos à engenhosidade. Deixe que nos dediquemos novamente à gloriosa e improvável obra em progresso que é o Canadá. E deixe-nos servir ao povo por meio do único partido disposto a falar com e para todos os canadenses: o Partido Liberal do Canadá.

Então hoje, Sophie e eu nos inspiramos no amor pela nossa família e oferecemos tudo o que temos a serviço do Canadá e a cada um de vocês.

Junte-se a nós.

Discurso feito no evento nacional que marca a disputa pela liderança do Partido Liberal do Canadá

TORONTO, 6 DE ABRIL DE 2013

ESTOU DIANTE DE vocês: um filho de Quebec, neto da Colúmbia Britânica e um servo do Canadá.

Estes canadenses que vocês acabaram de ver [no vídeo de apresentação] são alguns dos milhares que tive a honra de conhecer, conversar e aprender com eles nos últimos seis meses.

As histórias deles são extraordinárias. Extraordinárias porque são tão comuns no Canadá.

Com esperança e trabalho árduo, todos os dias os canadenses vivem os valores que unem este país. Otimismo, abertura, compaixão, serviço à comunidade e espírito generoso.

Meus amigos, o nosso partido precisa ser o partido deles.

Devemos convencer Chanchal de que partilhamos sua ética de trabalho, seu desejo de servir, seu otimismo em relação ao futuro.

Devemos provar a Penny que estamos nisso por ela. Que nós entendemos o fardo que ela carrega todo dia para dar uma vida melhor aos filhos, aos vizinhos e à comunidade dela.

Devemos construir com Justine e Ali um país digno de seus sonhos e mostrar a eles que os canadenses em toda a nossa terra já partilham os mesmos valores dos habitantes de Quebec: integridade, abertura e envolvimento com a comunidade.

Para quem pensa que os canadenses não têm valores em comum, recomendo que passem mais tempo no país. Em todo o país.

Meus colegas liberais, a mensagem para vocês é simples: para liderar o Canadá, precisamos servir aos canadenses. E devemos provar isso com atos mais do que palavras. Eu digo isso não como filho que aprendeu isso com o pai, mas como pai que todo dia aprende isso com os filhos.

Os conservadores esqueceram o valor do serviço. O único momento em que eles falam de "serviço comunitário" é quando se trata de punição para crimes. Além disso, a única pessoa a quem Harper deseja que os integrantes do partido deles sirvam é a si mesmo.

Bom, isso não basta. Precisamos ser um partido de líderes comunitários, dedicados ao serviço comunitário. É por isso que exijo indicações abertas para todos os candidatos liberais em todos os distritos na próxima eleição.

Harper está nos mostrando como um governo perde a conexão com a realidade. Os canadenses estão cansados da política negativa e desagregadora dos conservadores. E estão decepcionados pelo fato de o NDP, com Mulcair, ter decidido que se você não pode derrotá-los, pode muito bem se juntar a eles.

Mulcair e Harper são mestres da política desagregadora. Eles ficam felizes em explorar diferenças e discordâncias em prol de seus interesses.

O Leste contra o Oeste, Quebec contra o resto do Canadá, os ricos contra os menos afortunados, cidades contra regiões, e assim vai.

Essa é uma política antiga, mas que pode dar certo a curto prazo. Foi assim que o governo Harper foi eleito.

Precisamos ser melhores que isso. Somos um povo otimista, trabalhador e que sabe resolver problemas. Os canadenses querem uma alternativa positiva que traga novas soluções, ideias e um novo jeito de fazer política. Estou mais convencido do que nunca de que se trabalharmos arduamente a cada dia entre agora e a eleição, o partido Liberal do Canadá será a escolha positiva em 2015.

Então deixe-me ser perfeitamente claro em um aspecto.

Quero ser seu líder porque quero trabalhar com você e com milhões de canadenses para construir esta alternativa positiva aos conservadores. Uma alternativa que os canadenses vão escolher livremente, pois teremos conquistado a confiança deles.

Os canadenses não querem apenas um governo diferente. Eles querem um governo melhor.

Quem pensa que nós precisamos vencer a qualquer custo, não importam os meios, está enganado. É um erro acreditar que o simples fato de nos livrarmos desse governo vai fazer todos os problemas do Canadá desaparecerem.

Essa é uma forma ingênua e simplista de abordar nosso futuro.

Estamos enfrentando desafios reais e significativos.

Os canadenses de classe média viram seus ganhos estagnarem, enquanto os custos aumentaram e as dívidas explodiram. Livrar-se de Harper não dará a eles o primeiro aumento real em trinta anos.

Os jovens canadenses não vão arrumar emprego apenas porque o Sr. Harper foi embora.

Os moradores de Quebec não vão automaticamente voltar a se envolver em nossa federação apenas porque Harper não é mais primeiro-ministro.

Nossa reputação internacional sobre o meio ambiente não será restaurada assim que Harper sair do cargo.

A verdade é que os canadenses querem votar *a favor de* algo, não apenas *contra* alguém. Eles querem votar por uma visão de longo prazo que incorpore nossos valores, sonhos e aspirações.

Eles não vão obter essa visão de um monstro de Frankenstein, em guerra consigo mesmo sobre questões fundamentais como a Constituição, recursos naturais e livre comércio. Esse seria o fracasso de seu objetivo principal, pois estenderia ao invés de encerrar a carreira de Harper.

De Ponoja, Alberta, até Île-des-Chênes, Manitoba, passando por Edmundston, New Brunswick, os canadenses esperam que tenhamos aprendido a lição. Ao longo desta campanha, comecei a descrever para os canadenses uma visão de país que é completamente diferente da visão deste governo.

Nosso maior objetivo econômico será obter prosperidade para a classe média e os canadenses que estão lutando para se juntar a ela. Nosso princípio básico será a igualdade de oportunidades. Nossa agenda consiste em desenvolver habilidades, ajudar os vulneráveis, atrair investimentos e expandir o comércio.

É uma visão que aceita a diversidade e reconhece que o Canadá é forte devido a nossas diferenças, não apesar delas. E acredita profundamente no federalismo, em equilibrar as prioridades nacionais com os meios locais e regionais de atendê-las.

Uma visão que considera os recém-chegados ao país como construtores de uma nação e de comunidades, como cidadãos, e não apenas como empregados ou um grupo demográfico a ser explorado em busca de votos.

Nossa visão sabe que a prosperidade econômica e a saúde ambiental podem e devem andar juntas no século XXI. Não vamos ignorar a ciência ou fugir de questões difíceis e urgentes como o preço do carbono, nem sucumbiremos à política fácil ao demonizar um setor da economia ou uma região do país.

Um Partido Liberal liderado por mim jamais usará os recursos do Oeste para comprar votos do Leste.

Todos nós defenderemos a unidade nacional, oferecendo aos habitantes de Quebec e a todos os canadenses um projeto político progressista que une a todos. Seremos audaciosos e ambiciosos, pois este país é maior que a soma de suas partes.

Nossa política externa vai promover a paz, a democracia e o desenvolvimento. O Canadá precisa ser um ator principal no palco do mundo, propondo debates e discussões positivas, não desagregadoras como acontece hoje.

Meus colegas liberais, não tenham dúvida. Comigo como seu líder, vocês terão uma visão clara e positiva para o Canadá. Começamos a defini--la nesta campanha. Nós nos concentramos nas grandes questões, como a prosperidade da classe média, uma democracia saudável e uma economia sustentável.

É uma visão que você e eu vamos aperfeiçoar, junto com os canadenses.

Isto é fazer política de um jeito diferente.

Se trabalharmos com afinco e formos otimistas, vamos apresentar uma alternativa irresistível aos conservadores trinta meses a partir de agora. Irresistível não por ser liberal, mas porque será 100% e inegavelmente canadense.

Não vai ser fácil. Nada que valha a pena é fácil, mas este é o caminho para a vitória em 2015.

Esperança, meus amigos. Sempre esperança, mas precisamos de mais que isso: esperança e trabalho árduo.

Veja só, o maior problema com o governo do Sr. Harper não é que ele seja malévolo. É a falta de ambição.

Afinal, qual é a mensagem econômica dos conservadores hoje? Que os canadenses devem ficar felizes porque não moramos na Europa?

E pior ainda: os conservadores usam nossos desafios como oportunidades para demonizar seus oponentes e dividir os canadenses, não para encontrar soluções.

Cabe a nós, o Partido Liberal, dizer que a forma conservadora de fazer política não basta. Os canadenses são melhores que sua política. O Canadá merece muito mais.

Mas há quem me pergunte: o que o leva a pensar que pode realizar essa tarefa?

Para esses, eu digo o seguinte: eu vivi e respirei cada quilômetro quadrado deste país desde o dia em que nasci. Eu vivi e trabalhei no Leste, no Oeste, em francês e em inglês. Tenho orgulho de ter amigos de longa data, colegas e apoiadores do Arquipélago Ártico até Point Pelee.

E eu encontrei, conversei e aprendi com mais canadenses nos últimos seis meses do que o Sr. Harper nos últimos seis anos.

Estou aberto aos canadenses durante a minha vida inteira, por isso tenho uma forte noção do que é o Canadá: onde esteve, onde está e para onde os canadenses querem que ele vá.

E o que são os ataques conservadores aos professores? Eles nunca perderam a chance de arrumar briga com um professor. Tenho orgulho imenso de ser um entre as centenas de milhares de canadenses que pertencem ao magistério. E deixe-me contar algo, meus amigos: este professor aqui, definitivamente, pretende revidar.

Para encerrar, quero dividir uma história com vocês.

Muitos de vocês sabem que hoje marca um aniversário. Há exatamente 45 anos, uma reunião de canadenses fez do meu pai o líder do Partido Liberal do Canadá.

Muitos canadenses me abordaram ao longo desta campanha para dividir histórias sobre meu pai. Então, vou contar uma especial.

Eu conheci o policial Jeff Ling no Loyalist College, em Belleville, no fim de uma longa manhã. O policial Ling veio até a frente da sala para me dar um presente, que reconheci de imediato: era uma foto do meu pai comigo. Você provavelmente já a viu por aí. Eu tinha cerca de 2 anos de idade e meu pai estava correndo para Rideau Hall enquanto me carregava embaixo do braço, um tanto desajeitadamente.

Nós dois estávamos olhando para um oficial da Real Polícia Montada, vestido com o uniforme completo, fazendo uma continência vigorosa.

Essa imagem significa tanto para Jeff quanto para mim, pois aquele oficial era o pai dele.

O que me emocionou era que ali estava Jeff, servindo a seu país uma geração depois, com a mesma dedicação e orgulho tranquilos do pai. Naquele momento, ele evocou os milhares de canadenses com quem tive a honra singular de crescer. Homens e mulheres para quem o serviço ao Canadá era sua recompensa particular.

Sei que dizem que o movimento que estamos construindo é uma questão de nostalgia e não diz respeito a mim, a você ou ao Canadá. Convenhamos: eles dizem que o movimento é sobre meu pai.

Bom, a eles eu digo o seguinte: é isso mesmo. É sobre meu pai. E o pai do policial Ling. E nossas mães. E a sua. É sobre todos os nossos parentes e o legado que eles nos deixaram. O país que eles construíram para nós. O Canadá.

Contudo, nós sabemos agora o que eles sabiam na época. É mais sobre o futuro do que sobre o passado. E sempre, em todas as instâncias, diz mais respeito a nossos filhos do que ao legado dos nossos pais.

Que com esperança e trabalho árduo, nós podemos fazer o progresso acontecer. E podemos deixar um país melhor para nossos filhos do que aquele que herdamos de nossos pais.

Progresso. Esse é o valor básico do Partido Liberal.

É por isso que gerações de canadenses, de todos os cantos da nossa terra e todos os estilos de vida, colocaram o coração, a alma, as ideias e o suor em nosso partido.

Eu disse lá em outubro que o Partido Liberal não criou o Canadá. O Canadá criou o Partido Liberal. Bom, os últimos seis meses me ensinaram que talvez, apenas talvez, os canadenses estejam dispostos a fazer isso de novo.

Podemos liderar a mudança que tantos canadenses desejam.

Estou pedindo seu tempo, sua inteligência, sua esperança e seu trabalho árduo.

Nesta semana, eu peço seu voto para ser o próximo líder do Partido Liberal do Canadá.

Junte-se a mim, junte-se a nós, e o trabalho que faremos nos deixará orgulhosos. Acredite, agora e sempre, em nosso país.

Obrigado.

Discurso de aceitação da liderança do Partido Liberal do Canadá

OTTAWA, 14 DE ABRIL DE 2013

O BRIGADO, MEUS AMIGOS, muito obrigado.

Normalmente, eu começaria agradecendo à família e aos amigos por suportarem minhas ausências e permitirem que eu saia em campanha, mas isso não é exatamente correto. Minha decisão de procurar a liderança nunca foi tomada apesar de minha responsabilidade com a família e sim por causa dela. Portanto, família e amigos sempre estiveram no cerne desta campanha. Nós fizemos isso juntos.

Obrigado, Sophie. Obrigado, Xavier e Ella-Grace.

Aos meus colegas candidatos Joyce, Martha, Karen, Deborah, Martin, David, George e Marc e aos milhares de canadenses que trabalharam em suas campanhas, quero dizer: não somos adversários e sim aliados. Sua coragem, sua inteligência e seu comprometimento vão continuar a trazer honra ao Partido Liberal do Canadá.

E pela saúde deste partido, o trabalho árduo que ele fez, quero agradecer do fundo do meu coração a meu amigo, colega e grande canadense, Bob Rae. Bob, continuamos a precisar de sua liderança, sua sabedoria e seu comprometimento sem precedentes ao país e a nosso partido.

Esta foi uma grande campanha. Temos um orgulho imenso por ela ter sido alimentada por voluntários. Mais de doze mil canadenses vieram. Obrigado por sua dedicação a deixar este país maravilhoso ainda melhor.

Como toda organização eficaz, esta teve uma liderança íntegra, brilhante e generosa: Katie Telford e Gerald Butts, meus amigos e compatriotas. Obrigado pelo que vocês fizeram, pelo que estão fazendo e pelo que nós vamos fazer juntos. Rob, Jodi, George, Aidan e Ava, obrigado por dividir Gerry e Katie conosco.

Meus colegas liberais, é com grande respeito pelos que ocuparam este lugar antes de mim e com grande determinação de fazer o trabalho árduo que terei pela frente que aceito com humildade a confiança que vocês depositaram em mim. Obrigado a todos pela confiança, pela esperança e por escolherem fazer parte deste movimento que estamos criando.

E nesta noite adorável de primavera na capital do nosso país, eu me sinto honrado por estar com vocês e orgulhoso de ser o líder do Partido Liberal do Canadá.

Meus amigos, esta é a última parada desta campanha, mas a primeira parada da próxima.

Nos últimos seis meses, eu estive em centenas de comunidades de costa a costa. Encontrei, falei e aprendi com milhares e milhares de canadenses. E devido ao trabalho árduo feito por vocês, mais de cem mil eleitores mandaram uma mensagem clara: os canadenses querem uma liderança melhor e um governo melhor.

Os canadenses querem ser liderados, não mandados. Eles estão cansados da política negativa e desagregadora dos conservadores de Harper e nem um pouco impressionados com o fato de o NDP, sob a liderança de Mulcair, ter decidido que se você não pode vencê-los, pode muito bem se juntar a eles.

Estamos fartos de líderes que colocam canadenses contra canadenses, Oeste contra Leste, ricos contra pobres, Quebec contra o resto do país, urbano contra rural.

Os canadenses estão procurando por nós, meus amigos. Eles estão nos dando uma oportunidade, esperando que o partido de Wilfrid Laurier possa redescobrir seus dias ensolarados e que a política positiva tenha uma chance de brigar contra o fluxo constante de negatividade que em breve estará nas telas de TV em todo o Canadá, como vocês sabem. Segundo nossos voluntários, as mensagens telefônicas já começaram.

Para me apropriar das palavras do grande presidente norte-americano Franklin D. Roosevelt: nunca antes neste país as forças da negatividade, do cinismo e do medo estiveram tão unidas em sua hostilidade em relação a um candidato.

O Partido Conservador vai fazer o que sempre faz: tentar espalhar o medo e semear o cinismo. Ele vai tentar convencer os canadenses de que devemos ficar satisfeitos com o que temos agora.

No coração da agenda sem ambição deles está a ideia de que "melhor" simplesmente não é possível. Que esperar por algo mais de nossos políticos e líderes (mais humanidade, transparência, compaixão) é ingênuo e inevitavelmente vai levar à decepção. E eles vão promover essa ideia desagregadora e destrutiva com uma intensidade apaixonada. E vão fazer isso por um simples motivo: eles têm medo.

Meus colegas canadenses, eu quero deixar isso perfeitamente claro: não é a minha liderança que o Sr. Harper e seu partido temem.

É a de vocês.

Não há nada que os conservadores temam mais do que um cidadão canadense engajado e informado.

Meus amigos, se eu aprendi algo na vida foi que nosso país é abençoado com um incontável número de cidadãos ativistas de todas as profissões e visões políticas. Eles compareceram aos milhares ao longo dessa campanha.

Eles se reuniram às centenas em lugares como Ponoka, em Alberta; Oliver, na Colúmbia Britânica; Prince Albert, em Saskatchewan; e Île-des-Chenes, em Manitoba. Os canadenses que pensaram estar enviando líderes comunitários para ser sua voz em Ottawa, mas acabaram recebendo apenas a voz do Sr. Harper em suas comunidades.

Vimos seus rostos cheios de esperança nas multidões de canadenses reunidos em Windsor e Whitby, Mississauga e Markham. Os canadenses de classe média que estão colocando muito na economia e recebendo muito pouco em troca.

Vimos canadenses trabalhadores das Províncias do Atlântico, de Edmundston a Halifax e de Summerside a St. John's, decidirem que este governo não partilha de seus valores. (A meus amigos em Labrador, estou ansioso para vê-los em breve.)

Encontramos jovens líderes aborígenes de todo o país, de Tk'emlups a Whapmagoostui, que estão simplesmente cansados de serem obrigados a ficar às margens do país. E tiveram a coragem de caminhar 1.600 quilômetros pelo inverno canadense para deixar claro que não vão mais permanecer apáticos.

Francófonos que moram em Shediac, Sudbury, Saint Boniface e em todo o país e desejam que seus filhos vivam e prosperem em francês, a determinação de vocês me inspira e precisa inspirar todo o país.

Habitantes de Quebec, de Gatineau a Gaspé, que desejam voltar a se envolver com este país. Com seu país. Que não têm tempo para as questões desagregadoras do passado dos seus pais, mas querem trabalhar com canadenses que partilham de seus valores a fim de construir um país melhor para nossos filhos.

Quero reservar um momento para falar diretamente com meus colegas de Quebec.

O engajamento e o apoio de vocês nos últimos meses foram comoventes. Aprendi demais com nossas conversas e reuniões. Não considero nada disso fato consumado. Entendo que essa confiança só pode ser conquistada, e meu plano é conquistar a de vocês.

Eu me sinto confiante em relação ao futuro. Quero dividir com vocês a razão por que os habitantes de Quebec sempre foram construtores. De Champlain e Laurier até hoje, eles participaram ativamente da formação do nosso país, junto com tantos outros canadenses.

Nosso trabalho não está completo. Nós enfrentamos desafios enormes: ajudar a classe média a se sustentar, conciliar o crescimento econômico com a questão ambiental e ter um papel positivo e significativo no mundo. Para superar esses desafios precisamos demonstrar nossa ousadia e ambição, meus amigos. Ousadia e ambição, sempre.

Sejamos honestos: não vamos convencer todo mundo. Sempre haverá céticos, pessoas dizendo que nosso país é grande demais e tem diferenças demais para ser administrado com eficácia ou para que todos sejam representados. Eles estão errados, meus amigos.

Não estou dizendo que sempre será fácil, que não haverá obstáculos pelo caminho e que não teremos de ceder em alguns momentos.

O Canadá é um projeto grandioso, porém inacabado. E cabe a nós, junto com todos os canadenses, construir o país que desejamos. Chegou a hora de escrever um novo capítulo na história do nosso país.

Vamos deixar as velhas brigas e debates que não levam a nada para os outros. Vamos deixar para os outros a retórica do partidarismo excessivo e a forma antiga de fazer política. Vamos deixar os ataques pessoais para eles.

Moradores de Quebec, sejamos mais uma vez construtores do Canadá para que nosso país possa corresponder aos sonhos e ambições que são compartilhados por todo o seu território. Para que possamos deixar aos nossos filhos um mundo melhor do que o recebido de nossos pais.

Meus amigos, o Partido Liberal vai reconquistar a confiança dos canadenses quando provar que está aqui para servi-los. Esta é a tarefa que temos pela frente. Isto é o que vai me guiar como líder do Partido Liberal do Canadá.

Para a nova geração de canadenses e para todos os jovens que não estão engajados na política, tenho uma mensagem bem simples: o país precisa de vocês. Precisa de sua disposição e paixão. Precisa do seu idealismo e de suas ideias.

O movimento que estamos construindo nos últimos seis meses é seu. Ele pertence a vocês. É o movimento com o qual vamos mudar a política. É o movimento que vai nos permitir reformar nossas instituições políticas para ter como verdadeiras prioridades conciliar o ambiente e a economia e ter um papel positivo e construtivo no mundo.

Meus colegas liberais, os canadenses estão esperando por nós. Esta campanha vem sendo a campanha deles, mais do que apenas nossa.

Eles querem algo melhor. Eles se recusam a acreditar que o melhor não é possível. Eles veem o país que seus pais e avós trabalharam tanto para construir e querem entregar um país ainda melhor para seus filhos.

Os canadenses partilham valores profundos que não podem ser abalados, não importa quanto o Partido Conservador tente. São eles: otimismo, abertura, compaixão, serviço à comunidade, generosidade de espírito.

Queremos acreditar que a mudança pode acontecer. Queremos líderes que vão moldar nossos melhores instintos em um país ainda melhor.

Mas os canadenses não vão tolerar a estupidez alheia. Os canadenses se afastaram de nós porque nós nos afastamos deles. Porque os liberais ficaram mais concentrados em lutar entre si do que em lutar pelos canadenses.

Bom, eu não me importo se você pensava que meu pai era ótimo ou arrogante. Não importa para mim se você era um liberal de Chrétien, liberal de Turner, liberal de Martin ou qualquer outro tipo de liberal. A era de liberais com nome composto acaba aqui, hoje.

Deste dia em diante nós damos as boas-vindas a todos os liberais como liberais canadenses. Unidos em nossa dedicação a servir e conduzir os canadenses. Unidade não pela unidade em si, mas unidade de propósito.

Digo isso aos milhões de canadenses de classe média e aos outros milhões que batalham todos os dias para entrar na classe média: sob minha liderança, o objetivo do Partido Liberal do Canadá será você. Prometo que vou começar e terminar cada dia pensando e trabalhando arduamente para resolver seus problemas.

Sei que vocês estão otimistas em relação a nós, mas com cautela. Afinal, vocês são canadenses. Vocês sabem que a esperança é ótima, mas sem a mesma dose de trabalho árduo para ajudar, será passageira. Então eu sei que vocês vão nos julgar pela tenacidade do nosso trabalho, pela integridade dos nossos esforços e, em 2015, pela clareza de nosso plano para melhorar o país. É assim que deve ser.

Sei quanto tenho sorte na vida. A maioria de nós é sortuda por ter aprendido tanto com tantos canadenses. Aprendemos que neste país liderança significa serviço, acima de tudo.

Amo este país, meus amigos, e acredito profundamente nele. Ele merece líderes melhores do que os que tem agora.

Então vamos ter uma visão clara sobre o que conquistamos. Trabalhamos com afinco e fizemos uma excelente campanha. Estamos unidos, com esperança e decididos em nossos objetivos.

Mas saibam o seguinte: não ganhamos nada mais e nada menos do que a oportunidade de trabalhar com ainda mais afinco. Trabalhar ainda mais para mostrar que somos dignos de liderar este grande país.

Devemos ser profundamente gratos por essa oportunidade. Como seu líder, pretendo garantir que aproveitemos isso ao máximo.

Mudanças podem acontecer. Os canadenses querem líderes que trabalhem com eles para fazer com que elas aconteçam.

Tenham esperança, meus colegas liberais. Trabalhem com afinco. Mantenham o foco nos canadenses. Podemos conduzir a mudança que tantos desejam.

Um Canadá melhor é sempre possível. Juntos, nós vamos construí-lo.

Obrigado.

Discurso feito na 11ª Convenção Anual Revivendo o Espírito Islâmico

TORONTO, 22 DE DEZEMBRO DE 2012

*A*S-SALAMU ALAYKUM.

Estou aqui hoje porque acredito na liberdade de expressão.

Estou aqui hoje porque acredito na liberdade de reunião pacífica.

Estou aqui hoje porque acredito na Carta de Direitos e Liberdades, que garante esses direitos sagrados para você, para mim, para todos com quem dividimos esta terra.

Mas principalmente estou aqui hoje porque acredito em vocês. Acredito nas contribuições que vocês fizeram ao nosso país. E sei que juntos vamos fazer contribuições ainda maiores no futuro.

Deixe-me começar com uma história. Uma história que vem da história de vocês. Uma história que, eu espero, fique em sua mente enquanto vocês pensam em nosso futuro.

Há muitas gerações, um jovem foi confrontado por anciãos religiosos tradicionais. O tipo de gente que hoje poderíamos chamar de fundamentalistas ou até extremistas.

Vejam só: um conflito de séculos de idade estava ficando mais acirrado. Pessoas proeminentes de ambos os lados estavam convencidas de que estavam certas e proclamavam em voz alta que o outro lado estava não apenas errado, mas errado devido a suas crenças religiosas, cultura e identidade.

E como geralmente acontece, os líderes sentiam um desprezo especial pelos integrantes de suas fileiras que buscavam o denominador comum com os outros. Eles sabiam da ameaça que a moderação e a capacidade de ceder representam a quem prega uma doutrina rígida.

Esse jovem estava batalhando na época. Ele estava apenas começando no mundo, e enfrentava muitos dos problemas que vocês provavelmente enfrentam hoje. Como eu continuo fiel aos meus valores e minha cultura enquanto sirvo aos interesses da sociedade à qual pertenço?

Ele sabia que tinha garantido uma oportunidade extraordinária de se dirigir a uma plateia ilustre de líderes políticos, religiosos e empresariais.

E assim ele os desafiou a pensar além dos limites estreitos do presente e olhar para o futuro. Ele disse: "A Providência uniu neste canto da Terra populações de diferentes origens e credos. Não é manifesto que essas populações devam ter interesses comuns e idênticos?"

Este jovem é uma parte muito importante de sua história, como eu disse, mas ele não viraria um imã, um homem santo ou califa.

Contudo, ele iria virar, entre outras coisas, meu segundo primeiro-ministro favorito.

O ano era 1877. O lugar, a cidade de Quebec. E o nome desse jovem corajoso era Wilfrid Laurier. Aos 35 anos, mal tinha completado três anos de mandato no Parlamento. Tinha pouca experiência que o validasse e havia feito uma escolha difícil.

Em vez de seguir seus anciãos e usar os já assombrosos talentos que apresentava no serviço exclusivo do que ele chamava de sua raça, Laurier escolheu um caminho novo e improvável. Um caminho que honrava o bom e o nobre em relação a sua cultura, mas que usava tudo isso para servir a um objetivo maior: encontrar o denominador comum entre pessoas de crenças diferentes.

Laurier viu algo com clareza, talvez mais do que qualquer outro canadense. Ele viu que aqui, neste lugar, uma nova ideia estava se formando. Uma nova forma de viver juntos poderia ser possível.

Ele sabia que este era um país fundado e construído por pessoas que lutaram umas contra as outras em guerras em seu continente natal por séculos: ingleses contra franceses, católicos contra protestantes. Desde o início, esses conflitos sanguinários cruzaram o oceano Atlântico com eles.

Até que algo singular aconteceu. Apesar de os ingleses terem sido vitoriosos no campo de batalha, a mesma medida de liberdade foi conquistada pelos dois lados.

Em uma das passagens mais emocionantes daquele discurso, ao falar sobre o obelisco nas planícies de Abraão, Laurier disse: "Em que outro país sob o sol vocês encontram um monumento similar erguido em memória dos conquistados e não apenas em memória do conquistador? Em que outro país sob o sol vocês vão encontrar os nomes dos conquistados e do conquistador igualmente honrados e ocupando o mesmo lugar de respeito para a população? [...] Onde está o canadense que, ao comparar seu país até com os países mais livres, não sentiria orgulho das instituições que o protegem?"

Contudo, a moral dessa narrativa não é este momento extraordinário de nossa história, e sim o que aconteceu desde então.

Esta é nossa herança, que foi renovada por gerações sucessivas até hoje.

A herança de dois povos que foram inimigos e se uniram para construir instituições e uma Constituição que garantia a liberdade não só para os dois lados, como também para todos que vieram depois.

Ao longo dos anos, pessoas de todas as culturas, religiões e etnias concebíveis se juntaram a eles neste belo projeto. Ondas e mais ondas de jovens de ambos os sexos que escolheram enfatizar o lado bom das respectivas tradições. Povos livres que escolheram usar a generosidade de espírito que é raiz de toda fé para encontrar um denominador comum com pessoas de crenças diferentes.

Como está escrito no Sagrado Alcorão: "Servos do Clemente são aqueles que caminham mansamente pela Terra, e quando os ignorantes se dirigem a eles, respondem: 'Paz!'" (Al-Furcan 25:63)

Nunca foi fácil. Essa estrada nunca foi lisa ou reta. Gerações de canadenses precisaram superar diferenças profundas. Eles fizeram a escolha deliberada de dar as costas ao rancor e ao conflito.

Mas hoje, graças a eles, somos todos abençoados por vivermos no país mais diversificado da história mundial. Um dos mais pacíficos e prósperos.

E que agora foi além do objetivo da mera tolerância, pois dizer "Eu tolero você" é permitir relutantemente que você respire o mesmo ar e ande pela mesma terra. E embora existam vários lugares no mundo onde a tolerância não passa de um sonho distante, no Canadá estamos além disso. Então não vamos usar a palavra *tolerância*. Em vez disso, vamos falar de aceitação, compreensão, respeito e amizade.

Aqui nós chegamos a uma nova percepção: que um país pode ser ótimo não apesar de sua diversidade e sim graças a ela.

Esta é nossa história agora, sua e minha. A história do nosso país, o Canadá.

Então enquanto vocês refletem sobre o futuro neste fim de semana, criem coragem. Saibam que as lutas que enfrentamos já foram travadas. Saibam que os sentimentos conflitantes no coração de vocês já foram sentidos. Saibam que ceder e ser moderado não são o caminho da fraqueza e sim da coragem e da força. Que sempre há um caminho positivo neste país para todos os que buscam o denominador comum.

E, mais importante, lembrem-se disso: nossa herança precisa ser constantemente renovada pelos que partilham da visão de Laurier.

Quando nos unimos para criar oportunidades, os sonhos que temos em comum serão maiores que os medos que nos dividiriam.

Pois não é a classe política que une este país: é a classe média. Aberta a todos, nossa classe média ampla e diversificada é o centro de gravidade do Canadá. Gente boa. Pessoas com esperanças e desafios semelhantes que se unem para encontrar o denominador comum.

Já existem muitas forças no mundo que nos levam a campos separados, que nos isolam e geram desconfiança.

Ontem, manifestantes tentaram me impedir de falar em uma escola devido ao meu posicionamento em defesa do casamento gay e dos direitos da mulher. E como vocês sabem, alguns conservadores tentaram polemizar quanto a minha vinda aqui hoje. Eles tentaram apelar para o medo e o preconceito das pessoas, tudo o que esta reunião pretende superar.

Agora, eu respeito e defendo o direito de eles expressarem suas opiniões, mas desejo que vocês saibam que sempre enfrentarei a política da divisão e do medo. É míope colocar grupos de canadenses uns contra os outros. Isso pode até fazer alguns se sentirem bem por um tempo ou dar certo politicamente no curto prazo.

Mas não é um jeito de construir um país, que dirá este país. Não somos assim.

Estamos aqui, hoje, para fazer o que os canadenses vêm fazendo há gerações. Estamos honrando nossa diversidade por meio da amizade e da compreensão para que possamos construir um futuro comum e positivo a partir dela.

Por isso eu me junto a vocês no compromisso com este futuro de esperança. Vamos nos comprometer a construir um país que una as pessoas e considere o ato de ceder, a moderação e o denominador comum como suas maiores virtudes.

Quase trinta anos após aquele discurso, então em seu terceiro mandato como primeiro-ministro, Laurier disse o seguinte a uma plateia em Edmonton: "Não queremos ou desejamos que alguém esqueça a terra de sua origem. Deixe que olhem para o passado, mas olhem ainda mais para o futuro. Deixe que olhem para a terra de seus ancestrais, mas olhem também para a terra de seus filhos. Deixe que eles virem canadenses e deem seu coração, alma, energia e toda a sua força ao Canadá."

Este era o desejo de Laurier para nós. É o meu desejo para vocês. Tenham esperança e sejam positivos, meus amigos. Seu país precisa de vocês.

Que a paz, a misericórdia e as bênçãos caiam sobre vocês.

Agradecimentos

Houve muitas pessoas envolvidas na criação deste livro e sou grato por suas contribuições e também pelo apoio.

Agradeço a Jennifer Lambert, Iris Tupholme, Leo MacDonald, Michael Guy-Haddock, Sandra Leef, Cory Beatty, Rob Firing, Miranda Snyder, Noelle Zitzer, Neil Erickson, Alan Jones, Shaun Oakey, Sarah Wight, Anne Holloway, Michael Levine, Jonathan Kay, John Lawrence Reynolds, Caroline Jamet, Éric Fourlanty, Yves Bellefleur, Sandrine Donkers, Marie-Pierre Hamel, Brigitte Chabot, Joanna Gruda e Carla Menza, e a todos da Harper-Collins Canada e Les Éditions La Presse. Todos foram extremamente pacientes para contornar a loucura da minha agenda e se adaptar ao meu ritmo impossível.

Agradeço a minha equipe política, que foi muito além de suas responsabilidades usuais, especialmente Gerry Butts e Katie Telford, e também agradeço a Dan Gagnier, Cyrus Reporter, Alex Lanthier, Tommy Desfossés, Kate Purchase, Mylene Dupéré e Kevin Bosch. Todos eles me ajudaram de várias formas. Adam Scotti, fotógrafo extraordinário, captou várias das ótimas imagens deste livro e fez a curadoria das demais.

Por fim, e mais importante: agradeço a Sophie, Xavier, Ella-Grace e Hadrien, que suportaram o papai trabalhando ainda mais do que o usual por vários meses, geralmente durante o tempo reservado para a família, que já era limitado demais.

Quaisquer erros encontrados nestas páginas são meus.

Créditos das fotos

Todas as fotos foram cortesia dos respectivos autores, exceto pelas imagens feitas por Adam Scotti (3, 39, 44-71, 73-81) e as seguintes:

17. The Canadian Press/Peter Bregg
18. Robert Cooper/Library and Archives Canada
25. Leslie Brock
32. Peter Bregg
33. Heidi Hollinger
34. Heidi Hollinger
35. Peter Bregg
36. Peter Bregg
42. Greg Kolz
43. Greg Kolz

Este livro foi composto na tipologia Minion Pro,
em corpo 11/15,15, e impresso em papel off-white
no Sistema Cameron da Divisão Gráfica
da Distribuidora Record.